Victor Chu · Liebe, Treue und Verrat

VICTOR CHU

Liebe, Treue und *Verrat*

**Von der Schwierigkeit, sich selbst
und dem Partner treu zu sein**

KÖSEL

Fortbildungsprogramme und Vortragstermine zum Thema
dieses Buches können angefordert werden bei:
Dr. Victor Chu, Wiesenbacherstr. 52, 69151 Neckargemünd

ISBN 3-466-30388-5
© 1995 by Kösel-Verlag GmbH & Co., München
Printed in Germany. Alle Rechte vorbehalten
Druck und Bindung: Kösel, Kempten
Umschlag: Kaselow Design, München
Illustrationen: Eva Amode, München

1 2 3 4 5 6 · 00 99 98 97 96 95

Gedruckt auf umweltfreundlich hergestelltem Werkdruckpapier
(säurefrei und chlorfrei gebleicht)

Inhalt

Einführung

Treue und Verrat sind Themen, die die meisten Menschen tief bewegen. In unseren Beziehungen streben wir nach Treue und Verläßlichkeit, aber immer wieder fühlen wir uns von unseren Partnern verraten, mißverstanden oder im Stich gelassen. Und wir finden uns selbst immer wieder in der Rolle des Verräters, des Abtrünnigen, des Untreuen. Ist Treue nur eine Fiktion? Ist Verrat unvermeidlich?

Diese Fragen haben mich seit Jahren bewegt, lange bevor es Mode geworden ist, nach den Jahren der freien Sexualität wieder die Treue zu propagieren. Treue und Verrat sind aber keine Modeerscheinungen, auch wenn sie gewissen Modetrends unterworfen sind. Vielmehr beschreiben sie ein grundlegendes Dilemma in menschlichen Beziehungen, vielleicht sogar ihr innerstes Drama: Können wir in einer intimen Beziehung uns selbst *und* unserem Partner treu sein? Es scheint, als würde sich in dem Thema von Treue und Verrat die unlösliche Spannung zwischen dem Ich und dem Du kristallisieren.

Was uns tief bewegt, versuchen wir verstandesmäßig zu fassen. Und wenn es uns mißlingt (zum Beispiel weil die Problematik zu komplex ist oder weil es um Sachverhalte geht, die mit dem Verstand allein nicht zu erfassen sind), greifen wir schnell auf normative, moralisch überlieferte Maßstäbe zurück, um uns rückzuversichern und innerlich wieder Halt zu finden. Dies ist ein verständlicher psychologischer Abwehrmechanismus, besonders wenn uns die Orientierung verlorenzugehen droht und wir in Angst und Haltlosigkeit stürzen.

Moralische Normen sind wertvoll, wenn sie aus unmittelbaren menschlichen Erfahrungen schöpfen und auf einem breiten gesellschaftlichen Konsens basieren. Wenn sie jedoch vorwiegend zur Angstabwehr eingesetzt werden, neigen wir dazu, sie zu verabsolutieren und nicht mehr zu hinterfragen. Dann drohen sie sich von unserem Selbst, vom Menschlichen überhaupt zu lösen und ein eigenständiges, zuweilen despotisches Dasein zu führen. Wenn wir uns ihnen unterwerfen, leben wir zwar sicherer, aber wir sind nicht mehr wir selbst. Wir leben dann entfremdet. Treu zu sein, weil es (wie es vor allem früher der Fall war) von uns verlangt wird oder weil es gerade Mode ist, trifft uns nicht im Wesenskern. Eine solch außenbestimmte Treue berührt uns nicht in der Tiefe unserer Seele, sie hilft uns nicht in unseren menschlichen Verstrickungen, in die wir in unseren intimen Beziehungen geraten können.

Ich habe deshalb versucht, im ersten Teil dieses Buches Treue und Untreue nicht als moralische Kategorien zu beschreiben, sondern als polare Kräfte des Bewahrens und des Wandels, die sich gegenseitig bedingen. Dabei geht es mir darum, die inneren Prozesse, die im »treuen« und »untreuen« Partner ablaufen, transparent und verständlich zu machen. Treue und Verrat erscheinen dann als notwendige Gegensätze im spiralförmigen Prozeß der Wandlung. Daraus folgt auch die Einsicht, daß es in menschlichen Beziehungen immer Schuld geben wird, aber auch die Chance zur Versöhnung und Weiterentwicklung.

Im zweiten Teil bin ich dem nachgegangen, was wir unter Verrat verstehen, was ein Verräter fühlt und denkt, was er durch den Verrat gewinnt, welchen Preis er zahlt. Die Psyche des Verräters wird am deutlichsten in der Figur des Doppelagenten und des Doppelliebhabers – der Doppelagent als jemand, der um Macht pokert, der Doppelliebhaber als jemand, der mit der Liebe Versteck spielt. Was macht einen Menschen zum doppelten Verräter? Dabei habe ich auch die Rolle der Macht untersucht: Wieso hängt man die kleinen Verräter und läßt die großen laufen?

Im dritten Teil geht es um Treue und Verrat in der Liebesbeziehung. Beim Schreiben hatte ich zunächst versucht, vom Phänomen des Verrats auszugehen. Bald aber hatte ich so viele Erscheinungsformen von Liebesverrat zusammengetragen, daß vor lauter Bäumen der Wald nicht mehr zu erkennen war. Die rettende Idee kam mir, als ich das Thema umdrehte: Statt mit dem Verrat zu beginnen, fing ich an, über Treue nachzudenken. Zu meiner Überraschung fügten sich auf einmal die Puzzlestücke wie von selbst zu einem Mosaik zusammen.

Grundbedingungen für Treue

In dem Maße, wie es mir gelang, Grundbedingungen für Treue zu formulieren, desto klarer wurde es für mich, weshalb die einen Partner einander treu sind und weshalb andere damit Probleme haben, wirklich zueinander zu stehen. Für meine therapeutische Arbeit mit Partnerproblemen erwies sich die Kenntnis dieser Grundbedingungen als überaus wertvoll, da sie mir diagnostische und prognostische Kriterien für die Einschätzung der Festigkeit oder Brüchigkeit einer Liebesbeziehung zur Hand gab.

Ich habe folgende Grundbedingungen für Treue gefunden:

Der Platz im Herzen: Entscheidend ist der Platz, den mein Partner in meinem Herzen innehat. Steht er dort an zentraler Stelle oder eher peripher? Muß er seinen Platz mit anderen Menschen teilen, die mir nahestehen? Ist sein Platz unumstritten, oder steht er zur Disposition? Wird sein Platz in meinem Herzen gestört durch Vor-Beziehungen, von denen ich mich noch nicht wirklich gelöst habe? Hier spielen die Beziehungen zu früheren Liebespartnern und zu den Eltern (»ödipale Treue«) eine große Rolle.

Erfüllte Sexualität: Die zweite Grundbedingung für eine stabile Liebesbeziehung ist eine erfüllte Sexualität. Erst sie macht zwei Menschen, die sich gut verstehen, zu einem Liebespaar. Leider haben wir keinen oder nur wenig Einfluß darüber, ob wir uns mit einem bestimmten Partner sexuell gut verstehen oder nicht. Eine gute sexuelle Beziehung läßt sich nicht erzwingen. Sie ist nur bedingt »erlernbar«. Darüber machen wir uns leider oft falsche Hoffnungen.

Kinderwunsch: Aus einer sexuell und menschlich erfüllten Beziehung erwächst der natürliche Wunsch nach einem »Dritten«, in den meisten Fällen der Wunsch nach einem Kind. Im Kind wird das schöpferisch-kreative Potential, das der Liebe innewohnt, am deutlichsten sichtbar. Wo ein gemeinsames Kind nicht möglich ist, wird das Paar andere Möglichkeiten gemeinsamen Schöpfens finden müssen.

Gemeinsame Elternschaft: Zeugen zwei Menschen ein Kind, dann stellen sie eine lebenslange Bindung zueinander her. Die gemeinsame Elternschaft verbindet zwei Menschen auf sehr elementare Weise. Durch die Elternschaft stellt sich gleichzeitig die Kontinuität zur Ursprungsfamilie her. Hier ist die Nahtstelle, an der sich Vergangenheit und Zukunft treffen.

Selbstachtung und Fremdachtung: Weiterhin wichtig für den Bestand einer Liebesbeziehung ist unsere Selbstachtung und die Achtung, die wir unserem Partner entgegenbringen. Wo ich mich selbst verachte und ablehne, kann ich den Menschen letztlich nicht achten, der mich liebt. Ich werde seine Liebe über kurz oder lang verraten, um mein Gefühl des Unwertes zu bestätigen.

Scham- und Schuldgefühle: In diesem Zusammenhang können unbewußte Scham- und Schuldgefühle, die wir aus unserer Lebens- und Familiengeschichte mit in die Beziehung hineinbringen, einen störenden, manchmal zerstörenden Einfluß auf die Paarbeziehung ausüben.

Liebe macht machtlos: Ein Grundsatz, der prinzipiell für alle menschlichen Beziehungen gilt, kommt in der Liebesbeziehung besonders zum Tragen: Es ist die Tatsache, daß wir im Grunde nur uns selbst verändern können, nicht aber unseren Partner. Wo wir diese Tatsache nicht anerkennen, entbrennen fruchtlose Machtkämpfe und Manipulationsspiele. Liebe aber macht uns machtlos. Wir können uns zwar unseren Lebenspartner aussuchen, aber wir müssen ihn akzeptieren, so, wie er ist.

Das Akzeptieren lebenslangen Wandels: Dies führt zu einem weiteren Grundsatz: Eine lebenslange Beziehung ist ständigem Wandel unterworfen. Denn das Leben kennt keinen Stillstand. Jeder der Partner entwickelt sich weiter. Diese individuelle Entwicklung kann die Paarbeziehung befruchten und vertiefen, sie kann sie aber auch stören und zerstören. Außerdem können vorhersehbare und unvorhersehbare Ereignisse ins Leben des Paares einbrechen. Auch sie stellen nicht selten die Partnerschaft in Frage. Wenn beide Partner begreifen, daß sich Treue nicht durch das Festhalten am Bestehenden »bewerkstelligen« läßt, wenn sie begreifen, daß Veränderung nicht unbedingt Verrat bedeutet, dann sind sie gefeiter gegen die Herausforderungen ihrer Beziehung.

»Natürliche Treue«: Je mehr ich die inneren Zusammenhänge einer Liebesbeziehung verstehe, desto »natürlicher« erscheint mir die Treue. Dies war für mich das faszinierendste Ergebnis der Untersuchung. Appelle an die moralische Gesinnung, an Pflicht und Verantwortung verlieren ihr erdrückendes Gewicht vor dem inneren Bewußtsein dessen, was stimmt, was stimmig ist. Ich wünsche den Lesern, daß sie am Ende des Buches das Gefühl haben: »Treue lohnt sich«, und zwar nicht, weil sie moralisch besser ist, sondern weil sie unseren Beziehungen Tiefe und Intensität verleiht.

Besonderen Wert habe ich in meinen Ausführungen auf die Ausleuchtung der männlichen Position gelegt, etwa in bezug auf den Hang der Männer, sich bei einer Schwangerschaft, in der Kinderbetreuung und -erziehung und im Haushalt aus der Verantwortung zu stehlen (was ich, nach leidvollen eigenen Erfahrungen, für einen Verrat ersten Ranges an die Partnerschaft halte). Männer können sehr viel mehr an Lebensfreude und Lebenssinn gewinnen, wenn sie ihren Beziehungen mehr Aufmerksamkeit schenkten, wenn sie sich mehr einließen auf ihre Partnerin, ihre Kinder und auf ihre eigenen Gefühle.

Schwangerschaft und Schwangerschaftsabbruch habe ich breiten Raum gegeben, weil ich glaube, daß sich hierin das entscheidende Drama in der Beziehung zwischen Mann und Frau abspielt. Denn Sexualität ist immer mit der Möglichkeit der Empfängnis verknüpft. Und ein gemeinsames Kind bindet das Paar lebenslang miteinander. Ich bin der Frage nachgegangen, was eine Schwangerschaft für eine Frau bedeutet, was sie von ihrem Mann, ihrer Umgebung und der Gesellschaft braucht, wenn sie schwanger wird und ein Kind bekommt. Aus den Berichten vieler Frauen ist mir deutlich geworden, daß eine Frau dann zum Schwangerschaftsabbruch neigt, wenn die Unterstützung von außen fehlt. Wenn dies geschieht, erleidet die Liebesbeziehung einen tiefen Einbruch.

Hier kommt dem Mann eine entscheidende Rolle zu. Bei der Arbeit zu diesem Buch habe ich erkannt, daß es zu den wichtigsten Aufgaben eines Mannes gehört, seiner Partnerin während der Schwangerschaft, der Geburt und der Stillzeit beizustehen. Ich habe dies die »haltende Funktion des Mannes« genannt. Sie ist für den Bestand einer Beziehung mindestens so wichtig (wenn nicht wichtiger) wie die traditionellen männlichen Aufgaben wie Broterwerb, Hausbau und Karriere.

In einem Buch über Treue und Untreue darf das Thema Seitensprung nicht fehlen. Ihm habe ich ein ausführliches Kapitel gewidmet. Darin bin ich den unterschiedlichen Gründen und Ursachen von Seitensprüngen und Nebenbeziehungen nachgegangen. Ich habe mich auch gefragt, weshalb sich Sexualität so gut als Medium für Treue und Verrat eignet. Ich hoffe, daß das Verständnis für die inneren Motive eines Seitensprungs einem Paar hilft, besser mit der Krise fertig zu werden, die durch den Seitensprung eines der Partner ausgelöst wird (beziehungsweise durch ihn zum Vorschein kommt).

Mit diesem Buch möchte ich ein neues Verständnis für unsere intimen Beziehungen erwecken. Dabei hat das Buch eine »progressive« und eine »altmodische« Ausrichtung. Es regt zum Weiterdenken an, wo Treue und Verrat als wichtiger intrapsychischer und interpersoneller Wandlungsprozeß begriffen werden. Es ist »altmodisch«, wo es die Bedeutung von Intimität und Herzensverbindung hervorhebt.

Das Buch wurde aus dem Bewußtsein geschrieben,
– daß es sich lohnt, zu lieben und um die Liebe zu kämpfen,
– daß es zu den schönsten Dingen im Leben gehört, Familie (heute ein fast antiquiertes Gebilde) zu *leben*, nicht nur zu *haben*,

– daß in unserer Zeit die Liebesbeziehung zwischen Mann und Frau nur dann eine reale Chance hat, wenn wir uns in Richtung *Partnerschaft* entwickeln, statt unser Heil im »coolen« Single-Dasein oder aber im Zurückfallen auf die moralischen Normen von Gestern (vor allem die des patriarchalischen Systems) zu suchen.

Dank

Ich danke den Menschen, mit denen ich Erfahrungen von Treue erleben durfte. Sie haben mir den unschätzbaren Wert intimer Beziehungen gezeigt.

Ich danke auch den Menschen, mit denen ich die Erfahrung von Treuebruch und Verrat erlebt habe. (Es sind manchmal dieselben, mit denen ich Treue erfahre.) Angestoßen durch die Schmerzen und die Wut des Verratenseins einerseits und die Scham und Schuld als Verräter andererseits habe ich begonnen, mich mit der unergründlichen Natur menschlicher Leidenschaften zu beschäftigen.

Ich danke den Freunden und Kollegen, die mir mit ihren Ideen, Ratschlägen und Kritiken entscheidende Impulse zum Verständnis von Verrat und Treue gegeben haben. Ihre Ermutigung ist mir wichtig.

Ich danke den Menschen, mit denen ich arbeiten durfte und darf. Ich habe von ihnen viel gelernt. Die Beziehung zu ihnen, auch wenn sie professioneller Art ist, ist mir wichtig.

Ich möchte meiner Familie, sowohl meiner Ursprungsfamilie als auch meiner gegenwärtigen, danken für die Liebe, die ich bei allen erfahren durfte. Sie ist die Quelle für alles, was ich hervorbringe.

Von der Arbeit Bert Hellingers habe ich in den letzten zwei Jahren viel profitiert, auch wenn ich in einigen entscheidenden Punkten anderer Meinung bin als er. Ihm ein herzliches Dankeschön.

Meinen Lektoren danke ich für ihren Zuspruch und ihre tatkräftige Unterstützung.

Treue und Verrat
als Entwicklungsprozeß

Es gibt nur wenige Themen, die uns mehr faszinieren als Geschichten über Treue, Verrat, Rache und Versöhnung. Sie berühren ein existentielles Grundthema. Es gibt kaum ein menschliches Drama, in dem nicht Treue und Verrat eine Rolle spielen. Es gibt keine seelische Störung, die nicht von diesem Grundkonflikt gespeist wird – gerade die schwersten psychischen Störungen können daraus hervorgehen. Jeder von uns war schon einmal Verräter und Verratener. Das Thema berührt uns alle.

Wir lieben die Treue. Aber wir hassen den Verräter: Er verletzt ein Tabu. Wir reagieren kollektiv mit Entsetzen und Abscheu. Dadurch sind wir nicht mehr fähig, darüber nachzuforschen, wie es zum Treuebruch gekommen ist. Beim näheren Hinsehen entfaltet sich ein Verrat oft als ein schon lange vorher angelegter Entwicklungsprozeß, in dem die beteiligten Personen in einem besonderen Verhältnis zueinander gestanden sind und in dem die Gesellschaft, das System, eine wichtige Rolle spielt.

Normalerweise meinen wir, mit einem Treuebruch sei eine Beziehung zerstört. Das muß jedoch nicht sein. Wenn die Beteiligten den Mut haben, sich ehrlich mit sich selbst und dem oder den anderen auseinanderzusetzen, kann aus dem Verrat eine Chance zum Wachstum für das gesamte System werden. Gelingt dies nicht, scheitern alle.

Wo spielen Treue und Verrat eine Rolle?

Treue und Verrat dienen uns als wichtige Grundlage für unsere Identität und Selbstfindung, ebenso wie für unseren Stolz und unsere Scham. Sie stellen uns die Grundfragen in jeder menschlichen Beziehung:

Kann ich mich auf dich verlassen? Wirst du zu mir halten, oder muß ich befürchten, von dir im Stich gelassen zu werden? Wie sicher ist der Boden geschaffen, auf dem wir gemeinsam stehen?

' Treue und Verrat spielen in allen wesentlichen Beziehungen in unserem Leben eine Rolle, zum Beispiel

in unseren Familienbeziehungen
- zwischen dem Liebespaar (das vielleicht einmal Eltern wird)
- zwischen Eltern und Kindern
- zwischen den Geschwistern
- innerhalb der Verwandtschaft

in unseren sozialen Beziehungen
- zwischen Freunden
- zwischen Arbeitskollegen
- zwischen Vorgesetzten und Untergebenen
- zwischen Lehrern und Schülern
- zwischen Institutionen

in unseren politischen Beziehungen
- zwischen politischen Gruppierungen
- zwischen politischen, religiösen und ethnischen Gruppen
- zwischen Staaten

in unseren religiösen Beziehungen
- zwischen Mensch und Gott
- zwischen Gläubigen und Kirche
- zwischen den Kirchen

in unserer Beziehung zur Natur

Ich habe im folgenden versucht, das Gestrüpp von Gefühlen und Vorurteilen, die um Treue und Verrat ranken, zu lichten, um die Grundstrukturen dieser Beziehung freizulegen. Wir werden dabei ein hochinteressantes Zusammenspiel zwischen Individuum und Gesellschaft, zwischen unserem Wunsch nach Wachstum und unserem Wunsch nach Sicherheit entdecken. Wir werden auf den Ursprung mancher psychischer Störungen und Tragödien stoßen, die sonst schlicht als »krank« oder »pervers« gelten. Vor allem können wir aber von der gängigen Verurteilung des Verrats hin zu einem Verständnis der inneren Dynamik dieses Phänomens gelangen.

Vorurteile über den Verrat

Wenn wir uns mit dem Thema Verrat befassen, müssen wir mit einigen Vorurteilen aufräumen.

Unsere gängigen Vorurteile in bezug auf Verrat
1. Verrat ist ein moralisch verabscheuens- und verdammenswerter Akt.
2. Der Verräter ist allein schuld am Verrat. Deshalb hat er allein den Verrat zu verantworten.
3. Der Verratene ist völlig unschuldig. Er ist das Opfer der Gemeinheit und Hinterhältigkeit des Verräters.
4. Die Gesellschaft hat gar nichts mit dem Verrat zu tun. Der Verräter ist allein schuldig. Die Gesellschaft hat ihn zu verurteilen und zu bestrafen. Wenn er seine gerechte Strafe erhalten hat, ist alles wieder in Ordnung.

Diese Meinungen über den Verrat sind, wie die meisten Vorurteile, tief in uns verankert. Wir reagieren auf einen Verrat automatisch mit heftigen Gefühlen von Entsetzen, von Empörung über den Verräter und Mitleid für den Verratenen. Den Täter wollen wir bestraft sehen, das Opfer beschützt und getröstet, die Tat gesühnt.

Dies wäre ja ganz einfach, wenn ... ja wenn wir nicht selbst immer wieder persönlich involviert wären! Wenn wir uns nicht immer wieder selbst in der Rolle des Täters und Opfers von Verrat finden würden – in unseren intimen Beziehungen, unter Freunden, im Wirtschaftsleben, in der Politik. Wieso findet Verrat so häufig statt? Auf der Titelseite jeder Tageszeitung steht mindestens ein Akt bodenlosen Verrats und Vertrauensbruchs beschrieben, mit dicken Lettern angeprangert, den wir wieder kopfschüttelnd lesen. Sind Politiker solch schlechte Menschen? Sind wir samt und sonders solch gemeine Wesen, unfähig, in Treu und Glauben miteinander zu leben? Es scheint irgend etwas nicht mit unserer Art zu stimmen, mit diesem Thema umzugehen. Unsere moralischen Grundsätze scheinen auch nichts zu nutzen. Denn wenn Akte des Verrats so verabscheuenswürdig sind, würde doch jeder davor zurückschrekken, selbst so etwas zu tun! Dann blieben nur noch gewissenlose Menschen, Psychopathen, die solche Taten begehen, und das ist eine kleine Minderheit. Wieso begeht aber die Mehrheit von uns so oft Verrat?

Die christlich-abendländische Kultur ist begründet auf einem Akt von Verrat: dem Verrat an Jesus durch seinen Jünger Judas. Ohne diesen für viele hinterhältigsten aller Verrate gäbe es den Tod am Kreuz nicht, aber auch nicht die Auferstehung und die Heilsbotschaft. Vor der gesamten christlichen Gemeinschaft gilt Judas Iskarioth als habgieriger, gewissenloser Einzeltäter, vor dem man sich schaudernd abwendet, um sich die Hände in Unschuld zu waschen. Gut, daß er am Ende Selbstmord begangen hat. Hoffentlich erleidet er ewige Höllenqual! Im Dritten Reich durfte man die Schuld auf alle Juden ausweiten: Diese haben Jesus getötet. Schon damals Kollektivschuld. Jesus, der Arier, umgebracht durch Juden!

Wenn wir versuchen, uns Gedanken über das Thema Verrat zu machen, begegnen wir als erstes einer Art Denkhemmung. Unsere eingefleischte, automatisierte Reaktion rastet sofort ein. Wir werden gepackt von Entsetzen und Abscheu. Wenn wir aber beim Anblick eines Verrats sofort unser Urteil fällen und den Blick abwenden, wie sollen wir dann darüber nachdenken können? Wir haben anscheinend nicht die innere Distanz, um ruhig und unvoreingenommen darüber nachdenken zu können.

Stoßen wir hier auf ein *gesellschaftliches Tabu*, das sich so stark in uns eingeprägt hat, daß wir automatisiert und uniform, mit Entsetzen und Abscheu darauf reagieren? Entsetzen und Abscheu sind aber gute Mittel, um uns von einer Annäherung an einen Gegenstand abzuhalten. Wir müssen sehr starke innere, das heißt internalisierte, sozial verankerte Hemmungen überwinden, um in das Thema einzudringen.

Dies wollen wir nun tun. Das Thema Verrat ist mit sehr viel Scham und Schuld verbunden und rüttelt an den Grundfesten unserer Identität. Wir haben aber die Hoffnung, daß wir am Ende dieser Betrachtung unsere Grunderfahrung von Beziehung und Treue (zu uns selbst und zur Gemeinschaft) besser verstehen können. Indem wir etwas mehr über den Prozeß des Verrats verstehen, können wir möglicherweise unsere Beziehungen so gestalten, daß wir künftig weniger das Leid des Verratenmüssens und Verratenwerdens erfahren.

Verrat als Interaktionsprozeß

Ich möchte die folgenden Thesen als Gegenüberstellung zu den obengenannten Vorurteilen über Verrat aufstellen:

Verrat als Interaktions- und Entwicklungsprozeß

1. Verrat kann als Teil eines besonderen Wachstums- oder Entwicklungsprozesses verstanden werden, der unter besonderen Voraussetzungen stattfindet.
2. In diesem Entwicklungsprozeß sind mindestens drei Parteien beteiligt: die beiden Partner (der Verräter und der Verratene) und die Gesellschaft (die Gemeinschaft, in der Verräter und Verratene leben).
3. Der Akt des Verrats findet im Mittelteil des gesamten Entwicklungsprozesses statt. Wenn wir ihn nur isoliert aus der moralischen Perspektive sehen, übersehen wir den gesamten Entwicklungsablauf und damit auch die Entwicklungschancen für alle Beteiligten, die in diesem Prozeß enthalten sind.
4. Im Gegenteil: Die Moralisierung hilft nur, den Entwicklungsprozeß zu verschleiern und zu tabuisieren. Im schambesetzten Tabu steckt die Angst vor Entwicklung und Wachstum, sowohl bei den Beteiligten wie auch in der Gesellschaft.

5. Umgekehrt bietet die *gemeinsame* Verarbeitung des Verrats, seiner Vorgeschichte und seiner zukünftigen Perspektive die Chance des Wachstums und der Weiterentwicklung, sowohl für den einzelnen, die Partnerschaft als auch für die Gesellschaft.

Wir werden diesen Entwicklungsprozeß am Beispiel einer Paarbeziehung, in der Verrat stattfindet, untersuchen. Er läßt sich jedoch auf viele andere Beziehungen übertragen. Der Entwicklungsprozeß läßt sich in zehn Phasen unterteilen:

Phase 1:   Eine besonders intime Beziehung entsteht.

Phase 2:   Aufkeimen von Zweifeln und Veränderungswünschen, die aber verleugnet und tabuisiert werden.

Phase 3:   Innerer Verrat und innere Scheidung durch Unterbrechung der Kommunikation.

Phase 4:   Um ein Auseinandergehen zu vermeiden, wird die Beziehung durch einen gesellschaftlich sanktionierten Vertrag institutionalisiert – damit Erstickung aller kritischen Stimmen.

Phase 5:   Verstärkung der inneren Gewissenskonflikte des potentiellen »Verräters«; systemimmanente Reformversuche.

Phase 6:   Heimliche Untreue, Verzweiflung und selbstdestruktive Lösungsversuche.

Phase 7:   Offener Verrat.

Phase 8:   Schock.

Phase 9:   Rache des Verratenen und der Gesellschaft am Verräter.

Phase 10: Rückbesinnung und behutsamer Neubeginn oder aber Klärung und Beendigung der Beziehung.

Phase 1: Eine besonders intime Beziehung entsteht

Der Ausgangspunkt für einen (späteren) Verrat ist stets eine besonders intensive Beziehung. Je stärker und inniger die innere Bindung war, desto mehr wird die spätere Trennung als Verrat empfunden.

Beziehungen binden uns innerlich besonders stark,
- wenn sie uns in der Vergangenheit lebenswichtig oder lebensrettend gewesen sind,
- wenn sie uns im Wesenskern, im Herzen berührt haben,
- wenn wir mit den Partnern innig identifiziert waren,
- wenn sie die ersten Beziehungen darstellen,
- wenn sie einen persönlichen und/oder sexuellen Charakter haben,
- wenn sie geheim sind,
- wenn sie ambivalent erlebt werden,
- wenn sie einen Schock ausgelöst haben,
- wenn Gewalt im Spiel ist (mit Täter und Opfer),
- wenn sie schambesetzt sind.

Die allerersten Lebensbeziehungen

Es gibt keine stärkere Treuebeziehung als die zwischen *Eltern und Kindern*. Denn die Beziehung zwischen Eltern und Kindern ist einzigartig: Sie kann mit keiner anderen Beziehung verwechselt und durch keine andere ersetzt werden. Sie ist fürs Kind zumindest in den ersten Jahren lebenswichtig und lebenserhaltend. Sie ist identitätsstiftend, sowohl aufgrund der biologischen Vererbung als auch aufgrund der sozialen Identifikation. Und in den ersten Jahren besteht eine natürliche Symbiose zwischen Mutter (beziehungsweise Bezugsperson) und Kind, die eine »Untreue« von seiten des Kindes überhaupt undenkbar macht. Dieses Thema taucht bei einer normalen Entwicklung erst in der Pubertät, in der Ablösungsphase des Kindes vom Elternhaus, auf.

Auch die Eltern sind durch immense innere Kräfte ans Kind gebunden: durch den Stolz auf das Kind, durch die Identifikation mit dem eigenen Nachwuchs, durch die tägliche Pflege und Fürsorge, die Begleitung durch die Jahre des Wachstums, die Krisen und die Krankheiten, mit allen damit verbundenen Freuden und Sorgen.

Auch die *erste Liebe* ist solch eine besondere Beziehung. Vor allem wenn wir die Kindheit unglücklich erlebt haben, wenn wir uns einsam, abgelehnt und ausgestoßen gefühlt haben, kann die erste Liebesbeziehung eine lebenswichtige Beziehung werden. Wir treffen dann zum erstenmal auf jemanden, der uns liebt und uns zum Aufblühen bringt. Eine solche erste Liebe, die einen prägt, kann zu einem festen Fundament unseres Lebens werden, so daß jeder Zweifel daran, jede Schwankung des Gefühls zwischen den Liebenden sich wie eine Lebensbedrohung anfühlt, ja tatsächlich lebensbedrohlich werden kann, so daß manche bei einem Scheitern der Liebesbeziehung sogar Selbstmord begehen.

Auch die erste Erfahrung sexueller Erfüllung kann eine prägende Wirkung auf uns haben. Oder der erste mitreißende Lehrer, mit dem wir uns besonders stark identifizieren. Wir neigen dazu, solche Beziehungen zu idealisieren. Wir glauben, auf der ganzen Welt gäbe es keinen besseren Partner, keinen besseren Lehrer usw. Das gleiche gilt für religiöse und politische Gruppen, die ein hochgestecktes Ideal und Ziel verfolgen.

Intimität

Wir nennen eine Beziehung, in der sich zwei Menschen in ihren Wesenskernen, das heißt in der Tiefe ihres Wesens begegnen, eine intime Beziehung. Intime Beziehungen haben die Eigenschaft, die Beteiligten besonders stark zu binden, manchmal sogar lebenslang. Wenn der Austausch einen persönlichen und/oder sexuellen Charakter hat, erhöht dies die Intimität der Beziehung und damit die Bindung.

Ambivalent erlebte Beziehungen verstärken die Bindung, weil die innere Ambivalenz eine ständige Spannung in den Betreffenden erzeugt, die sie nicht in Ruhe läßt und immer wieder an den anderen erinnert. Besonders wenn zu Beginn einer Beziehung neben den positiven auch (verdeckt) negative Gefühlsanteile beteiligt sind, kann es später zu Akten des Verrats kommen – die zunächst schamvoll verdrängten Gefühle von Zweifel, Demütigung, Ekel oder Feindseligkeit tauchen dann aus ihrem Versteck auf.

Wenn intime Beziehungen geheim sind, erhöht dies ebenfalls die Bindung. Die meisten intimen Beziehungen finden im verborgenen statt, abseits von der öffentlichen Kontrolle durch Dritte. Gemeinsame Geheimnisse binden.

Die schamvolle Bindung zwischen Täter und Opfer

Intimität kann auch entstehen, wenn wir etwas *Schlimmes*, *Grauenvolles* oder *Schamvolles* mit jemandem zusammen erleben, sowohl als gemeinsame Täter oder gemeinsame Opfer als auch in den geteilten Rollen von Täter und Opfer. Menschen, die zum Beispiel eine Katastrophe gemeinsam überlebt haben wie den Krieg (sowohl als aktive Soldaten als auch als Kriegsopfer), können sich durch ein starkes Band miteinander verbunden fühlen, selbst wenn sie sich sonst von ihrem Wesen her wenig zu sagen haben. Aber auch Täter und Opfer eines Verbrechens sind miteinander »intim« verbunden, beispielsweise Vergewaltiger und Vergewaltigte, Inzesttäter und Inzestopfer. Obwohl gerade das Opfer jede Erinnerung an den Täter aus seinem Gedächtnis vertilgen möchte, fühlt es sich durch den gewaltsamen Einbruch in seine Intimsphäre von seiten des Täters mit diesem innig verbunden, wenn auch auf eine furchtbare Weise. Diese intime Bindung mit dem Täter erfüllt das Opfer mit Scham. Es ist eine schamerfüllte Bindung, die daraus entsteht. Und da die Übergriffe sexueller

Natur sind und überdies zumeist geheim und verborgen geschehen, erhöht sich die Bindung zwischen den Beteiligten außerordentlich.[1]

Narzißtische Bindungen

Eine starke gegenseitige Idealisierung mit gleichzeitiger gegenseitiger Identifizierung kann eine narzißtische Bindung entstehen lassen, die sich eher auf projektive Identifikation als auf Realität gründet.

Hierfür ein Beispiel: Ein Handwerksmeister lobt seine neuen Lehrlinge anfangs sehr stark. Er gibt ihnen das Gefühl, ganz außergewöhnlich geschickt und begabt zu sein. Umgekehrt wird er von seinen Lehrlingen als der beste aller Meister angesehen. Beide Seiten sonnen sich im Licht der gegenseitigen Idealisierung und Identifizierung. Dieser Zustand hält jedoch nie lange an. Da jeder Mensch Fehler macht, zeigen sich bald die ersten Risse im Image des idealisierten Meisters und Lehrlings. Aber keiner wagt es, dies offen anzusprechen. Alle wollen sich das ursprüngliche Bild erhalten. Schließlich sind alle zutiefst voneinander enttäuscht. Da sie sich selbst und dem anderen gegenüber ihre anfängliche Täuschung nicht eingestehen können, verfallen sie in stumme Verbitterung. Sie beginnen einander zu hassen, da der andere angeblich das hohe Ideal (das narzißtische Spiegelbild) zerstört hat. Nach endlosen Grabenkriegen kündigen sie das Verhältnis. Beide Seiten fühlen sich tief verletzt und verraten.

Solche narzißtischen Spiegelbeziehungen bestehen auch in anderen Lehrer-Schüler-Verhältnissen, etwa in der klassischen Führer-Gefolgschafts-Konstellation wie zwischen Freud und seinen begabtesten, später ausgestoßenen und als Abtrünnige verfemten Schülern oder zwischen Jesus und seinen Jüngern.

Erinnern wir uns: Beim letzten Abendmahl sagte Jesus zu seinen Jüngern: »Einer unter euch, der mit mir ißt, wird mich verraten.« Da waren alle bestürzt und fragten ihn, einer nach dem anderen: »Meister, bin ich's?« Bemerkenswert ist die Tatsache, daß sich *keiner* der Jünger sicher war, daß nicht *er* der Verräter sein würde. *Alle* idealisierten Lehrer-Schüler-Verhältnisse tragen das Potential des Verrats in sich. Aber was ist die Ursache für den späteren Verrat?

Phase 2: Entstehung von Zweifeln und Veränderungswünschen, die man aber verleugnet und tabuisiert

Keine Beziehung bleibt ideal. Das Kind wird erwachsen und strebt aus dem eng gewordenen Elternhaus. Die Faszination der ersten Liebe flaut ab und wird alltäglich. Der Schüler hat beim Lehrer oder Meister ausgelernt und möchte weiterziehen. Politische Ideale verblassen bei ihrer Umsetzung in die Realität.

Leben bedeutet Wandlung und Veränderung

Der Wunsch nach Wandel und Veränderung ist ganz natürlich und unvermeidlich. Wir entwickeln uns beständig weiter. Als Lebewesen sind wir in einen beständigen Prozeß der Wandlung eingebettet. Es gibt kein Leben ohne Veränderung und Weiterentwicklung. Wir können nicht stehenbleiben.

In ständigem Wandel zu leben, ist jedoch nicht immer einfach. Denn: Weiterentwicklung bedeutet zugleich Aufbruch und Abschied von Altvertrautem. Weiterentwicklung kann dabei bedeuten, daß wir uns von unseren bisherigen Gewohnheiten, Beziehungen, unserer bisherigen Umgebung und auch von unserer bisherigen Identität verabschieden müssen. Jeder Neuanfang bringt auch unweigerlich den Abschied von Altvertrautem mit sich.

Uns Trennen bedeutet immer Trauern. Wenn wir trauern, durchleben wir eine Woge von zum Teil heftigen Gefühlen: Protest gegen die Veränderung, Wut, Schmerz und Verzweiflung. Der erste Schritt ist dabei meist der schwerste: überhaupt zu erkennen und sich einzugestehen, daß die bisherigen intimen Bindungen (zu Menschen, Orten, Gewohnheiten, Idealen) nicht oder nicht mehr gut sind für unsere Weiterentwicklung. Die notwendige Veränderung kann daher bedeuten, daß wir uns ganz von der bisherigen Beziehung trennen müssen oder daß sich zumindest die bisherige Beziehung ändern muß.

Ein Systemsprung wird notwendig

Wir nennen die Veränderung, die jetzt ansteht, einen Systemsprung. Das bedeutet, daß eine qualitative Veränderung der Beziehung notwendig wird. Nicht nur Teile des Systems, das gesamte System müßte sich ändern und erneuern. Es ist ein gewaltiger Schritt.

Wir stehen daher an diesem Punkt vor einer Entscheidung: Entscheiden wir uns für unsere eigene, persönliche Entwicklung, und setzen wir unsere Beziehung aufs Spiel? Oder entscheiden wir uns für die Beziehung, die uns bisher viel innere Stütze und Kraft gegeben hat, und verzichten auf die persönliche Entwicklung? Es ist eine sehr folgenreiche Entscheidung – entweder für die *Treue zu sich selbst* oder für die *Treue zur Beziehung.*

Nun muß sich beides nicht widersprechen. Denn eigentlich sind beide Loyalitäten füreinander unentbehrlich: Wenn ich nicht treu zu mir selbst bin, kann ich nicht ehrlich in der Beziehung sein. Und wenn ich in einer guten Beziehung bin, müßte meine persönliche Entwicklung auch für den Partner wichtig sein. Das heißt, wenn sich einer von uns beiden entwickelt, muß auch der andere sich entwickeln, ebenso die gemeinsame Beziehung. Der eigentliche Konflikt resultiert also gar nicht so sehr aus der falsch verstandenen Alternative »entweder ich oder wir«, sondern meist aus der Angst vor Veränderung.

Angst vor Veränderung,
Angst vor Auseinandersetzung

Wir haben gesehen, daß die für einen Verrat anfällige Beziehung ursprünglich eine ganz intensive war. Es wurde darin zum erstenmal Gluck, Übereinstimmung und Halt erlebt. Man war so selig, daß man jemanden gefunden hatte, mit dem man sich in allem verstanden hat. Wir möchten, daß solch ein Glück ewig dauert: »Denn jedes Glück will Ewigkeit!« Daher haben wir eine panische Angst vor irgendeiner Veränderung der Beziehung: Schöner kann es doch nicht werden – also kann eine Veränderung nur eine Verschlechterung, womöglich eine Trennung, einen Bruch bedeuten.

Viele von uns, die zum erstenmal ein solches Glück erleben, haben vorher Unglück erlebt. Wir haben Angst davor, daß wir aus dem Glück der jetzigen Beziehung in das bodenlose Unglück und in die Einsamkeit früherer Zeiten zurückfallen könnten. Deshalb klammern wir uns an die jetzige Beziehung. Wir wehren uns mit aller Kraft gegen eine Veränderung. Wir erklären deshalb den jetzigen Zustand für den allein gültigen und einzig möglichen. Wir erheben einen Absolutheits- und Ausschließlichkeitsanspruch. Veränderung – in welche Richtung auch immer – wird abgelehnt. Selbst das Denken daran wird verboten, geschweige denn, miteinander darüber zu sprechen. Veränderungen werden zum Tabu.

Phase 3: Innerer Verrat und innere Scheidung durch die Unterbrechung der Kommunikation

Aber genau hier findet der erste innere Bruch zwischen den Partnern statt. Wenn die Partner nicht mehr miteinander über das, was sie im Innersten bewegt, sprechen, wird die Kommunikation unterbrochen. Eine direkte Kommunikation von Wesenskern zu Wesenskern ist aber der Lebensnerv jeder lebendigen Beziehung. Mit der Unterbrechung der Kommunikation schneiden sich die Partner damit den Lebensdraht ihrer Beziehung ab. Sie erhalten zwar die äußere Struktur der Brücke zwischen ihnen aufrecht, aber sie gehen immer seltener darüber zur anderen Seite. Und wenn sie hinübergehen, tauschen sie nur Belanglosigkeiten aus, aber nicht mehr das, was wesentlich ist, vor allem nicht das, was ihre Beziehung belasten oder in Frage stellen könnte. Sie setzen sich nicht mehr auseinander.

Paradoxerweise zerstören viele Partner ihre Beziehung, indem sie versuchen, sie zu konservieren. Wie jede lebendige Struktur, zum Beispiel jede lebendige Pflanze, läßt sich eine lebendige Beziehung nicht auf dem Status quo konservieren. Eine lebendige Struktur entwickelt sich fort, stirbt teilweise ab und wächst weiter, bis sie ihren endgültigen Tod stirbt.

Unterschiede beleben eine Beziehung

Eine Beziehung ist wie ein lebendiger Muskel: Sie wird um so stärker und belastungsfähiger, je mehr sie beansprucht wird. Eine Beziehung, die durch regelmäßige, offene Kommunikation lebendig gehalten wird, hält auch stärkere Differenzen und Meinungsunterschiede aus. Unterschiede, die man ausspricht und versteht, vertiefen sogar das Verständnis füreinander. Dadurch, daß sich der eine Partner vom anderen unterscheidet, gewinnt er an Farbe, Gestalt, Statur. Er wird nicht nur geliebt, weil er dem anderen in allem ähnlich ist – sonst liebte man ja nur sein Spiegelbild – , sondern weil er eine unverwechselbare Persönlichkeit ist. Diese Unterschiedlichkeit anzuerkennen, bedeutet eine fortwährende, lebenslange Auseinandersetzung mit dem Partner. Man muß sich an ihm reiben, mit ihm streiten können.

Wenn wir aber Angst vor Unterschieden haben, vermeiden wir Differenzen. Wir halten den Mund, auch wenn wir anderer Meinung sind. Dadurch stirbt die Kommunikation langsam ab. Wir »schweigen« unsere Differenzen »tot«. Dieses Totschweigen dessen, was uns am Herzen liegt, ist der erste Verrat an der Beziehung. Hier, nicht später bei dem offenen Akt des Verrats, findet der eigentliche, der *innere Verrat* statt. Hier beginnt bereits die Beziehung zu sterben. Ab hier befindet sie sich im Siechtum – bis sie vielleicht durch den Akt des *äußeren Verrats* wieder aufgerüttelt wird.

Phase 4: Die Institutionalisierung der Beziehung durch einen gesellschaftlich sanktionierten Vertrag

Wenn wir vor irgend etwas Angst haben, halten wir den Atem an. Damit unterbrechen wir unsere innere Erregung, eine scheinbare Beruhigung tritt ein. Das gleiche geschieht, wenn wir das Denken über jegliche Veränderung abstellen. Die innere Unsicherheit kommt für eine kurze Zeit zum Stillstand. Man fühlt sich sicherer. Aber wir können nicht ewig den Atem anhalten. Ebensowenig können wir unser Denken und unsere Gefühle einfach durch ein Stoppschild länger abstellen. Wie können wir dann aber sicher sein, daß uns die Unsicherheit und die Angst nicht wieder einholen?

Eine einfache Lösung wäre, den Status quo zu zementieren. Das heißt, wir können versuchen, die Beziehung so festzulegen, wie wir sie idealerweise haben wollen. Sie soll auf dem Höhepunkt ihrer Blüte stehenbleiben und sich nie mehr verändern. Getreu dem bekannten Ende vieler Märchen: »… und sie lebten glücklich bis ans Ende ihrer Tage.« Kein Konflikt, kein Ehestreit, keine Scheidung.

Natürlich ahnen wir, daß das nicht geht. Wir sind ja erwachsene Menschen. Aber hier verbündet sich unsere Sehnsucht nach Ewigkeit mit unserer Angst vor Veränderung und spielt unserem Verstand einen Streich. Ab dem Hochzeitstag soll alles nur noch aufwärts gehen. Wir tauchen alles in Rosarot und bringen die kritische Stimme in uns zum Schweigen.

Nicht zufällig sehen wir uns nun die Eheschließung als Beispiel an. (Das Wort »Ehe-Schließung« scheint kennzeichnend für den hier beschriebenen Prozeß zu sein. Die Beziehung wird wie in einem festen Gefäß eingeschlossen. Ihre Entwicklung ist damit abgeschlossen.) Heute besteht keine ökonomische Notwendigkeit zur Heirat mehr. Warum heiraten Menschen trotzdem? Es wäre denkbar, daß gerade Paare, die sich schon länger kennen, deshalb heiraten, weil sie sonst vor einer *anderen* qualitativen Veränderung ihrer Beziehung stehen würden. Möglicherweise steht eine tiefgreifende Veränderung in ihrer Beziehung an. Statt dessen heiraten sie. Aber warum? Aus zwei Gründen:

1. Aus der obenbeschriebenen Angst vor Unsicherheit.
2. Weil sie nach einem Band suchen, das sie noch fester zusammenbinden soll als ihre bisher ausschließlich emotionale Bindung. Deshalb soll es ein besonders verläßliches Band sein. Sie finden dieses Band in den gesellschaftlichen Institutionen.

Die Gesellschaftsordnung als Garant für die Beziehung

Nun kommt neben dem Paar der dritte Partner ins Spiel: die Gesellschaftsordnung. Sie ist ein sehr gewichtiger Partner – und das ist ja das, wonach das Paar sucht: ein starker, zuverlässiger Partner, der ihre Unsicherheit besänftigen soll. Hinter der Gesellschaftsordnung steht aber das Kollektivinteresse der Mitglieder der jeweiligen Gesellschaft, zumindest der herrschenden Mitglieder dieser Gesellschaft. Hier gewinnt der Faktor *Macht* an Bedeutung.

Eine Gesellschaft besteht aus einer Vielzahl von Menschen, die durch bestimmte Eigenschaften und Verhaltensweisen ihre Zugehörigkeit zu dieser Gesellschaft ausdrücken. Eine *Familie* gründet sich auf gemeinsame Kinder, ein *Volk* auf ethnische Gleichheit seiner Angehörigen, ein *Staat* auf seine Bürger, eine *Kirche* auf ihre Gemeindemitglieder. Das heißt, jede Gesellschaft benötigt Mitglieder, die sich durch ein oder mehrere eindeutige Merkmale auszeichnen. Keine Mitglieder – keine Gesellschaft.

Verzahnung von persönlicher und gesellschaftlicher Treue

Wirkliche Treue realisiert sich durch die intime Beziehung von Wesenskern zu Wesenskern. Die persönliche Beziehung zu einem nahen Partner trifft uns im Wesenskern. Hier sind wir am stärksten gebunden. Dies wissen die Institutionen. Deshalb benutzen Staat und Kirche diesen Weg der Absegnung von Beziehungen, um ihre Mitglieder durch eine *persönliche Bindung* an Menschen, die ihnen am nächsten stehen, an die Institution zu binden.

Hier treffen die Interessen der Partner, die eine Beziehung zementiert haben wollen, und die der Gesellschaft zusammen: Die Partner brauchen ein zuverlässiges Band für ihre Beziehung, während die Gesellschaft Mitglieder braucht, um sich überhaupt als Kollektiv konstituieren zu können. Eine geniale Idee: beide Interessen miteinander zu verknüpfen!

Die Verknüpfung geschieht durch die *Institutionalisierung der Beziehung,* das heißt durch die feierliche, ja heilige Absegnung der Beziehung durch die Gemeinschaft. Wie geschieht dies nun im einzelnen?

- Die Institutionalisierung der Beziehung vollzieht sich durch einen feierlichen Vertrag zwischen den drei Partnern: dem Beziehungspaar und der Gesellschaft.
  Hier ist wichtig, festzuhalten: Es entsteht (zum Beispiel im Ehevertrag) nicht nur ein Vertrag zwischen zwei Personen, sondern ein Vertrag zwischen drei Parteien. Und was noch entscheidender ist:
- Die dritte Partei, die Gesellschaft, schreibt die Bedingungen dieses Vertrags vor! Aus der Beziehung wird eine »Bindung«. Es heißt deshalb: »Wir *lassen* uns trauen«, statt: »Wenn ich dir traue und du mir traust, benötigen wir keine weiteren Sicherheiten.«

Zwei der stärksten menschlichen Gemeinschaften sind der *Staat* und die *Kirche.* Die eine als Vertreter der weltlichen Macht, die andere als Vertreter der göttlichen und moralischen Macht.

Der Staat bindet die Menschen durch die *Gesetze*. Die Kirche bindet die Menschen durch die *Sakramente* – heilige Handlungen zwischen Gott und dem betreffenden Menschen, überreicht durch den geweihten Vermittler, den Priester.

Die Gesetze des Staates und die Sakramente der Kirche sind für ihre Mitglieder die höchsten bindenden Verträge. Wenn eine Beziehung durch Staat und Kirche abgesegnet wird, steht sie unter den Vertragsnormen und Regeln beider Mächte. Sie wird dadurch unlösbar oder zumindest nicht lösbar ohne größeren Schaden für die Partner.

Jeder Vertrag wäre wertlos, wenn der Verstoß gegen den Vertrag nicht durch Sanktionen bestraft wird. Also bestehen für die Erhaltung der Bindung positive Sanktionen beziehungsweise Belohnungen, für die Verletzung oder den Bruch der Bindung negative Sanktionen oder Bestrafungen. (Im Wort »Sankt-ion« steckt das Wort »heilig«: Eine Sanktion bedeutet also eine »heilige Belohnung oder Bestrafung«.)

Ein Vertragsbruch wird als schwerer Verstoß, als *Verrat* (Treuebruch) nicht nur gegen den Einzelpartner, sondern gegen die gesamte Gemeinschaft (hier: gegen Staat und / oder Kirche) verstanden und unnachgiebig – durch die gesamte Gemeinschaft – geahndet. Die schwerste Strafe (außer der Todesstrafe) stellt der Ausschluß aus der Gemeinschaft dar: Der Staat bürgert den Verräter aus, die Kirche exkommuniziert ihn, das heißt, schließt ihn von den heiligen Sakramenten aus, also aus der direkten Kommunikation mit Gott!

Oft sind die Normen, die von Kirche und Staat aufgestellt werden und in den Verträgen festgelegt sind, äußerst verhärtet, inflexibel, ja als *Dogma*, also als unfehlbare, unantastbare, nicht hinterfragbare Grundwahrheit festgelegt, beim Staat beispielsweise mit der »freiheitlich demokratischen Grundordnung«, dokumentiert durch das Grundgesetz, in der Kirche durch ihre Dogmen. Hier werden von den Mitgliedern erhobene Zweifel nicht durch einen Diskurs oder durch rationale Argumente oder Beweise beantwortet, sondern durch eine autoritative Erklärung von der höchsten Autorität der Gemeinschaft zum Schweigen gebracht. Zweifel seitens der Mitglieder werden mit einem Denkverbot belegt. Dieses Denkverbot ergänzt auf der innerpsychischen Ebene die sozialen Sanktionen.

Individualisierung des Konflikts

Gewissenskonflikte werden damit individualisiert, also in den einzelnen hineinprojiziert. Probleme des Systems werden zu individuellen Problemen gemacht, so daß der einzelne die Verantwortung für das Ganze übertragen bekommt. Dies bringt ihn in schwere Scham- und Schuldgefühle, die er jedoch allein durchzustehen hat, ohne Verständnis und Beistand von außen. Und wenn ein einzelner daran zerbricht oder die Bindung sprengt, wird er automatisch zum Übeltäter und Verräter abgestempelt und verfolgt.

Durch das Bündnis mit »Gott und der Welt« erhalten die Partner einen allzeit gültigen Vertrag, der sowohl die Vertragserfüllung als auch den Vertragsbruch (»Verrat«) regelt. Da die Verträge zwischen den Partnern und dem Staat beziehungsweise der Kirche geschlossen werden, haben sie eine größere Tragweite, als wenn die Verträge nur zwischen den beiden Partnern abgeschlossen würden. Der Faktor Macht kommt ins Spiel.

Wir halten hier fest: Dies kann Grundlage für einen späteren Verrat sein – der Verrat wird dann aber schwerwiegender. Er richtet sich nicht nur gegen den Partner, sondern auch gegen Staat und Kirche. Daß für Staat und Kirche die Institutionalisierung von Beziehungen wichtig ist, sehen wir am Beispiel der Ehe.

Ehe bedeutet die rechtsverbindliche Bindung zum Ehepartner, die Aufnahme in die Verwandtschaft des Partners und die Aufnahme der Beziehung in die staatliche und kirchliche Gemeinschaft: »Ehe und Familie genießen den besonderen Schutz des Staates«, in der katholischen Kirche gilt die Eheschließung als Sakrament.

Diese Verträge werden vor der Gemeinschaft, zuweilen sogar vor göttlicher Autorität besiegelt und abgesegnet, wie in der kirchlichen Eheschließung, die unlösbar ist, da sie »vor Gott« geschlossen wurde. Die Beteiligten leisten darin einen Treueschwur oder -eid, der sie lebenslang bindet (»bis daß der Tod euch scheidet!«). Dieses Versprechen wird auch durch einen schriftlichen Vertrag förmlich besiegelt. Er ist, bei Taufe und Heirat, mit der Namensgebung verbunden. (Mit der Namensgebung wird tatsächlich eine neue Identität erschaffen. Aus »Trude Wittmann« wird zum Beispiel eine »Frau Schwarz«. Die alte Identität erlischt in allen amtlichen Unterlagen. Oft wird ein äußerlich sichtbares Zeichen dieser Verbindung überreicht und soll fortan am Körper getragen werden (zum Beispiel der Ehering.)

Durch solche Versprechen bindet sich der einzelne an die staatliche und kirchliche Gemeinschaft, die sich erst durch solche verpflichtenden Mitgliedschaften konstituieren kann. Institutionalisierte persönliche Bindungen stellen also die Grundlage der gesellschaftlichen und religiösen Ordnung dar. Es stehen überaus große, über-individuelle Interessen und Kräfte im Hintergrund, wenn ein Mensch solche Bindungen eingeht. Diese Bindungen verpflichten ihn zur Treue gegenüber der sittlich-religiösen-politischen Gemeinschaft.

Die Zeugen

Beteiligt sind aber nicht nur Vertreter der offiziellen Gesellschaft, des Staates und der Kirche, sondern auch Freunde, Verwandte und Kollegen. Einige davon sind bei dem feierlichen Akt als Zeugen zugegen. Bei der Eheschließung sind die Trauzeugen sogar als ein vertragsmäßiger Bestandteil in die Zeremonie eingebaut.

Zu Luthers Zeiten war es noch üblich, daß die Trauzeugen dem ersten ehelichen Beischlaf beiwohnten, um dies der Gemeinschaft gegenüber zu bezeugen. Das blutige Bettleinen wurde aus dem Fenster gehängt, um öffentlich zu zeigen, daß der eheliche Akt nicht nur auf dem Papier, sondern auch im Bett vollzogen worden war (und daß die Frau Jungfrau gewesen war – ein für das patriarchalische System wichtiges Merkmal der Treue.

Zeugen – seien es Freunde, Verwandte oder Nachbarn – spielen eine erhebliche Rolle in der Überwachung der ehelichen Beziehung. Ihre Reaktion auf das Verhalten der Eheleute bestärkt diese in der Erfüllung ihrer ehelichen Pflichten. Die Einhaltung der Normen einer ordentlichen intimen Beziehung wird hier zur öffentlichen Pflicht erhoben, die von unzähligen Augenpaaren überwacht wird. Der intimste persönliche Bereich wird auf diese Weise vergesellschaftet und dem Blick und dem Urteil der Öffentlichkeit preisgegeben.

Was geschieht zum Beispiel bei einem Paar, das ein bis zwei Jahre nach der Eheschließung noch kein Kind vorzuweisen hat? Es wird zunächst diskret und verschlüsselt von Freunden und Verwandten danach gefragt, ob »alles in Ordnung« sei. Nach drei, vier, fünf Jahren Kinderlosigkeit wird allen offenkundig, daß »etwas nicht stimmt«. Es wird nunmehr öffentlich darüber diskutiert. Das Paar wird direkt mit dieser Un-Normalität konfrontiert. Ungebetene Ratschläge werden gegeben, Adressen und Tips zur Behebung des »Mangels« werden angeboten.

Wir sehen: Nicht nur die Vertreter der offiziellen Kirche und des Staates überwachen die Einhaltung der Beziehung, sondern vor allem die Menschen, mit denen das Paar täglich zu tun hat. Spätestens bei einem Verstoß gegen die eheliche Ordnung, zum Beispiel bei einer Trennung oder der Aufnahme einer anderen Beziehung, wird die Macht der ganzen Überwachung offen zutage treten. Eheliche Untreue (von seiten der Frau) kann nach moslemischer Sitte mit dem Tod durch öffentliche Steinigung bestraft werden. In Österreich und der Schweiz kann Ehebruch heute noch auf Verlangen des Partners bestraft werden.

Verzahnung von persönlicher und gesellschaftlicher Treue

Gegenüber solchen starken gesellschaftlichen Kräften kommt uns die persönliche Bindung, die der einzelne eingeht, fast als nebensächlich vor. Doch ist das persönliche Treueverhältnis nicht lösbar von der sozialen Treueverpflichtung. Beides ist ineinander nahezu nahtlos verzahnt. Das Ansehen, das Selbstbewußtsein und die Identität, die man zum Beispiel in der Ehe als Ehemann oder Ehefrau genießt, sind untrennbar verknüpft mit dem entsprechenden gesellschaftlichen Ansehen und der zugehörigen sozialen Position. Es ist niemandem völlig gleichgültig, ob er mit einer angesehenen Person verheiratet ist oder mit einer aus einer abgelehnten Minderheit. Es ist niemandem völlig gleichgültig, ob er als glücklich Verheirateter angesehen wird oder als »glücklich Geschiedener«. Alle diese verschiedenen Positionen beinhalten ein unterschiedliches Fremd- und Selbstbild, unabhängig davon, wie die persönliche Beziehung zum Ehepartner tatsächlich ist.

Phase 5: Innere Gewissenskonflikte des potentiellen »Verräters« und systemimmanente Reformversuche

Die mit der Institutionalisierung verbundene Zementierung der Beziehung läßt somit kaum Platz für Zweifel an der Beziehung. So paradox dies auch klingen mag: Die Institutionalisierung der Ehe zwingt die Partner dazu, ihre Beziehungskonflikte im geheimen auszutragen. Sie müssen ihre Auseinandersetzungen, die für die Erhaltung einer *lebendigen* Beziehung so lebensnotwendig sind, vor der gesellschaftlichen Öffentlichkeit verbergen! Vor der Gesellschaft hat die Ehe einfach glücklich zu sein.

Die Partner würden nicht nur einen Konflikt miteinander, sondern auch mit der gesellschaftlichen Autorität riskieren, falls sie offen zu ihren Differenzen stehen. Wenn die Partner selbst unsicher und konfliktscheu sind, werden sie beginnen, notwendige Auseinandersetzungen hinauszuschieben, zu vertagen, zu verdrängen. Sie versuchen, eine Fassade von Harmonie und Eintracht aufzubauen, auf Kosten ihres inneren Wandels und ihrer Ehrlichkeit. Sie beginnen, eine *innere Spaltung* in ihrer Seele zu vollziehen. Sie ziehen eine Wand zwischen dem, was »positiv«, also erlaubt ist, und dem, was »negativ«, also unerlaubt ist. Oft vollzieht sich diese Spaltung auch äußerlich in der Rollenverteilung. Der eine Partner vertritt vehement die konservative Seite (obwohl er in sich auch die Zweifel spürt – diese bekämpft er mit noch mehr Strenge), während der andere die aufrührerische Protestseite einnimmt (obwohl er in sich die Treue zum Bestehenden deutlich wahrnimmt, bekämpft er diese mit Parolen von der Notwendigkeit von Veränderung, und zwar weniger als Lebenstatsache, sondern als Ideologie).

Übrigens sagt diese äußere Rollenverteilung noch überhaupt nichts darüber aus, welcher der beiden Partner später die Beziehung verraten würde. Es kann der radikalere, es kann aber genausogut der konservativere sein. Theoretisch ist es sogar wahrscheinlicher, daß der konservativere der beiden später einen unerlaubten Schritt macht, zum Beispiel einen Seitensprung, weil er einfach mehr zu verdrängen hat. Die verdrängten Änderungswünsche brechen irgendwann unvorhergesehen auf und machen das Undenkbare möglich: »Daß gerade *der* das machen würde – also das hätte ich nie gedacht. Der war doch immer so ein anständiger Mensch!«

Individualisierung
und Verinnerlichung des Konflikts

In jeder Beziehung gibt es folgende grundsätzliche Ambivalenzen:

Liebe, Harmonie, Gleichklang	Frust, Differenzen, Unterschiede
Treue, Solidarität	Überdruß, Wut auf die Harmonie und den Partner
gemeinsame Ideale	eigene, eigenständige Ideale und Ideen
vertrautes Selbstbild (als Paar, Familie, Verband)	Individuationswünsche, Umorientierung nach anderen Menschen, Ideen, Idealen, Werten
Angst vor dem Weggehen, vor dem Ausgestoßenwerden, dem Isoliertsein	Wunsch nach Alleinsein und Eigenständigkeit, neu entstehendes Selbst, das noch keine Gestalt angenommen hat

Es ist völlig normal, wenn die Partner solche widersprüchlichen Gefühle in sich empfinden. Da die systemimmanenten Konflikte jedoch individualisiert und verinnerlicht werden, meinen die Betroffenen, es sei ihre persönliche Unfähigkeit, ihre Unreife, ihr Versagen, wenn sie solche Ambivalenzen in sich spüren. Sie müssen diesen Kampf allein durchstehen. Es entstehen in ihnen starke Scham- und Schuldgefühle, Gefühle von Minderwertigkeit und Versagensängste. Es sind, entgegen der landläufigen Meinung, nicht böswillige, gewissenlose Menschen, die später Verrat begehen, sondern oft übermäßig gewissenhafte Menschen, Idealisten, die ihre eigenen Ideale und die Gesellschaftsnormen wirklich ernst nehmen und den inneren Kampf zwischen den Widersprüchen nicht scheuen. Es sind die, die sich und der Gemeinschaft treu bleiben wollen, die am Widerspruch zerbrechen – nicht die Taktiker und Opportunisten, denen Anpassung und Machterhalt innerhalb des Systems wichtiger sind als ihr Gewissen.

Systemimmanente Reformversuche

Die Idealisten wollen sich selbst nicht verraten. Gleichzeitig möchten sie der Beziehung und der Gemeinschaft treu bleiben. Diese stellen für sie einen hohen Wert dar. Deshalb haben solche Menschen, lange bevor sie das System endgültig verlassen, versucht, ihre neuen, provokativen Ideen und Werte in das bestehende System zu integrieren. Immer wieder haben sie ihre Stimme für eine Erneuerung des Systems erhoben. Da ist zum Beispiel die Frau, die bemerkt, daß in ihrer Ehe vieles nicht mehr stimmt, und die ihren Mann jahrelang bittet, zusammen etwas daran zu ändern. Oder der Priester, der bemerkt, daß in der Kirche vieles im argen liegt, und der sich jahrelang um eine Reform bemüht. Oder der Politiker, der bemerkt, daß die politische Entwicklung nicht mehr richtig ist, und der diese zu ändern versucht. Sie alle bemühen sich oftmals vergebens. Der spätere »Verräter« gehört oft zu denjenigen, die Bewegung in ein morsch gewordenes, eingefahrenes System bringen wollten, aber gegen den beharrenden, konservativen Teil des Systems nichts bewirken konnten.

Phase 6: Heimliche Untreue, Verzweiflung und selbstdestruktive Lösungsversuche

Solche Menschen geraten in Verzweiflung. Der innere Gewissenskonflikt drängt einerseits nach einer Lösung. Andererseits ist es unmöglich, mit den eigenen Vertragspartnern (dem

Partner *und* dem gesellschaftlichen System) in eine offene Auseinandersetzung zu kommen, da ein offener Konflikt tabuisiert und durch Dogmen und andere Glaubenssätze immer wieder abgebrochen wird. Die gestaute innere Energie bringt die Betroffenen unter enormen Handlungsdruck, dem sie jedoch nicht nachgeben wollen aus Treue zum Partner und zur Gemeinschaft. Dies bringt sie schließlich zu folgenden verzweifelten Taten, die als *systemimmanente Lösungsversuche* anzusehen sind:

1. *Heimliche Untreue:* Geheimnisse, Heimlichkeiten, Seitensprünge
2. *In den Untergrund gehen, ein Doppelleben führen:* Immigration ins Innenleben oder ins asoziale, kriminelle oder Drogenmilieu
3. *Selbstbetäubung, Sucht:* Betäubung der Verzweiflung, Flucht ins Vergnügen, in Arbeit, Drogen, Essen
4. *Verrücktwerden:* psychisch am Widerspruch zerbrechen
5. *Selbstvernichtung:* physisch am Widerspruch zugrunde gehen: Krankheit, Verwahrlosung, Selbstmord

Heimliche Untreue

Heimliche Untreue bedeutet, daß der Betroffene irgend etwas tut, was gegen den Vertrag verstößt. Er beginnt Geheimnisse und Heimlichkeiten vor dem Partner und der Gesellschaft zu haben. Er hintergeht sie. Er macht beispielsweise einen Seitensprung, überschreitet damit die Grenze der Beziehung und nimmt Kontakt jenseits der Mauern der Beziehung und des Systems auf: Er begeht also einen heimlichen Verrat, einen Treuebruch.

Gleichzeitig will er die Beziehung aber nicht gefährden. Er will sie beibehalten. Er will dem Partner keine Schmerzen bereiten (der bei jeder starken Differenz unvermeidlich wäre). Auch hat er Angst, der Partner und die Gesellschaft würden ihn bestrafen. Deshalb hält er seinen Verrat geheim. Obwohl er das Bedürfnis hätte, das, was er neu erlebt, mit seinem Partner zu teilen, möchte er den Freiraum des Geheimnisses für sich behalten – für eigene, neue Ideen, Empfindungen, Bedürfnisse, Kontakte.

Zunächst empfindet der Betroffene sein Geheimnis als Freiheit und genießt sie. Dies führt ihn jedoch Schritt für Schritt in die Unfreiheit. Er fühlt sich an die Heimlichkeiten gebunden, er hat ständig Angst vor Entdeckung. Er entwickelt ein paranoides System, ein raffiniertes Geflecht von Konspiration, das er nur mit seinen Komplizen teilt. Dadurch wird er immer einsamer. Denn er kann selbst nicht mehr mit seinen vertrauten Freunden sprechen, da sie Zeugen des sozialen Systems sind, das die bestehende Beziehung aufrechterhält. Er entzieht sich der alten Beziehung und den übrigen Kontakten immer mehr, diese trocknen langsam aus und werden hohl und leer.

Es plagen ihn zudem heftige Scham- und Schuldgefühle, da er in seiner heimlichen Untreue die Bezugsperson, die Gesellschaft und auch sich selbst und die eigenen Werte verrät und untergräbt.

In den Untergrund gehen, ein Doppelleben führen

Dies ist eine weitere Möglichkeit, mit dem unerträglichen Konflikt umzugehen. Äußerlich bleibt der Betroffene im vertrauten Bezugssystem, innerlich jedoch zieht er sich zunehmend zurück. Er wird schweigsamer, einsilbiger und emotional für den Partner und die Umgebung unerreichbar. Er zieht sich zurück in eine illusionäre Innenwelt der Phantasie, wo sich die tiefen Wünsche und Sehnsüchte erfüllen lassen, ohne mit der Umwelt in Konflikt zu kommen.

Oder er beginnt ein Doppelleben zu führen, ohne die normale tägliche Verbindung zur bürgerlichen Welt abzubrechen. Er erfüllt zwar die täglichen Verpflichtungen in Familie, Schule und Arbeit. Aber in den freien, unbeobachteten Stunden geht er an einen anderen Ort, an dem eine andere Ordnung herrscht, an dem mehr Freiheit im Umgang miteinander besteht. Er sucht den Kontakt zur Subkultur, zu den sogenannten Milieus, die

Minderheiten aller Art beherbergen. Es müssen nicht asoziale oder kriminelle Milieus sein, es könnte eine Alternativkneipe sein, eine Außenseiterclique, eine Bürgerinitiative. Fernab der konservativen Normalität findet er eine gewisse Geborgenheit und einen gewissen emotionalen Ausgleich. Dies erkauft er mit einem komplizierten Doppelleben, mit Lügen und Halbwahrheiten. Er lebt tatsächlich eine »doppelte Moral«.

Selbstbetäubung, Sucht

In diesem Stadium ist die Verzweiflung schon so groß und so unlöslich für den Betreffenden, daß er keinen Ausweg mehr sieht. Die aggressive Energie beginnt sich gegen die eigene Person zu richten. Unsere Gesellschaft bietet als legalen Ausweg die Selbstbetäubung durch Sucht an. Sucht ist die Ersatzbefriedigung für eine Sehnsucht, die sich nicht erfüllen läßt. Schon ab der Kindheit werden Frustration und Aggression durch Schnuller, (Milch-)Flasche und Süßigkeiten zugestopft. Der Übergang zur Flasche Alkohol geht wie von selbst. Unsere Gesellschaft ist eine auf Sucht programmierte Gemeinschaft (Sucht nach Geld, Konsumsucht, Arbeitssucht, Alkohol- und Nikotinsucht, Sexsucht, Fernsehsucht, Autosucht usw.). Unsere Gesellschaft legalisiert all diese Formen der Sucht und verdient dabei gewaltig mit. Der gesellschaftliche Schaden, der durch Suchtkrankheiten und ihre Folgen verursacht wird, ist aber enorm. Hier begeht die Gesellschaft im Grunde Verrat an ihren Mitgliedern.

Durch das gesellschaftliche Überangebot an Suchtmitteln hat der einzelne unbegrenzte Möglichkeiten, seinen individuellen »Schnuller« zu finden, um die innere Verzweiflung und Leere zu kompensieren. Er hat dabei das beruhigende Gefühl, in bester Gesellschaft zu sein. Die notwendige Auseinandersetzung mit der Gesellschaft und dem Beziehungspartner kann somit vermieden werden. Der süchtige Mensch sucht zwar nach der Wahrheit – darin ist er seinem wahren Selbst näher als der satte, selbstzufriedene Bürger. Aber er sucht am falschen

Objekt, er sucht im Nebel. Er müßte sich erst einmal ganz »leer« werden lassen, bevor er zu sich kommen kann. Er muß den inneren Schmerz und die Verzweiflung in sich zulassen, um den Weg zu seinem wahren Selbst, zu seinem Wesenskern zu finden. Dies ist nicht einfach, da der Süchtige genau deshalb die Sucht ausgesucht hat, um in sich den Schmerz und die Verzweiflung zu betäuben.

Verrücktwerden

Wenn die innere Ambivalenz so stark wird, kann die Psyche das irgendwann nicht mehr aushalten. Und wenn keine Hilfe da ist, die die zerschundene Seele hält, zerreißt die innere Spannung sie zuweilen buchstäblich in Stücke. Der Mensch »rastet aus«, wechselt auf eine andere Bewußtseinsebene, in der der innere Konflikt für den Betroffenen erklärbar und erträglich ist. Im Fall des Verfolgungswahns beispielsweise wird das Gefühl, auf der Flucht zu sein, erträglicher und erklärbarer, wenn man glaubt, man wird tatsächlich verfolgt und muß immer auf das Schlimmste gefaßt sein. Eigenartigerweise nimmt meist die innere Spannung ab, wenn man verrückt ist. Es läßt sich leichter leben, auch wenn dies mit dem Preis der erschwerten realen Lebensbewältigung und der gesellschaftlichen Verachtung erkauft ist.

Selbstvernichtung

Dies ist die letzte Stufe einer Konflikt»lösung«, die mit einer Selbstschädigung einhergeht. Die Person geht an ihrem inneren Widerspruch körperlich zugrunde. Häufig ist die Treue zum Partner und zur Gesellschaft so groß und der eigene Entfaltungsspielraum dafür so klein geworden, daß die Person es bewußt oder unbewußt vorzieht, sich selbst zu vernichten, sei es passiv durch körperliche Krankheit oder physische Verwahrlosung oder aktiv durch Selbstmord.

Es gehört sehr viel Mut und Entschiedenheit dazu, Selbstmord zu begehen. Und es bestand vorher unendlich viel Einsamkeit und äußerste Verzweiflung, die von der Umwelt nicht wahrgenommen oder verstanden wurden. In diesem letzten Schritt, dem radikalsten, den wir kennen, nämlich die willentliche Beendigung des biologischen Lebens, liegt eine solch radikale Treue zu sich, daß wir Respekt dafür empfinden sollten. Das wenigste, das wir nach einem erfolgten Suizid für die Person tun können, ist, ihre Würde zu wahren.

Ich verstehe all diese »systemimmanenten Trennungsversuche« nicht als Akte bösen Willens oder als Zeichen einer charakterlichen Schwäche oder Fehlentwicklung. Sie sind vielmehr Versuche, einen nicht lösbar gewordenen Konflikt so zu kanalisieren, daß die Treue und das Treueversprechen an die eigene Beziehung und an die Gemeinschaft möglichst unangetastet bleiben. Die betreffenden Menschen versuchen ihr möglichstes, ihre Beziehung nicht zu verraten und gleichzeitig, in einer Art Kompromißbildung, einen Teil ihrer Sehnsüchte zu leben. In den Fällen von Sucht, Verrücktwerden und Selbstvernichtung sind sie sogar bereit, sich selbst zugrunde zu richten, um den Partner (aus falschverstandener Solidarität) zu schonen. Sie wollen das Auseinanderbrechen ihrer Beziehung und ihres sozialen Lebenszusammenhangs nicht riskieren. Die Lasten sind hier ungleich verteilt: Die einzelne Person übernimmt die volle Verantwortung für das ganze System, sie zeigt sich treu, während die Bezugspartner und die Gesellschaft sich in Sicherheit und Zufriedenheit wiegen und dafür den einzelnen im Stich lassen. Der Ausspruch eines Gefängnisdirektors: »Ich liebe den Verrat und hasse den Verräter!« zeigt unverhohlen die gesellschaftliche Doppelmoral.

Phase 7: Offener Verrat

In dieser Phase zeigt sich endgültig, daß vieles nicht in Ordnung gewesen ist und bisher nur unter den Teppich gekehrt wurde. Es ist wichtig, darauf aufmerksam zu machen, daß der offene Verrat sich nach unserer Zählweise in Phase 7 einer langen, komplexen Entwicklung ereignet, die schon Jahre oder Jahrzehnte vorher eingesetzt hat. Verrat fällt nicht aus heiterem Himmel. Die Sturmzeichen wurden bisher nicht beachtet, nun aber bricht der Sturm in voller Stärke los!

Der Bruch trifft den Partner und das ganze System mit voller Wucht: Die Frau eröffnet dem Mann, daß sie die Nase voll hat und nun endgültig auszieht. Der Mann sagt der Frau, er liebe eine andere. Der Sohn sagt dem Vater, daß er nicht vorhabe, dessen Nachfolge anzutreten. Der treue Soldat desertiert. Der zuverlässige Angestellte verschwindet mit der gesamten Kasse. Und die meisten sagen: Das hätten sie nicht erwartet.

Unserem Verständnis nach stellt der Akt des Verrats einen gewaltsamen Systemsprung dar. Die Veränderung des morsch und rigide gewordenen Systems, die schon längst überfällig gewesen wäre, findet gewaltsam und schockartig statt. Wie ein Erdbeben, das einige wenige Seismographen vorhergesagt haben, was aber niemand ernstgenommen hat. Die hohl und brüchig gewordene Beziehung stürzt wie ein Kartenhaus zusammen.

Abrupter Wachstumsschub

Der Partner, der seinen Zweifel und seinen Widerspruch so lange unterdrückt hat, bricht jetzt aus. Er bricht aus in die Freiheit, in eine andere Beziehung, in eine andere Identität. Das, was sich seit langem angestaut hat, entlädt sich in einem kurzen, entscheidenden Augenblick der Leidenschaft. Was geht in uns vor, wenn wir einen solchen radikalen Schritt wagen?

Normalerweise geschieht Wachstum graduell und kontinuierlich. Aber manchmal macht unser seelisches Wachstum einen abrupten, radikalen Sprung. Er gibt unserem Leben plötzlich eine unerwartete Wende. Und es gibt im Leben eines jeden Menschen Augenblicke, in denen es notwendig wird, mit altvertrauten Werten und Normen zu brechen, um weiterzukommen.

Das sind die Zeiten, in denen wir aus einem Gefühl der inneren Notwendigkeit vom vertrauten Weg abweichen, um etwas absolut Neues zu entdecken. Wir nehmen bewußt das Risiko auf uns, alte Brücken hinter uns einzureißen, um zu neuen Ufern aufzubrechen. Wir zerstören alte Bindungen und Verhaltensregeln, um die innere Freiheit wiederzugewinnen, die wir brauchen, um neue Ziele zu definieren. In diesen Zeiten stirbt eine alte Identität in uns, um Raum zu schaffen für eine neue, noch gestaltlose Entwicklung. Das meint Goethe mit dem Ausruf: »Stirb und werde!«

Jeder von uns kennt solche Momente der Entscheidung. Wir entscheiden uns dabei für die Erfüllung all unserer unterdrückten Sehnsüchte. Wir scheiden von einem vertrauten Teil von uns. Und es gibt keine Gewißheit, ob das, was wir tun, eine notwendige Veränderung darstellt und uns letztlich weiterführt, oder ob es nicht eine furchtbare Dummheit ist, die uns in den Abgrund führt.

Verrat als radikaler Schnitt mit der Vergangenheit

Wenn solche Aufbrüche stattfinden, fühlen wir einen heftigen, schneidenden Schmerz. Es ist der Schmerz, daß wir etwas Vertrautes und Liebgewonnenes verraten. Menschen, die uns vertrauen und sich auf uns verlassen, müssen wir enttäuschen. Wir schneiden alte Bindungen durch, brechen unseren gewohnten Lebensweg ab, geben unsere Familie, unsere Karriere, unser Zuhause auf. Wir verlassen die Geborgenheit unseres bisherigen Lebens, ohne zu wissen, ob wir je zurückkehren werden. Die Trennungslinie, die wir zu ziehen so lange nicht gewagt haben, ziehen wir jetzt mit einem kühnen, kurzen Strich.

Verrat als massiver Angriff auf den Partner und die Gesellschaft

Der Verrat ist einerseits ein Ausbruch aus dem alten, abgestandenen System, hin zu neuen Ufern. Er ist jedoch andererseits auch ein massiver Angriff auf das System und auf den Partner, mit dem man sich so lange arrangiert hat. All die Wut und Aggression, die wir jahrelang geschluckt haben, bricht aus uns heraus und nimmt keine Rücksicht mehr auf den Partner. Wir setzen unseren neu gewonnenen Willen durch, koste es, was es wolle. In dieser Radikalität steckt auch viel Mut aus der Verzweiflung. Unsere eigene Bindung zum Partner und zum System, die Widerstände, die sich uns in unserem Aufbruch in den Weg stellen, müssen durch den ersten Schwung dieses Blitzangriffs überwunden werden. Wir schließen die Augen und marschieren durch.

Es ist ein Augenblick *leidenschaftlicher Schamlosigkeit*. Hier, in diesem kurzen Moment des Verrats, funktionieren wir nach dem Alles-oder-Nichts-Gesetz. Kein Zögern, keine Zurückhaltung, keine Scham mehr. Die ganze Lebenskraft explodiert in einem entscheidenden Moment. Ekstatisch und destruktiv zugleich.

Phase 8: Schock

Nach dem Sturm gibt es einen langen, uns ewig erscheinenden Augenblick der Leere. Wir halten den Atem an, und es fühlt sich an, als würde er nie mehr einsetzen. Schock herrscht bei allen Beteiligten.

Der nächste Atemzug stellt sich jedoch von allein ein. Und mit ihm der Gedanke: »Das darf doch nicht wahr sein! Das ist nur ein böser Traum!« Unglaube verschont uns für diesen Moment von der Realisation der schrecklichen Wahrheit. Wir möchten uns am liebsten im Bett umdrehen und weiterträumen oder aber aus dem Alptraum aufwachen. Beide Partner, der Verräter und der Verratene, hoffen dies inständig.

Der nächste Atemzug. Wir träumen doch nicht! Wir schauen noch einmal hin, fragen noch einmal, zweimal, dreimal nach. Wir merken, daß wir wirklich nicht träumen. Langsam dämmert es uns, daß das Undenkbare doch Wirklichkeit geworden ist.

Entsetzen packt uns – sowohl den Verräter als auch den Verratenen. »Was habe ich getan!« schreit der eine in sich hinein, und der andere: »Was? Er ist imstande, mir *das* anzutun?« Der Boden rutscht uns unter den Füßen weg. Wir fallen ins Nichts. Die ganze Basis unserer bisherigen Existenz ist von einem Augenblick zum nächsten wie weggefegt, und wir stehen wie im Vakuum. Wir *sind* im Vakuum. Die intime Brücke zwischen den Partnern ist zerstört. Und die Schutzhülle um uns, die soziale Ummantelung, ist wie ein durchstochener Luftballon geplatzt. Der großartige Ball unserer Beziehung verwandelt sich von einer Sekunde zur nächsten in einen jämmerlichen Gummilappen.

Panikartig ziehen wir uns zurück, verschämt, entsetzt, Verräter wie Verratener. Irgendeine Ecke finden, wo man sich verkriechen kann. Wie der Vogel Strauß den Kopf in den Sand stecken – wenn wir nichts sehen, ist auch nichts geschehen. Vergebliche Suche nach Schutz, nackt, wie wir nun geworden sind. Tiefste, schlimmste Scham überfällt uns und füllt uns von innen aus. Am liebsten würden wir in den Boden versinken. Bloß, nackt und jämmerlich stehen wir da, wie Adam und Eva nach der Zerstörung ihrer Unschuld durch die alles durchdringende und schonungslose Erkenntnis ihrer Nacktheit und Gottverlassenheit.

Phase 9: Rache des Verratenen und der Gesellschaft am Verräter

Nun kommt Wut hoch. Der verratene Gott schreit nach seinem Engel mit dem flammenden Schwert. Der Verräter flüchtet voller Entsetzen, Angst und Schuld. Vertreibung aus dem Paradies.

Nach dem massiven Angriff durch den Verräter greift der Verratene und mit ihm die ganze, sich nun mit ihm verbündende Gesellschaft an. Der Verräter soll die ganze Wucht der Rache zu spüren bekommen. Dieser heilige Zorn wirkt kathartisch. Den Giftpfeil zieht der Verratene aus der Wunde und schleudert ihn gegen den Angreifer zurück. Der Zorn befreit ihn – vorerst – von der tödlichen Wirkung des Angriffs.

Und ihm nachfolgend wendet sich die ganze gesellschaftliche Macht gegen den Angreifer. Hier setzt die am Anfang des Kapitels beschriebene automatisierte Reaktion von uns allen auf einen Akt des Verrats an. Wir sind entsetzt und empört über diesen unglaublichen Frevel. Wie ein Mann rückt die Gesellschaft an den Verratenen, stützt ihn von allen Seiten und greift den Frevler an.

Gerechter, auch selbstgerechter Zorn erfüllt alle. Nicht nur der Verratene, nein, die ganze Gemeinschaft fühlt sich vom Verräter belogen und hintergangen. Und das ist nur folgerichtig, wenn wir die Institutionalisierung der Beziehung rekapitulieren. Die Gesellschaft (der Staat, die Kirche, die Freunde und Verwandten) hat einst einen gemeinsamen Vertrag gegengezeichnet, wonach die betreffende Beziehung durch die Gemeinschaft abgesegnet wurde und folglich ab diesem Zeitpunkt deren Schutz genoß. Damals ist deutlich zum Ausdruck gebracht worden, daß jeder Verstoß gegen die geltenden Normen, Dogmen und Gesetze schärfstens bestraft wird.

Es werden massenpsychologische Kräfte durch den Verrat wachgerufen. Diese äußern sich in extremen Fällen als Lynchjustiz (siehe Steinigung der Ehebrecherinnen – nicht der Ehebrecher – im moslemischen Kulturkreis), zumindest aber als Rufmord am Verräter. Danach rückt die Polizei an, zerstreut die Menge, nimmt den Täter fest und übergibt ihn der Justiz.

Mit dieser Szene könnte die ganze Geschichte des Verrats abgeschlossen sein. Der Verräter wird gefaßt und bestraft. Der Verratene getröstet und wiederaufgerichtet. Die Gesellschaftsordnung ist wiederhergestellt. Alles ist wieder in Ordnung.

Phase 10: Rückbesinnung und behutsamer Neubeginn oder aber Klärung und Beendigung der Beziehung

Aber nehmen wir an, die Partner, beide verletzt, beide vor den Kopf gestoßen und schockiert, würden einander immer noch lieben. Nehmen wir an, daß da etwas von ihrer ursprünglichen Beziehung übriggeblieben ist, daß die Liebe die ganze Zeit hindurch nur geschlummert hat, begraben unter den Formalismen, den Alltagsproblemen und Alltagszwängen. Nehmen wir an, die Partner würden sich nach diesen schrecklichen, aufregenden Tagen des Verrats und der Rache, jeder für sich, zurückziehen und sich fragen, was eigentlich passiert ist. Sie würden sich die Zeit nehmen, in sich hineinzuspüren, in ihren Schmerz, in ihre Enttäuschung.

Nehmen wir an, durch den Verrat und die Ächtung des Verräters ist das hehre Gebäude der institutionalisierten Beziehung zusammengestürzt. Die formalisierte Beziehung liegt in Trümmern da. Aber wo Trümmer sind, kann wieder Gras wachsen. Es ist wieder Raum und Platz und Luft da, um zu sehen, was tatsächlich noch an der Beziehung zwischen beiden lebendig geblieben ist. Unter dem Beton der zementierten Institution haben vielleicht ein paar Samen der alten Beziehung überlebt. Der innere Wesenskern eines jeden Partners taucht wieder auf, gewinnt an Gestalt, wächst wie ein neues Pflänzchen hervor. Es ist noch alles sehr wund und verletzlich. Aber was überlebt hat, ist zäh und widerstandsfähig. Es braucht vielleicht gar nicht die Unterstützung der Institution, um die Stürme des Lebens zu bestehen. Vielleicht können die Partner doch mehr Vertrauen in sich und in ihre Gefühle füreinander haben.

Erinnern wir uns: Es war die Angst vor den Unsicherheiten des Lebens, die Furcht vor dem Wandel, die Panik vor dem Verlust des besonders Schönen, was die beiden veranlaßt hat, stillzuhalten und sich nicht mehr zu verändern. Aber nun ist doch alles durch den Akt des Verrats zusammengebrochen. Die Kraft der Veränderung hat sich nun doch, wenn auch gewaltsam, durchgesetzt. Die alte Beziehung ist zerstört. Aber irgend etwas hat sich erhalten. Können wir vielleicht doch riskieren, ohne Netz und doppelten Boden, es noch einmal miteinander zu versuchen? Nun, da alle bisherigen Strukturen zerschlagen worden sind, können wir vielleicht einen neuen Anfang wagen.

Wer bist du? Wer bin ich? In all der Zeit, in der wir uns so sicher waren, haben wir uns nicht mehr richtig angeschaut, uns nicht mehr richtig angehört, uns nicht mehr richtig berührt. Erzähle mir, wer du bist. Wo warst du die ganze Zeit, in der wir zusammen waren? Was ist mit dir geschehen? Wie ist es dir mit mir ergangen? An welcher Stelle ist deine Liebe abhanden gekommen? Und deine Hoffnung, wo ist sie geblieben? Wir waren noch so jung. Wie alt bist du nun geworden? Und ich?

Vorsichtiger Neubeginn. Versuche, das von allen Masken abgeschminkte Gesicht von dir und mir wieder zu sehen, die Augen, den Mund, die Falten, die Hände, die Haut. Dasein, hiersein. Ganz einfach, ohne die Euphorie von damals.

Wahrscheinlich brauchen wir Hilfe und Unterstützung von seiten eines Dritten. Nunmehr eines Dritten, der nicht Gewißheit vermittelt, sondern der fragt, oder besser, der uns ermutigt, einander Fragen zu stellen. Und der darüber wacht, daß wir nicht dieselben Antworten, die wir schon immer im Kopf hatten, reproduzieren oder sie automatisch erwarten, sondern uns zwingt, still zu sein und der Antwort des anderen zu lauschen, seine Stimme neu anzuhören und zu versuchen, seine Worte zu verstehen.

Vielleicht beginnt jeder für sich zu fragen: Wo ist bei mir etwas schiefgegangen? Habe ich etwas versäumt? Wo bin ich einer offenen Auseinandersetzung aus dem Weg gegangen? Und weshalb? Wovor habe ich Angst gehabt? Welche Alternativen hätte ich gehabt? Habe auch ich etwas Falsches gemacht? Und wenn ja, kann ich diesen Fehler vor dem anderen zugeben und um Verzeihung bitten?

Welche Rolle hat die Gesellschaft bei unserem Vertrag gespielt? Welche Bedenken haben wir da übergangen? Warum war uns damals die Sanktionierung der Beziehung durch den Staat, die Kirche und unsere Freunde und Verwandten so wichtig? Ist sie mir heute noch wichtig? Wie kann ich zu mir stehen, so wie ich bin, angesichts der Öffentlichkeit? Nun, da die Schande des Verrats über uns beide gekommen ist, was ist uns unser bisheriges öffentliches Ansehen wert?

Was will ich heute mit diesem Menschen vor mir? Will ich etwas mit ihm oder von ihm? Was verbindet mich tatsächlich mit ihm, jenseits jeder Wunschvorstellung und jenseits der gegenseitigen Enttäuschung und Verletzung?

Unsere Unschuld haben wir verloren. Nun können wir möglicherweise eine erwachsenere, realere, illusionsfreiere Beziehung miteinander aufnehmen, unsere Grenzen zueinander neu ziehen und Frieden schließen. Und zugleich ist jeder freier geworden, um sich weiterzuentwickeln. Neukontakt und Emanzipation – kein unbedingter Widerspruch.

Die Versöhnung kann in ein neues Miteinander, in eine »geläuterte« Beziehung führen. Das *kann* so sein, aber die Entwicklung kann auch in eine andere Richtung führen, daß nämlich beide sich mit ihrer Trennung, mit ihrem Nicht-miteinander-Können versöhnen und nun geheilt jeder für sich seinen eigenen Weg weitergehen.

Ist eine Heilung vom Verrat möglich?

Läßt sich Verrat wirklich heilen? Läßt sich die tiefe Wunde, die er in die Seele der Partner gebrannt hat, wieder schließen? Wir wissen es nicht. Die Frage läßt sich nicht allgemein beantworten. Jeder Fall liegt anders, jede Beziehung ist anders. Ich möchte hier nur einige mit entscheidende Faktoren nennen, die zu einer Versöhnung beitragen können. (Ich beziehe mich dabei auf die Entwicklungsphasen, die oben beschrieben wurden.)

1. Wichtig ist es, die Krise des Verrats nicht als endgültiges Scheitern, sondern als eine *Chance* für uns selbst und für unsere Beziehung zu begreifen. Manchmal müssen wir erst unsere Unschuld verlieren, um zu unserem wahren Selbst vorzustoßen. Manch einer, der überheblich war, muß erst selber schuldig werden, um Demut und Mitgefühl entwickeln zu können. Somit kann die Erfahrung des Verrats zu einer existentiellen Krise führen, die das Wachstum der Person und der Beziehung voranbringt.

2. Vieles wird von der *Stärke der Liebe*, die tatsächlich zwischen den Partnern besteht, abhängen. Nachdem der Schutt des Verrats beiseite geräumt ist, wird man sehen, ob da etwas von der ursprünglichen Liebe zueinander geblieben ist und überlebt hat. Denn vom »Überbau« ist ja nichts übriggeblieben. Der schöne Schein, das Ansehen, alles Äußere ist abgebröckelt, wie die Fassade an einem alten Haus. Nun gilt nur das Innere, die innere Bindung. Sie war schon immer die Erde, aus der die Beziehung gewachsen ist. Jetzt ist die innere Bindung das einzige, das die Beziehung trägt.

3. Es wird weiter viel davon abhängen, *wie stark die Partner innerlich sind*. Denn es liegt eine sehr große Aufgabe vor ihnen. Sie müssen nämlich bis zum inneren Bruch in der

Beziehung zurückgehen, um an die eigentlichen Verletzungen zu gelangen. Sie müssen herausfinden, welche inneren Veränderungen damals schon angestanden haben, vor denen sie zurückschreckten und die sie zu den institutionellen Sicherungsmaßnahmen geführt haben. (Das bedeutet, sie müssen zurück zu den Phasen 1, 2 und 3, wie sie im ersten Teil dieses Buches beschrieben wurden, um den Ursprung des Verrats zu verstehen.)

Um in dem Bild mit den Trümmern zu bleiben: Sie müssen tief graben. Sie müssen gewillt sein, durch die dicken Schuttschichten von schmerzlichen Gefühlen hindurchzugraben, um an die alten Quellen zu kommen.

Sie werden ihre alten Ideale und Idealisierungen aus der Phase 1 aufgeben müssen. Das Bild des strahlenden Helden, als der der Partner einst erschienen ist, müssen sie ablegen, und mit ihm die alten Souvenirs, die geliebten Fotos und die schönen Erinnerungen. Sie sind und bleiben natürlich ein großer Schatz. Aber dennoch müssen sie weggepackt werden, um Raum zu schaffen für die Person, die heute hier vor einem steht, sonst schieben sich die Erinnerungsbilder aus der Vergangenheit wieder in den Vordergrund und verschleiern den Blick auf die reale Person hier und jetzt.

Die Partner werden die Fähigkeit haben oder entwickeln müssen, Widersprüche und Ambivalenzen auszuhalten. Einer ihrer größten Fehler (und des gesamten Systems) war die Schwarzweißmalerei, wonach eine Beziehung nur dann gut sei, wenn alles harmonisch ist. Wenn Dissonanzen erklangen, erschrak man oder wurde böse. Die Zwischentöne hören lernen, die schrillen Töne, das Schweigen, das Kratzen und Schaben aushalten und sich anhören, dies läßt die Partner alle Nuancen einer Beziehung erkennen.

Dies verlangt viel innere Stärke. Innere Stärke ist etwas, was jeder von uns in sich in seinem Wesenskern hat. Aber wir müssen uns Zeit nehmen, um diese stille Kraft, die aus uns so natürlich strömt wie unser Atem, wirken zu lassen. Wenn wir ungeübt sind, wird es zunächst nur ein Rinnsal

sein. Nach und nach wird es zum stetigen Strom heran-
wachsen. Viel Zeit ist nötig, allein zu sein, ein-sam (ein
Same) zu sein, zu meditieren und sich selbst kennenzuler-
nen. Diejenigen, die zu sehr auf den Partner und die Gesellschaft gestarrt haben, werden diese Augenblicke der
Einsamkeit brauchen.

Mit dieser neugewonnenen inneren Stärke wird es mehr
und mehr gelingen, die eigenen Versäumnisse zu erkennen,
zu verstehen und zu verzeihen, ebenso die Fehler des
Partners zu erkennen, zu verstehen und zu verzeihen. Fürs
Verzeihen (sich selbst noch mehr als dem anderen) benötigen wir viel innere Kraft.

4. Es wird für die Partner wichtig sein, *eine Balance zwischen
   Vertrauen und dem Bedürfnis nach Sicherheit zu finden.* »Vertrauen ist gut, Kontrolle ist besser.« Dieser Satz stimmt dort,
   wo die innere Grundlage der Beziehung noch nicht stark
   genug ist, um einander bedingungslos zu trauen, oder wenn
   wir nicht absehen können, welche äußeren Faktoren auf
   unser gemeinsames Leben einwirken können. Dann brauchen wir Verträge, um uns abzusichern. Dies ist zum Beispiel der Fall, wenn ein Paar Kinder bekommt. Hier ergeben
   sich so viele Fragen in bezug auf das Sorgerecht, die finanzielle Absicherung des nicht berufstätigen Partners sowie
   die Absicherung im Falle einer Trennung der Partner oder
   des Ablebens eines der Partner, daß sich entweder ein
   genauer schriftlicher Vertrag oder ein Ehevertrag als notwendig erweist.

   Bei allem berechtigten Wunsch nach Absicherung dürfen
   wir jedoch nicht vergessen, daß es für die Entwicklung einer
   Partnerschaft nicht (nur) auf äußere Sicherheiten ankommt,
   sondern (auch) auf die gelebte Beziehung. Ein Paar, das die
   Stürme des Lebens gemeistert hat, das die Krisen von Verrat
   und Versöhnung bewältigt hat, wird immer weniger äußere
   Sicherheiten und Verträge brauchen, um sich aufeinander
   verlassen zu können.

5. Nach einem Verrat werden die Partner auch viel Unterstützung von außen brauchen. Auch davon hängt die Versöh-

nung ab. Jetzt, nach der Katastrophe, stellt sich heraus, wer die wirklichen *Freunde* sind. (Manchmal stellt sich Hilfe aus einer völlig unerwarteten Ecke ein. Sonst unauffällige Bekannte erweisen sich plötzlich als wahre Engel.) Freunde sollen nach einem Verrat einerseits ein mitfühlendes Ohr haben, andererseits auch den Mut, uns kritische Rückmeldung zu geben, welche Fehler wir selbst begangen haben. Sie sollen nicht allzusehr Partei nehmen für eine der beiden Seiten, sondern eher vermitteln: Sie sollen die Partner darin weiterbringen, die andere Seite besser zu verstehen. Zugleich sollen sie helfen, Grenzen zu ziehen zwischen dem, was ihrer Ansicht nach zumutbar ist, und dem, was unter die Gürtellinie geht. Sie sollen »Stop!« schreien, wenn der eine Partner den anderen zu sehr verletzt oder unfair wird. Vor allem sollen Freunde einfach dasein. Sie müssen nicht viel tun, sondern nur mit ihrer Anwesenheit uns zeigen, daß sie an uns denken und daß sie zur Verfügung stehen, wenn wir sie brauchen. Daß sie sich unser Wehklagen anhören, wenn wir den Kummer nicht mehr aushalten. Daß sie sich unsere Schuldbekenntnisse weder verurteilend noch beschwichtigend, sondern einfach ernst anhören. Daß wir das Gefühl haben, uns mit unseren bösartigen sowie unseren jämmerlichen Seiten ihnen zeigen zu können.

6. Auch die *Reaktion der sonstigen gesellschaftlichen Umgebung* ist von großer Bedeutung für den Ausgang des Verratsprozesses. Denn wenn die Umgebung zu einer Vernichtung gegen den oder die Verräter aufruft, polarisieren sich die sowieso schon entgegengesetzten Rollen noch mehr. Die Partner werden in ihre jeweilige Ecke noch mehr hineingedrängt: Der Verräter wird sich noch schuldiger fühlen (oder verbitterter, verpanzerter), der Verratene noch leidvoller, depressiver oder selbstgerechter. Dann haben die Partner wenig Chancen, die für die langwierige Versöhnungsarbeit (die mehr im stillen geschieht als im sichtbaren) notwendige Ruhe und Zeit zu erhalten. Wenn die gutgemeinten Beileidsbesuche dem verratenen Partner ständig die Tür einrennen, hat dieser wenig Chancen, sich zurück-

zuziehen und sich zu besinnen. Wahre Freundschaft ist still.

Wir haben oben in Phase 4 gesehen, daß eine Polarisierung zwischen Gut und Böse im Sinne der gesellschaftlichen Konvention ist, da sie eine Zementierung der sozialen Beziehungen und der gesellschaftlichen Herrschaft über die Individuen erleichtert. Deshalb wird eine konventionell eingestellte Gesellschaft den Verrat gern als eine einseitige Handlung ansehen, um dadurch die Verantwortung, besonders die Verantwortung der Gemeinschaft für den Verrat, besser auf den Schuldigen projizieren zu können.

Wir sollten im Auge behalten, daß die meisten Fälle menschlichen Versagens, wie wir sie oben in Phase 6 behandelt haben, einschließlich Untreue, Sucht und andere Formen der Selbstvernichtung, eng mit der gesellschaftlichen Gestaltung von Beziehungen zusammenhängen. Wir sind als Gemeinschaft immer mitverantwortlich. Es ist deshalb wichtig, wenn solche Fälle von Verrat bekannt werden, uns – als Teile der Gesellschaft – zu fragen, inwieweit wir die Polarisierung der Beziehung gefördert haben: ob wir durch inflexible Regelung von Beziehungen den Menschen eher schaden als unterstützen (siehe zum Beispiel einige rigide Bestimmungen des Sorgerechts oder des Abtreibungsrechts, des Eherechts, des rechtlich-politischen Umgangs mit politischen, ethnischen und sexuellen Minderheiten). Deutsche Gründlichkeit gibt Beziehungen zwar oft einen verläßlichen gesetzlichen Halt, jedoch wenig Raum für individuelle Flexibilität und Kreativität.

Scham und Verrat sind leider allzuoft das Ergebnis existentieller Not und Einsamkeit. Die Gesellschaft hat nicht selten zuerst die Probleme der Beteiligten ausgelöst und die Betroffenen dann mit ihren Problemen allein gelassen.

Mit dem neugewonnenen Verständnis für den Prozeß des Verrats sollten wir deshalb nicht mehr auf die Suche nach »dem« Schuldigen gehen, sondern *beide* Partner fragen:

– Haben auch wir eure Beziehung idealisiert? Haben wir die Differenzen zwischen euch nicht sehen wollen?

- Weshalb habt ihr nicht darüber gesprochen, als der innere Bruch zwischen euch geschah? Haben wir euch daran gehindert?
- Welche Unterstützung hättet ihr damals von uns gebraucht, um euch ehrlich auseinandersetzen zu können?
- Welche Unterstützung braucht ihr heute von uns, damit ihr miteinander das, was zwischen euch geschehen ist, zu klären?

Verrat, Scham und Schuld gehören zu den Grundlektionen, die das Leben uns stellt. Wir verlieren darin unsere Unschuld. Das ist schmerzlich. Gleichzeitig lernen wir, daß wir unserem persönlichen Wachstum und dem Wachstum unserer intimen Beziehungen, aber auch unserer sozialen und politischen Beziehungen, mehr Aufmerksamkeit schenken sollten.

Das Phänomen Verrat

Was ist Verrat?

Wir haben jetzt schon viel über Verrat gesprochen, aber was verstehen wir überhaupt unter diesem Begriff?

Das Phänomen des Verrats ist vielschichtig, geheimnisvoll, unheimlich. Der Verrat ist im Schattenreich zu Hause. Das Lichte, das Strahlende scheut er. Er hält sich lieber im Halbdunkel auf. Die Figur des Verräters tritt in vielerlei Masken auf. Einmal erscheint er uns wie ein unschuldig-naives Kind, das uns mit seinem Charme einwickelt, ein anderes Mal wartet er geduldig ab, wie ein kühl berechnender Stratege, bis seine Stunde gekommen ist. Dann kann er plötzlich, ohne jede Vorwarnung, aus dem Hinterhalt zuschlagen. Die Vielgesichtigkeit des Verrats macht seine Unheimlichkeit aus. Wir wissen nicht, was oder wer sich hinter den Masken verbirgt. Daher macht Verrat uns angst, zugleich aber auch wütend, weil wir uns ständig hinters Licht geführt fühlen und ihm endlich einmal die Maske herunterreißen möchten. Wenn wir uns dem Phänomen Verrat annähern, dürfen wir zwar hoffen, etwas Licht ins Dunkel zu bringen und einige Facetten des Verrats zu entschleiern, aber ganz werden wir ihn nicht einfangen können. Vieles wird im Dunkeln bleiben.

Was bedeutet Verrat in den Augen des Verratenen?

Unter Verrat verstehen wir den *Mißbrauch des Vertrauens in einer nahen Beziehung* durch einen der Partner, so daß sich der andere verletzt, gekränkt, gedemütigt, verachtet und im Stich gelassen fühlt. Es ist ein einseitiger *Vertrags-* und *Vertrauensbruch*. Der Vertrag, den die Partner vorher stillschweigend oder explizit vereinbart hatten, wird von einem der beiden mit einem Federstrich annulliert. Der Bund, der zwischen ihnen bestand, wird aufgekündigt, ohne jegliche Vorwarnung, ohne Einhaltung irgendeiner Kündigungsfrist.

In den meisten Fällen handelt es sich um eine nahe, ja intime Beziehung, in der der Verratene dem späteren Verräter ohne Vorbehalte vertraut hat. Er hat mit ihm sein Persönlichstes geteilt, er hat sich ihm in seinen verletzlichen Seiten gezeigt. Das macht die Verletzung durch den Verrat so schmerzlich. Der verratene Partner fühlt sich fallengelassen, der Boden, auf dem er sicher zu stehen glaubte, tut sich unter ihm auf, und er fällt ins Bodenlose. Es ist ein jäher Absturz. Daher sein Entsetzen, seine Fassungslosigkeit. Er hatte überhaupt keine Chance, sich auf den Absturz vorzubereiten. Er hatte nichts geahnt.

Das Entsetzen trifft den Verratenen so tief, weil er sich in seiner Intimsphäre dem Verräter gegenüber weit geöffnet hatte. Dieser hatte Zugang zu seiner innersten Kammer, er hatte Einblick in seine tiefsten Geheimnisse. Wir können dies symbolisieren mit zwei Kreisen, die die Wesenskerne beider Partner darstellen. Sie sind durch eine zwischenmenschliche Brücke miteinander verbunden:

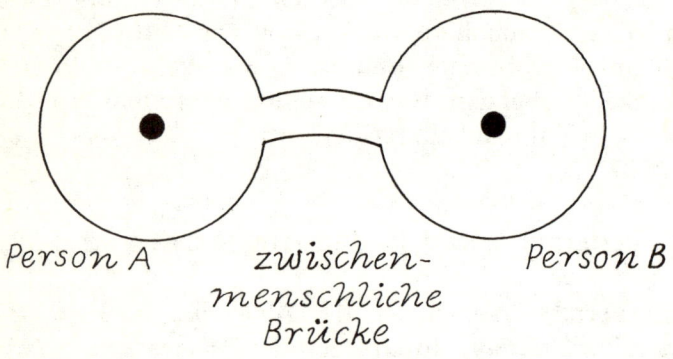

Person A   zwischen-   Person B
                menschliche
                  Brücke

Urplötzlich zerbricht die Brücke: Person A zieht sich unversehens zurück und hinterläßt B blutend mit offener Wunde. Dessen Innerstes, das er nicht geschützt hatte, läuft aus wie eine Arterie, die zerschnitten wurde:

Person A

Person B

Der Verratene traut seinen Sinnen nicht. Eben noch in der Beziehung eingebettet, steht er von einem Augenblick zum nächsten fassungslos vor einem Scherbenhaufen. Alle Liebe, alles Vertraute, aller Halt in der Beziehung scheint sich in Luft aufgelöst zu haben. »Hat mein Partner nur sein Spiel mit mir getrieben? War denn alles nur Lug und Trug? Kann ich meiner eigenen Wahrnehmung, meiner Menschenkenntnis noch trauen? Wie soll ich je wieder zwischen Schein und Wirklichkeit unterscheiden können, wenn mich jemand, dem ich bedingungslos vertraut habe, verrät?« Der Sinn für die Realität droht für den Verratenen abhanden zu kommen, zumindest für kurze Zeit. Verrat, vor allem wiederholter Verrat in intimen Beziehungen, kann tatsächlich Menschen in den Wahnsinn treiben.

Der Verratene fühlt sich nackt und schämt sich zutiefst. Die Liebe des Partners, die ihn bis vor wenigen Augenblicken wie ein unsichtbarer Mantel warm umhüllt hatte, wird ihm entrissen, und er steht in der Kälte, dem Hohn und Spott, dem mitleidigen oder auch mitleidslosen Blick der Umwelt ausgeliefert. Ihm ist die Liebe, die Achtung, die Würdigung, die ihm in der intimen Beziehung zuteil wurde, entzogen worden, und er schämt sich seiner Ahnungslosigkeit (wieviel Freunde haben es schon vor ihm gewußt?), seines Ungeliebtseins und seiner Würdelosigkeit.

Doppelt schwer wird seine Scham, wenn der Partner ihn verläßt und zu einem Rivalen oder einem Intimfeind überläuft. Die damit verbundene Demütigung ist vernichtend: »Nicht nur, daß er mich nicht mehr liebt, sondern er liebt auch noch meine Intimfeindin!« Die Demütigung ist gepaart mit brennender Eifersucht. Zudem fühlt man sich dem Feind schutzlos ausgeliefert, da der frühere Partner nun alle gemeinsamen Geheimnisse ins gegnerische Lager tragen und ausplaudern könnte. Der Betrogene fühlt sich »verraten und verkauft«.

Was bedeutet Verrat für die Kommunikation zwischen beiden Partnern?

Im Verrat kommt es zu einem plötzlichen Kommunikationsabbruch seitens des Verräters. Er bricht die intime Verbindung ab, die ihn bisher mit dem Partner verbunden hat. Wo vorher so etwas wie eine zwischenmenschliche Brücke zwischen den Partnern bestand, über die sie vertraut miteinander kommuniziert haben, klafft plötzlich ein tiefes Loch. Beide Partner stehen sich auf verschiedenen Seiten des Bruchs gegenüber und gelangen nicht mehr zueinander.

Mit diesem Kommunikationsabbruch schließt der Verräter den bisherigen Partner aus seinem Herzen aus. Dies ist eine wichtige Feststellung, die wir bei der späteren Betrachtung der Treue genauer untersuchen werden. Vorher hatte er den Partner im Herzen getragen. Dieser hatte hier einen Platz, an dem er sich sicher und geborgen fühlte. Jetzt wird sein Herz kalt. Wo vorher Liebe und Mitgefühl war, herrscht jetzt Gleichgültigkeit und Unbarmherzigkeit. So wird der bisherige Partner seinem Schicksal überlassen, er wird erbarmungslos im Stich gelassen. Verrat ist die Verwandlung eines vertrauten Menschen in einen Fremden.

Verrat stellt damit die einseitige Kündigung einer Beziehung, eines Bundes dar. Vor allem ist eine einsam beschlossene Kündigung. Es ist keine offen ausgesprochene, ehrlich ausgehandelte Kündigung. Der kündigende Partner zerreißt ohne

Vorwarnung das Band und steht nicht mehr zu seinen Verpflichtungen. Er läßt Menschen im Stich, die ihm vertraut haben. Diese haben keine Möglichkeit, gegen diese Entwicklung zu protestieren und ihre Meinung zu äußern. Der Verräter hat die Macht über die Situation ganz an sich gerissen. Er ist der Handelnde, der andere ist seiner Handlung ausgeliefert. Wir werden später sehen, daß der Verräter in der Regel eher zu den Ohnmächtigen zählt. Aber im Augenblick des Verrats feiert er seinen großen Triumph!

Die Richtung, die der Verräter einschlägt, ist also zunächst ein Rückzug, ein »Vom-Partner-Weg«. Er wendet sich abrupt vom »Du« ab, zieht sich aus dem gemeinsamen »Wir« ins isolierte »Ich« zurück. Dieser Rückzug ist seine Waffe.

Andererseits ist der Verrat auch ein Vorstoß. Der Verräter ist kein Hitzkopf, der sich offen ins Gefecht wirft und den Partner frontal angreift. Vielmehr greift er aus dem Hinterhalt an, in kalter Wut. Daher sind Verräter auch so unberechenbar und gefürchtet. Heiße Aggression, Kampf und offene Auseinandersetzung sind weniger gefährlich als heimtückischer Verrat.

Der äußere Verrat ist nur der Schlußpunkt des inneren Verrats

Das Hinterhältige am Verrat besteht darin, daß er für den Partner und die Außenwelt so unerwartet kommt. Eben noch schien alles in Ordnung, und plötzlich kommt der Umschwung. Der Verrat bricht scheinbar völlig unerwartet in eine intakte Beziehung ein. Aber dies ist nur die halbe Wahrheit. Der äußere Verrat, das heißt die Verratshandlung, ist nur der Schlußpunkt eines inneren Prozesses, der bereits lange im Verräter gegärt hat. In der Person, die später den Verrat begehen wird, ist schon vorher eine Menge passiert. Wie wir im ersten Teil des Buches gesehen haben, hat sich bei ihr schon seit längerem Zweifel und Unbehagen in bezug auf den Partner entwickelt. Aber sie hatte bisher vielleicht nicht den Mut, sich diese Gefühle einzugestehen, geschweige denn, sie vor dem Partner auszusprechen. Es ist nämlich viel Mut und innere Kraft nötig, viel Selbstvertrauen und Vertrauen in die Beziehung, aber auch viel Unterstützung aus der Umwelt, um Zweifel zuzulassen und zu äußern. Man hat Angst, den Partner zu verlieren, falls man ihm die Wahrheit sagt. Man schämt sich.

Wenn wir uns schämen, landet alles, was von uns als nicht gut, als »böse« empfunden wird, in einer Art »Mördergrube« tief im Innern des Herzens. Die bösen Gedanken werden zugeschüttet in der Hoffnung, sie mögen Ruhe geben und uns nicht mehr belästigen. Aber sie geben keine Ruhe, selbst wenn wir sie unter tonnenschwerer Erde begraben. Statt dessen geistern sie wie Gespenster in unserem Gemüt herum, belagern unsere Träume, rauben uns die innere Ruhe. Diese Spaltung geschieht im künftigen Verräter.

Dieser baut sich langsam eine Scheinwelt auf. Ohne daß er es merkt, entsteht langsam eine Scheidewand zwischen seiner inneren Realität, die voller Zweifel und – in zunehmendem Maße – Verzweiflung ist, sowie seinem äußeren Leben, in dem er immer noch der alte sein will. Er beginnt sich selbst und seinem Partner etwas vorzuspielen. Diese Scheidewand schiebt sich langsam zwischen ihn und seinen Partner, sie schließt den Partner immer mehr aus dem Herzen des Betreffenden aus, bis dieser irgendwann keinen Zugang mehr zu den intimen Gedanken und Gefühlen des künftigen Verräters hat. Dann hat sich der innere Verrat, wir können ihn auch als innere Scheidung bezeichnen, vollzogen. Der Verratende lebt nun in zwei getrennten Welten, zwischen denen er hin- und herpendelt. Er lebt fortan ein Doppelleben. Der äußere Verrat ist also nur der Schlußpunkt des vorangegangenen inneren Verrats.

Hoffnungen und Träume, die im Verräter schlummern

Manchmal hat derjenige, der inneren Verrat begeht, nicht den Mut, Kritik und Zweifel zu äußern, weil er sich vor einer Beendigung der Beziehung fürchtet. Er hat vielleicht zurecht gespürt, daß die Beziehung, wie sie einmal war, schon lange nicht mehr besteht. Die Frische, der Elan, die Begeisterung füreinander sind Langeweile und Routine gewichen. Was wird nun werden, wenn die vertraute Beziehung zu Ende geht? Was wird die Zukunft bringen?

Der Zweifelnde hat wenig Vertrauen in die Zukunft. Er möchte neue Wege testen, ohne die Sicherheit der alten Beziehung zu verlieren. Er will beides. Dies ist aber nicht möglich, denn eine lebendige Beziehung ist etwas, das sich immer weiterentwickelt. Wir haben keine Garantie dafür, daß die Wandlung in unserem Sinne verläuft, daß die Beziehung nicht daran zerbricht. Manchmal kann die Beendigung einer unfruchtbar gewordenen Beziehung durchaus eine adäquate Lösung für eine unbefriedigende Beziehung sein.

Aus Angst vor dem Ende der Beziehung hält der Verräter einerseits an der alten Beziehung fest, im geheimen geht er aber seine eigenen Wege. Daher der Zickzackkurs, die Geheimniskrämerei, das unentschlossene Hin- und Herpendeln.

Verrat wäre, aus dieser Perspektive, eine Verleugnung der Begrenztheit unserer Kräfte und Möglichkeiten, er wäre eine Verleugnung der Endlichkeit unserer Beziehung. Der Verrat bestünde darin, uns selbst und dem Partner nicht das Ende beziehungsweise die Endlichkeit unserer beider Träume eingestehen zu wollen. Deshalb sagen wir dem Partner nichts von unseren neuen Plänen. Wir möchten klammheimlich einen neuen Anfang machen, am Partner vorbei.

Die Heilung des Verrats bestünde in diesem Fall im *Verzicht* – in der Anerkennung der Endlichkeit unserer Beziehung. Es bedeutete, das Ende unserer Beziehung und unserer alten Hoffnungen tatsächlich anzuerkennen – mit der Trauer und dem Schmerz, der damit einhergeht, aber auch mit dem Segen einer vollendeten Beziehung. Nach diesem Trauerprozeß wären wir wirklich frei für einen neuen Beginn.

Oder aber wir könnten – nachdem wir das Vergangene betrauert haben – einen wirklichen Neuanfang mit demselben Partner wagen. Aber dann müßten wir uns und den Partner so sehen, wie wir heute wirklich sind, nicht mehr durch die rosarote Brille unserer alten, verblaßten Träume. Heilung vom Verrat hieße, auf die ewige Jugend zu verzichten.

So gesehen ist Verrat die Sünde beziehungsweise die Versuchung des *mittleren Alters* – wenn das Jugendlich-Unbefangene zu Ende geht und das Altern noch nicht akzeptiert wird, wenn beispielsweise Männer mit grauen Schläfen ihre Frauen heimlich verraten und sich jüngeren Frauen zuwenden, um sich selbst eine zweite Jugend vorzugaukeln. Oder wenn der Anhänger einer Glaubenslehre, einer Therapieschule oder einer Modeströmung die altgewordene, abgetragene Lehre verrät und sich einer neuen Lehre zuwendet – in der Illusion, diesmal den richtigen Lehrer, den richtigen Guru, die richtige Religion, die richtige Schule gefunden zu haben.

Verrat ist somit die Verleugnung der eigenen Identität, der eigenen Geschichte, des So-geworden-Seins.

Wir können Verrat auch als eine Gefahr in der *mittleren Phase* eines Lernprozesses ansehen. Wir haben die Begeisterung des Anfangs genossen. Nun kommt die mühevollere mittlere Phase. Aber wir werden ungeduldig, möchten endlich die Lösung in der Hand haben. Statt die Durststrecke durchzustehen, schauen wir uns nach einem Neuanfang um. Das ist der Verrat an der eigenen Entwicklung. Anstatt die eigene Identität, wie sie nun einmal geworden ist, zu akzeptieren, fängt man wieder von vorn an, als ewig Jugendlicher – Goethe ist dafür ein gutes Beispiel.

Verrat ist der Traum von Freiheit und Unabhängigkeit, der den Preis verleugnet, den wir dafür zu zahlen haben.

Der Preis des Verrats

Der Spuk aus der Vergangenheit

Verrat hat immer seinen Preis. Denn Verrat bedeutet einen Bruch mit der Vergangenheit. Wenn wir uns im Zorn von einem uns nahestehenden Menschen abwenden, wenn wir unsere Heimat verlassen oder unserer Familie den Rücken kehren, entsteht ein Graben zwischen uns und unserer Vergangenheit. Es entsteht ein Riß in unserer Seele.

Zuerst atmen wir auf. Wir fühlen uns befreit von der Last der Verantwortung, von den ständigen Konflikten. Frisch brechen wir auf. Wir entdecken neue Länder und neue Menschen. Wir verlieben uns neu, beginnen ein neues Lebensprojekt. Die Vergangenheit liegt scheinbar weit hinter uns. Es gilt nur das Hier und Jetzt.

Es ist kein Zufall, daß Menschen, die nur das Hier und Jetzt leben, nicht selten schwere Brüche in ihrem Leben erlebt haben. Sie sind zum Beispiel aus ihrer Heimat vertrieben oder sind freiwillig ausgewandert. Sie haben eine schlimme Beziehung hinter sich, haben eine schwere Krankheit überwunden oder einen schmerzlichen Verlust erlitten. Mit der neuen Lebenseinstellung »Ich lebe nur noch im Hier und Jetzt« schütteln sie ihre Vergangenheit wie eine Last von sich ab. Sie setzen einen Schlußpunkt hinter ihr Vorleben. Der Bruch mit der Vergangenheit war möglicherweise lebensrettend, um aus einer tiefen Depression herauszukommen oder um einer ausweglosen Lebenssituation zu entrinnen. Häufig haben diese Menschen nach längerem Leiden durch eine entschlossene Tat einen Schlußstrich hinter eine Beziehung, die Zugehörigkeit zu ihrer Familie, ihrem Land oder einem Gemeinschaftsprojekt gezogen. Da sie den Bruch selbst herbeigeführt haben, fühlen sie sich oft schuldig. Sie haben das Gefühl, ihre alte Beziehung, ihre Familie, ihr Land, ihr Projekt verraten zu haben.

Verrat beschämt, und zwar sowohl den Verräter als auch den Verratenen. Der Verräter schämt sich, daß er den oder die anderen im Stich gelassen hat. Er fühlt sich schuldig wie ein Deserteur, ein Abtrünniger. Aus seiner Scham distanziert er sich noch mehr von seiner früheren Beziehung, seiner Gruppe, seinem Land. Äußerlich zeigt er sich zwar zuversichtlich, stürzt sich in neue Abenteuer, stellt sich neuen Herausforderungen, aber im Grunde läuft er nur vor seinem eigenen Scham- und Schuldgefühl weg. Im geheimen schämt er sich vor den Menschen seiner Vergangenheit. Sein vergangenes Leben, von dem er sich losgesagt hat, verfolgt ihn weiter, manchmal bis in seine Träume – jahrelang, jahrzehntelang, manchmal lebenslang.

Verrat beschämt aber auch den Verratenen. Denn er hat das Gefühl, etwas ist mit ihm nicht in Ordnung. Sonst hätte sich der andere nicht so abrupt von ihm abgewandt. Da der andere ihn ohne eine einzige Erklärung verlassen hat, zerbricht er sich den Kopf darüber, weshalb dieser gegangen ist. Besonders wenn der Verratene den Verräter geliebt hat, versucht er diesen innerlich zu schonen, selbst wenn er von diesem tief gekränkt worden ist. Deshalb sucht er die Schuld eher bei sich selbst. Was hat er falsch gemacht? Hat er etwas gesagt, das den anderen verletzt oder beleidigt hat? Er findet tausend Gründe, jeder scheint auf seine Weise stichhaltig. Aber er kann sie weder bestätigen noch verwerfen, weil der Kontakt mit dem Verräter abgebrochen ist. So vergräbt sich der Verratene aus Gram und aus Scham in sein Schneckenhaus. Er flüchtet vor den alten Plätzen, an denen die ehemaligen Partner schöne gemeinsame Erlebnisse hatten, ebenso wie vor alten Freunden und Betätigungsfeldern. Denn der Kontakt mit den alten Plätzen und Freunden könnte den tiefen Schmerz und die Scham wieder lebendig werden lassen.

So begraben beide, Verräter wie Verratener, ihre Beziehung und ihr vergangenes Leben. Aber die Vergangenheit ist wie etwas, das lebendig begraben ist. Sie wehrt sich. Sie beginnt zu spuken. Der Spuk der Vergangenheit ist der erste Preis, den wir für einen nicht bearbeiteten Verrat – ob als Verräter oder als Verratener – zu zahlen haben.

Der Verlust unserer Wurzeln

Der zweite Preis, den wir zahlen, ist nicht minder hoch. Es ist der Verlust unserer Wurzeln. Wir *sind* unsere Vergangenheit. Wir sind Kinder unserer Eltern, wir sind Bestandteil unseres familiären und nationalen Erbes. Wir sind nicht nur, aber auch das Ergebnis der Beziehungen zu Menschen, die uns einst wichtig gewesen sind, die wir geliebt haben, die uns geliebt haben. Wir sind aus einer vielfältigen Vergangenheit hervorgegangen, aus der wir wachsen wie ein Baum aus seinen Wurzeln.

Wenn wir uns ohne Abschied von einer uns bedeutenden Beziehung abwenden, schneiden wir ein Stück unserer Wurzeln ab. Es ist, als würden wir versuchen, eine Pflanze samt Wurzeln aus dem alten Standort herauszureißen, um sie in einen neuen Boden zu verpflanzen. Dabei werden viele Wurzelfäden verletzt. Viele ältere Pflanzen überstehen einen solchen »Bruch« mit ihrer Vergangenheit nicht. Sie gewöhnen sich nicht an den neuen Lebensraum. Sie vertrocknen. So ergeht es auch manchen alten Menschen, die man im Alter noch versucht zu verpflanzen, sie sterben.

Wenn wir jung und voller Lebensschwung sind, sterben wir in solchen Situationen nicht. Wir gewöhnen uns leichter an ein neues Leben, an eine neue Beziehung, an eine neue Heimat. Kinder, die von ihren Eltern in ein fremdes Land mitgenommen werden, lernen die neue Sprache quasi im Flug. Sie nehmen die neuen Sitten und Gebräuche im Nu an. Sie haben noch ein reiches Reservoir an Anpassungsfähigkeit und Anpassungswillen. Daher sind sie, im Gegensatz zu ihren Eltern, rasch assimiliert. Und sie vergessen scheinbar genauso schnell ihre Muttersprache, ihre alte Heimat und ihre alten Beziehungen.

Jedoch haben sie dieses Stück ihres Lebens verloren. Wenn sie es achtlos wegwerfen, werden ihnen diese Wurzeln nicht mehr zur Verfügung stehen. Sie werden sie nicht mehr nähren. Die neuen Wurzeln sind flacher. Das ist nützlich, wenn man noch viele Male in seinem Leben umgepflanzt wird. Dann trauert man nicht so sehr um das Verlorene nach. Dann kommt man überall zurecht. Aber die Beziehungen, die man neu eingeht, werden auch flacher. Man läßt sich nicht mehr so tief im Herzen berühren, da es irgendwann wieder Abschied nehmen heißt. Suchtartige Beziehungsstrukturen können sich entwickeln. Suchtmittel sind Ersatzmittel, Ersatz für etwas, das man schon längst verloren hat, an das man sich vielleicht nicht einmal mehr erinnert. Und wenn die Erinnerung doch auftaucht, kann sie in der Sucht betäubt werden.

Unverarbeitete Vergangenheit verfolgt uns wie ein Toter, den wir lebend begraben haben. Wir wollen ihn loswerden, weil er uns mit Grauen erfüllt. Aber die Toten erfüllen eine wichtige Funktion im Leben. Sie erinnern uns unerbittlich an unsere Wurzeln. Sie sagen uns: »Halte ein! Du hast etwas Wertvolles verloren. Schau nach. Dreh dich um!«

Rückbesinnung

Solange wir jung sind – wir haben die entwurzelten Kinder erwähnt –, wirkt das Hier und Jetzt so frisch, so einladend, daß wir die Erinnerung an die Vergangenheit meist unbeachtet beiseite schieben. Wir nehmen unsere Alpträume und Sehnsüchte in Kauf und versuchen sie mit immer neuen Eindrücken, Beziehungen und Herausforderungen zu ersticken. Aber wenn wir älter werden, merken wir, daß uns ein Stück unseres Lebens, unserer Vergangenheit fehlt. Alte Erinnerungen kehren zurück, nun sind es nicht nur die schrecklichen, vor denen wir damals weggelaufen sind, sondern auch die guten. Sie beginnen uns einzuholen und sich nun, da sie die Grellheit der Aktualität abgelegt haben, zarter ins Gedächtnis zurückzurufen.

Nun ist die Zeit gekommen, innezuhalten im Fortschreiten, um sich vorsichtig umzudrehen. Wehmut wird uns beschleichen, Wehmut um vergangenes oder verpaßtes Glück. Gesichter, Worte, Gesten aus überholter Vergangenheit tauchen wieder auf. »Es ist Zeit«, sagt das Alter, »dich zurückzubesinnen. Es ist Zeit, zurückzugehen zu denjenigen, die du im Eilschritt des Lebens hinter dir gelassen hast, um nach ihnen zu sehen, ihnen noch einmal in die Augen zu schauen, euch gemeinsam zurückzuerinnern, um die alten, verblaßten Konflikte zu lösen. Gehe zurück, bevor es zu spät ist.«

Wir sind nicht nur Wesen des Hier und Jetzt. Wir haben auch Tiefe und Kontinuität.

Der Doppelagent –
Zur Psyche des Verräters

Der Doppelagent und der Doppelliebhaber –
Zauberlehrlinge in Macht und Liebe

In den Geschichten von Verrat spielt eine Figur eine besondere Rolle: der Doppelagent. Er ist die zwielichtigste, undurchsichtigste Gestalt im Drama von Verrat und Treue. Eine ähnliche Rolle spielen »Doppelliebhaber« – Menschen, die zwischen zwei oder mehreren Liebespartnern pendeln und diesen jeweils vormachen, sie seien die einzigen, die sie wirklich liebten. In Wirklichkeit betrügen sie aber alle.

Wir wollen versuchen, die Spur des Doppelagenten zu verfolgen, um mehr Licht ins Geheimnis des Verrats zu bringen. Denn der Doppelagent und der Doppelliebhaber sind diejenigen, die den Verrat auf die Spitze treiben. Der eine handelt mit Macht, der andere mit Liebe. Wenn wir James Bond, den Prototyp des Agenten betrachten, jongliert er tatsächlich mit (militärischer, politischer) Macht und (Frauen-)Liebe. Aber er ist noch kein Doppelagent. Er dient treu seiner britischen Majestät. Er selbst begegnet aber immer wieder DoppelagentInnen und DoppelliebhaberInnen. Was ist deren Motiv?

Jemand, der Spion wird, hat meist ein nachvollziehbares Motiv: Entweder spioniert er aus Vaterlandsliebe, aus Habgier, aus Rache, manchmal sogar aus Liebe (der ehemalige Leiter des DDR-Geheimdienstes Erich Mielke hat bekanntlich einige Mitarbeiterinnen in wichtigen bundesdeutschen Ministerien durch Liebesverhältnisse mit Stasi-Offizieren angeworben und von sich abhängig gemacht). Jedenfalls arbeitet ein Spion meistens nur für *eine* Seite. Er tarnt sich zwar und er täuscht die Gegenseite, die er ausspioniert. Im Herzen ist er aber der

eigenen Seite treu. Auf die »Treue« eines solchen »normalen«
Agenten können wir uns »verlassen«.

Der Doppelagent entpuppt sich aber als jemand, der *beiden*
Seiten dient und *beide* Seiten verrät. Das heißt, er trägt die
Geheimnisse der einen Seite zur anderen und nimmt dort seinen
Lohn und seine Orden an. Und im Gegenzug macht er das
gleiche für die Gegenseite. Beide Seiten vertrauen ihm. Beide
meinen, er sei *ihr* Mann. Beide freuen sich über die Raffinesse
ihres Agenten. Beide sind hoch erfreut über die Geheimnisse,
die er ihnen zuträgt. Und beide ahnen nicht, daß sie selbst die
Verratenen sind.

Eben hier beginnen sich die inneren Motive des Doppelagenten vor uns zu entfalten:

1. *Der Reiz des Geheimnisses:* Der Doppelagent hantiert und
   handelt mit delikaten, zerbrechlichen Geheimnissen. Top-
   secret – welch erregendes, erotisierendes Wort! Wir erahnen
   langsam die tiefe Verbindung zwischen Macht und Liebe.
   Beide Kräfte vermögen uns ungemein zu erregen. Der Nor-
   malbürger scheut sich dennoch vor diesen unheimlichen
   Kräften, vor allem wenn sie im dunkeln wirken.

2. *Die Versprechung allmächtiger Omnipotenz:* Auf einen Drauf-
   gänger wirkt die Kombination von Macht und Liebe aber
   unendlich anziehend. Magisch zieht es ihn ins Zentrum des
   Geheimnisses. Je gefährlicher, desto erregender ist es für
   ihn. Er ist wie ein Zauberlehrling, der meint, wenn er erst
   einmal ins Zentrum der Macht eingedrungen ist, hielte er
   die Fäden in der Hand, mit denen er die ganze Welt
   beherrschen könnte. Er wird mit der Phantasie allmächtiger
   Omnipotenz erfüllt. Denn als Doppelagent hat er Einblick
   in die Geheimnisse *beider* Seiten. Er kann die Geheimnisse
   für sich behalten, er kann sie aber auch verraten. Er allein
   bestimmt. Ist er erst einmal ins Zentrum der (männlichen)
   Macht oder ins Zentrum der (weiblichen) Sexualität eingedrungen, wird er zum allmächtigen Gott.

3. *Rache am Auftraggeber:* Nun sitzt jedoch ein Doppelagent in
   Wirklichkeit nicht im Zentrum der Macht. Eigentlich ist er
   nur ein Werkzeug der Macht, das zum Beispiel für den

allmächtigen CIA oder KGB arbeitet. Die meisten Agenten müssen sich mit der Tatsache zufriedengeben, daß sie bei allen Omnipotenzwünschen letztlich doch nur kleine Fische sind. Doch einige unter ihnen erkennen irgendwann, daß sie ausgenutzt werden. Sie, die im Tarnen und Täuschen ausgebildet und dazu eingesetzt werden, merken, daß sie selbst zu den Getäuschten gehören: Sie sind es, die ihren Kopf hinhalten müssen, wenn sie enttarnt werden – nicht ihre Dienstherren. Wenn dann der Agent die Seite wechselt, spielt dabei Rache eine wesentliche Rolle.

4. *Verrat als »Lebenshaltung«*: Das Handwerk der Agenten ist das Täuschen, ihre Zunft der Verrat. Sie sind professionelle Verräter, genauso wie ihre Auftraggeber. Warum sollen sie dann ihrem Auftraggeber treuer sein, als dieser es selbst ist? Sind nicht die eigene Seite und die Gegenseite darin gleich, daß alle professionelle Verräter sind? Ist es nicht letztendlich gleichgültig, auf welcher Seite man steht? Der gemeinsame Nenner aller ist doch Verrat. Konsequenterweise folgt die entscheidende (fast philosophisch anmutende) Frage: Weshalb soll man dann nicht beide Seiten verraten?

5. *Das erniedrigende Gefühl, Verräter zu sein*: Hinzu kommt das Selbstgefühl des Agenten: Wenn wir an Spione denken, spüren wir Verachtung in uns aufsteigen. Verräter zu sein, ist im Grunde verachtenswert. Wenn wir uns in einen Spion hineinversetzen, können wir nachspüren, wie unwürdig er sich selbst fühlen mag. Er muß sein wahres Gesicht, seine wahre Gesinnung ständig verstecken. Er hat ständig Furcht, entdeckt zu werden. Er schleicht wie eine Ratte durch die dunklen Kanäle von Macht, Wirtschaft und Politik – so ganz anders als das Phantasieprodukt James Bond.

Es ist auf Dauer ein erniedrigender Zustand, Verräter zu sein. Selbst wenn der Agent am Anfang aus Idealismus oder Überzeugung spioniert hat, wird sich dieser Idealismus mit der Zeit abnutzen. Belastend kommt dazu, daß er seinen Beruf ständig vor seinen Verwandten und Freunden, selbst vor der eigenen Familie verbergen muß. Irgendwann hat er keine wirklichen Freunde mehr. Er wird in seiner Tätigkeit ehrlichen, liebenswerten, ihm zugetanen Menschen begegnen. Auch diese Menschen muß er letztlich verraten. Er wird sich ihre Gunst erschleichen müssen, um an die begehrten Geheimnisse heranzukommen. Er wird die gegenseitige Sympathie, vielleicht gar Liebe mißbrauchen, um sein heimtückisches Ziel zu erreichen. Er wird gezwungen sein, gegen seine wahren Gefühle zu handeln – Befehl ist Befehl. Schließlich wird das Gift des Verrats ihn und alle seine intimen Beziehungen durchtränken. Er wird in sich selbst keine unbefleckte Insel mehr finden.

6. *Die Maske wird zum Gesicht:* Dieses Leben in ständiger Doppelgesichtigkeit und Doppelbödigkeit wird schließlich seine innere Moral unterminieren. Er wird sich ehrliche Gefühle nicht mehr leisten können. Irgendwann kann er sich selbst nicht mehr ins Gesicht sehen. Die Maske wird zum Gesicht. Er wird sie auch nachts nicht mehr ablegen können, selbst wenn er für sich allein ist. Und wenn er in den Spiegel schaut – wer ist er wirklich? Er wird darauf keine Antwort wissen. In der Tiefe seines Wesens wird er vielleicht ein leises Echo von Scham fühlen. Es ist die Scham, sich permanent an der eigenen Ehre vergangen zu haben, es ist die Scham, die Menschen, die er eigentlich mag oder liebt, beständig zu betrügen. Er verliert seinen Selbstrespekt.

7. *Schuld und Sühne:* Irgendwann merkt der Doppelagent, daß er Betrüger und Betrogener ist. Er ist sowohl Verräter wie Verratener. Mit jedem Akt des Betrugs und des Verrats stirbt ein Stück seiner inneren Moral und seiner Selbstachtung. Dann ist es am Ende gleichgültig, für welche Seite er arbeitet. Schließlich wird er für die eine wie auch für die andere Seite spionieren können. Es macht ihm nichts mehr aus, beide zu verraten. Indem er beide verrät, bleibt er irgendwie »fair«. Er gleicht seine Verfehlung jedesmal mit einer Gegen-Verfehlung aus. Es ist ein bizarrer Balanceakt, der in einem endlosen Kreislauf von Verrat und Wiederverrat endet: Jeder verrät jeden, jeder verachtet jeden – und am meisten sich selbst.

Kinder, die zwischen zerstrittenen Eltern vermitteln müssen

In der Tragik von Doppelagenten und Doppelliebhabern klingt ein Thema aus der Kindheit an: Das Thema des vermittelnden und verratenen Kindes: Bei diesen Kindern stehen sich die Eltern unversöhnlich gegenüber, und das Kind steht dazwischen. Da jedes Kind sich von Herzen wünscht, daß sich seine Eltern lieben oder zumindest vertragen, versucht es immer wieder, zwischen den Eltern zu vermitteln. Mit allen Mitteln versucht es, sie miteinander zu versöhnen. Es läuft hin und her zwischen Vater und Mutter, versucht beide aus ihren unversöhnlichen Ecken zu locken – durch Scherze, braves Verhalten oder durch widerspenstiges Verhalten (um die Aggression der Eltern auf sich zu lenken).

Erich Kästner ist in einer solchen Konstellation aufgewachsen. In seiner Autobiographie *Als ich ein kleiner Junge war* schreibt er:

Ich blieb das einzige Kind meiner Eltern und war damit völlig einverstanden … Nur einmal in jedem Jahr hätte ich sehnlich gewünscht, Geschwister zu besitzen: am Heiligabend! … Und warum wollte ich gerade an diesem Abend, am schönsten Abend eines Kinderjahres, nicht allein und nicht das einzige Kind sein? Ich hatte Angst. Ich fürchtete mich vor der Bescherung! Ich hatte Furcht davor und durfte sie nicht zeigen. Es ist kein Wunder, daß ihr das nicht gleich versteht. Ich habe mir lange überlegt, ob ich darüber sprechen soll oder nicht. Ich will darüber sprechen! Also muß ich es euch erklären.

Meine Eltern waren aus Liebe zu mir aufeinander eifersüchtig. Sie suchten es zu verbergen, und oft gelang es ihnen. Doch am schönsten Tag im Jahr gelang es ihnen nicht. Sie nahmen sich sonst meinetwegen so gut zusammen, wie sie konnten, doch am Heiligabend konnten sie es nicht sehr gut. Es ging über ihre Kraft. Ich wußte das alles und mußte uns dreien zulieb so tun, als wisse ich's nicht.

Wochenlang, halbe Nächte hindurch, hatte mein Vater im Keller gesessen und zum Beispiel einen wundervollen Pferdestall gebaut … Es waren Geschenke, bei deren Anblick sogar Prinzen die Hände überm Kopf zusammengeschlagen hätten …

Wochenlang, halbe Tage hindurch, hatte meine Mutter die Stadt durchstreift und die Geschäfte durchwühlt. Sie kaufte jedes Jahr Geschenke, bis sich deren Versteck, die Kommode, krummbog …

Es war ein Konkurrenzkampf aus Liebe zu mir, und es war ein verbissener Kampf. Es war ein Drama mit drei Personen, und der letzte Akt fand alljährlich am Heiligabend statt. Die Hauptrolle spielte ein kleiner Junge. Von seinem Talent aus dem Steigreif hing es ab, ob das Stück eine Komödie oder ein Trauerspiel wurde. Noch heute klopft mir, wenn ich daran denke, das Herz bis in den Hals …

Ich saß in der Küche und wartete, daß man mich in die Gute Stube riefe, unter den schimmernden Christbaum, zur Bescherung … Im Ofen prasselte das Feuer, aber ich fror. Es duftete nach Rosinenstollen, Vanillezucker und Zitronat. Doch mir war elend zumute. Gleich würde ich lächeln müssen, statt weinen zu dürfen.

Und dann hörte ich meine Mutter rufen: »Jetzt kannst du kommen!« Ich ergriff die hübsch eingewickelten Geschenke für die beiden und trat in den Flur. Die Zimmertür stand offen. Der Christbaum strahlte. Vater und Mutter hatten sich links und rechts vom Tisch postiert, jeder neben seine Gaben, als sei das Zimmer samt dem Fest halbiert. »Oh«, sagte ich, »wie schön!« und meinte beide Hälften. Ich hielt mich noch in der Nähe der Tür, so daß mein Versuch, glücklich zu lächeln, unmißverständlich beiden galt. Der Papa, mit der erloschenen Zigarre im Munde, beschmunzelte den firnisblanken Pferdestall. Die Mama blickte triumphierend auf das Gabengebirge zu ihrer Rechten. Wir lächelten zu dritt und überlächelten unsre dreifache Unruhe. Doch ich konnte nicht an der Tür stehenbleiben!

Zögernd ging ich auf den herrlichen Tisch zu, auf den halbierten Tisch, und mit jedem Schritt wuchsen meine Verantwortung, meine Angst und der Wille, die nächste Viertelstunde zu retten. Ach, wenn ich allein gewesen wäre, allein mit den Geschenken und dem himmlischen Gefühl, doppelt und aus zweifacher Liebe beschenkt zu werden! Wie selig wär ich gewesen und was für ein glückliches Kind! Doch ich mußte meine Rolle spielen, damit das Weihnachtsstück gut ausgehe. Ich war ein Diplomat, erwachsener als meine Eltern, und hatte dafür Sorge zu tragen, daß unsre feierliche Dreierkonferenz unterm Christbaum ohne Mißklang verlief. Ich war schon mit fünf und sechs Jahren und später erst recht der Zeremonienmeister des Heiligen Abends und entledigte mich der schweren Aufgabe mit großem Geschick und mit zitterndem Herzen.

Ich stand am Tisch und freute mich im Pendelverkehr. Ich freute mich rechts, zur Freude meiner Mutter. Ich freute mich an der linken

Tischhälfte über den Pferdestall im allgemeinen. Dann freute ich mich wieder rechts, diesmal über den Rodelschlitten, und dann wieder links, besonders über das Lederzeug. Und noch einmal rechts, und noch einmal links, und nirgends zu lange, und nirgends zu flüchtig. Ich freute mich ehrlich und mußte meine Freude zerlegen und zerlügen. Ich gab beiden je einen Kuß auf die Backe. Meiner Mutter zuerst. Ich verteilte meine Geschenke und begann mit den Zigarren. So konnte ich, während der Papa das Kistchen mit seinem Taschenmesser öffnete und die Zigarren beschnupperte, bei ihr ein wenig länger stehenbleiben als bei ihm. Sie bewunderte ihr Geschenk, und ich drückte sie heimlich an mich, so heimlich, als sei es eine Sünde. Hatte er es trotzdem bemerkt? Machte es ihn traurig?

Nebenan bei Grüttners sangen sie »O du fröhliche, o du selige, gnadenbringende Weihnachtszeit!« Mein Vater holte ein Portemonnaie aus der Tasche, das er im Keller zugeschnitten und genäht hatte, hielt es meiner Mutter hin und sagte: »Das hätt ich ja beinahe vergessen!« Sie zeigte auf ihre Tischhälfte, wo für ihn Socken, warme, lange Unterhosen und ein Schlips lagen. Manchmal fiel ihnen erst, wenn wir bei Würstchen und Kartoffelsalat saßen, ein, daß sie vergessen hatten, einander ihre Geschenke zu geben. Und meine Mutter meinte: »Das hat ja Zeit bis nach dem Essen.«

Der Verräter als Spielball zerstrittener Parteien

»Ich drückte sie heimlich an mich, so heimlich, als sei es eine Sünde. Hatte er es trotzdem bemerkt? Machte es ihn traurig?« Erich Kästner beschreibt diese Szene wie ein Verräter. Wie einer, der versuchte, beiden Eltern treu zu sein und dabei beide verraten mußte, weil die Eltern seine Liebe *nur für sich allein* wollten. Sie waren nicht bereit zu teilen. Und da er sich nicht in zwei Hälften aufteilen konnte (was er »im Pendelverkehr« aufrichtig versuchte), mußte er immer den einen verraten, wenn er dem anderen treu war.

Der letzte Abschnitt, in dem die Eltern fast vergaßen, einander ihre Geschenke zu geben, gibt den wirklichen Grund der Tragödie preis: Sie haben die Liebe zueinander ob der Liebe zu ihrem Sohn verloren. Sie ist ihnen abhanden gekommen, so daß sie gegeneinander und nicht mehr zueinander standen. So mußte der Sohn immer im Pendelverkehr vom einen zum anderen rennen, um beide in ihrer egoistischen Liebe zu bestätigen. Auf diese Weise entstehen seelische Doppelagenten und Doppelliebhaber.

Politische Agenten werden immer von zwei gegnerischen Seiten aufeinander gesetzt, um der anderen Seite Schaden zuzufügen. Sie sind Symptome und Werkzeuge der politischen und gesellschaftlichen Spaltung. Solange der Ost-West-Konflikt bestand, brauchte und schätzte man die Agenten. Man tauschte sie sogar gegeneinander aus wie wertvolle Faustpfande. Heute, nachdem beide Seiten sich anschicken, sich miteinander zu versöhnen, sind ehemalige Agenten leicht zu enttarnen. Sie werden achtlos verraten, denn man braucht sie nicht mehr. Sie werden gnadenlos bestraft – denn Sündenböcke sind allemal nützlich in der Kumpanei der Macht.

Seelische Spaltung und der Versuch, die zerstrittenen Parteien zusammenzuführen

In Kästners Fall bemühten sich beide Eltern so gut, wie sie konnten, ihre Eifersucht nicht zu zeigen. Deshalb blieb die Familie wenigstens äußerlich intakt, selbst wenn der innere Schaden groß war – Erich Kästner blieb zeitlebens Junggeselle. In Familien, in denen beide Eltern unversöhnlich gegeneinanderstehen, droht die Spaltung. Die Familie spaltet sich innerlich in zwei Parteien, in denen das Kind zwei unterschiedliche Identitäten annehmen muß – zum Beispiel jovial auf der einen Seite, finster und trübsinnig auf der anderen.

Wenn das Kind hin- und herpendelt zwischen beiden Eltern, versucht es im Grunde die zerstrittenen Parteien wieder zusammenzuführen. Denn Kinder möchten nichts sehnlicher als die Versöhnung der Eltern. Sie brauchen beide Eltern zum Leben. Statt dessen werden sie von beiden Seiten des Verrats bezichtigt: Sie werden beschuldigt, nicht zur »richtigen« Seite zu gehören, und sie werden von beiden Seiten als Verräter beschimpft.

Solche Menschen stehen in der Gefahr, eine gespaltene Persönlichkeit zu entwickeln. Ein Riß geht mitten durch sie hindurch. Sie bergen in sich zwei gegnerische Seiten, die sich bis aufs Blut bekämpfen. Sie kommen mit sich selbst nie in Frieden. Später, im Erwachsenenalter, kommen sie so lange mit dem Leben zurecht, bis sie in eine intime Beziehung treten. Dann offenbart sich ihre doppelte Identität. Sie bekommen Panik, wenn der Partner ihnen zu nahe kommt, wenn wirkliche Intimität »droht«. Deshalb sind sie ständig auf der Hut. Sie müssen den Partner auf Distanz halten. Oder sie können nicht treu sein und müssen ihren Partner immer wieder betrügen. Es entsteht eine paradoxe Situation: Um ihrem Partner treu zu bleiben, müssen sie fremdgehen. Sie müssen – wie bereits in ihrer Kindheit – ständig ein Doppelleben führen, sehr zu ihrem und ihres Partners Leid – Doppelagenten, Doppelliebhaber.

Wir werden später im Kapitel »Ödipale Treue« noch genauer darauf eingehen.

Der erste und der zweite Verrat

Wir sind gewohnt, Verrat als etwas Niederes anzusehen. Wir glauben, Verrat werde nur von unwürdigen, schlechten Menschen verübt. Edlen Menschen liege Verrat fern, sie seien darüber erhaben. Wenn wir uns einen Verräter vorstellen, steht uns meist ein geduckter, finster dreinschauender Mensch vor Augen. Der Bösewicht verrät den schönen, edlen, unschuldigen Helden, der nichtsahnend ins Unglück gestürzt wird – Jesus von Judas, Siegfried von Hagen, Gott von Adam und Eva.

Das Gegenteil ist, meine ich, der Fall. Der uns geläufige Verrat ist meist nur die Folge eines vorangegangenen, eines primären Verrats, den der »Edle« an dem »Niederen« begangen hat. Jesus hatte zuvor Judas verraten, Siegfried hatte Hagen und Gott hatte Adam und Eva verraten.

Wie komme ich zu dieser ungeheuerlichen Behauptung?

Macht und Verrat

Verrat hat viel mit Macht zu tun. Ich kann nur einen anderen Menschen verraten, wenn ich Macht über ihn habe. Ihn zu verraten bedeutet, ihn an einer empfindlichen Stelle zu treffen. Um jemanden verraten zu können, muß ich die Möglichkeit besitzen, ihn zu verletzen. Ich muß zum Beispiel sein Vertrauen haben. Ich muß über intimes Wissen über ihn verfügen. Er muß mir in irgendeiner Hinsicht ausgeliefert sein. Wenn ich absolut keine Macht über einen anderen Menschen habe, kann ich ihn auch nicht verraten. Ich hätte überhaupt keine Handhabe über ihn.

Wenn dies stimmt, dann hat jener, der mehr Macht über den anderen hat, viel mehr Möglichkeiten, diesen zu verraten. Er hat den anderen mehr in der Hand, er hat mehr »Handhabe« über ihn. Und der andere ist ihm mehr ausgeliefert.

Der erste, primäre Verrat

Deshalb stelle ich folgende Hypothese auf:

Der uns geläufige Verrat ist in den Fällen, in denen Macht und Ohnmacht in der Beziehung zwischen den Beteiligten eine Rolle spielen, nicht der primäre Verrat. *Der primäre Verrat ist der Verrat, den der Mächtigere an dem Unterlegenen beziehungsweise Ergebenen begeht.* Dieser primäre oder erste Verrat besteht darin, daß der Mächtigere seine Macht gegenüber dem anderen ausbaut, festigt oder ausnutzt. Sein Verrat besteht im Aufrechterhalten einer fragwürdigen Macht-Ohnmacht-Beziehung. Solche machtbezogenen Motive spielen eine Rolle im Verhältnis zwischen Staat und Bürger, zwischen Kirche und Gläubigem, zwischen Eltern und Kindern, zwischen Mann und Frau, zwischen Dissidenten und der jeweiligen kirchlichen beziehungsweise staatlichen Autorität.

Eine ungerechte Macht-Ohnmacht-Beziehung erlebt der Unterlegene als demütigend und entwürdigend. Seine Würde und sein Selbstwertgefühl werden durch das Macht-Ohnmacht-Verhältnis empfindlich verletzt. Er wird in der Position des Niederen, des Unmündigen, des Unfreien gehalten.

Es gibt durchaus auch gerechte und gerechtfertigte Macht-Beziehungen. In diesen Beziehungen verstehen beide Interaktionspartner, weshalb sie sich jeweils in der stärkeren oder schwächeren Position befinden. Sie sind mit ihrer Machtverteilung einverstanden. Sie erkennen einander in ihren unterschiedlichen Positionen an. *Beide Seiten behalten ihre innere Würde.*

Wenn jedoch der Mächtigere
- seine Macht beansprucht, ohne daß diese inhaltlich und moralisch gerechtfertigt ist,
- seine Machtposition einseitig definiert, ohne sich um das Einverständnis seines Gegenübers zu bemühen,
- seine eigenen Vorteile aus der Machtposition zieht, ohne die Rechte und Interessen des anderen und dessen Gefühle zu berücksichtigen,
- nicht offen zu seiner Macht steht, sondern sie verschleiert und verharmlost und

– vor allem, wenn er die *Würde* des anderen verletzt, indem
  er auf ihn herabschaut, seine Meinung mißachtet, ihn als
  Person verachtet und gegenüber anderen benachteiligt,

dann verrät er den Schwächeren. Die Überheblichkeit des
Mächtigeren ist sein Verrat.

Der zweite, sekundäre Verrat

Der solchermaßen Erniedrigte steckt seine Kränkung und Verletzung so lange weg, bis seine Liebe zum Mächtigeren er-
schöpft ist, bis seine Geduld am Ende ist, bis seine Frustration
und seine Wut für ihn unerträglich geworden sind. Dann
durchbricht er die bisher respektierten Grenzen. Er protestiert,
er revoltiert. Protest, Revolte, Revolution werden aus Sicht der
Herrschenden stets als Verrat angesehen. Dies ist jedoch erst
der sekundäre, der zweite Verrat, der Folge-Verrat auf den
ersten.

Die Revolte ist ein Versuch des Erniedrigten und Geknech-
teten, seine Würde wiederherzustellen. Sie ist ein Versuch der
Selbstrettung, ein Aufstand gegen die Unterdrückung. Sie ist
ein Versuch, das unerträglich gewordene Ungleichgewicht der
Macht und Treue (denn der Unterlegene hat dem Mächtigeren
treuer gedient, als dieser es verdient hat) wieder ins Lot zu
bringen. Sie ist ein verzweifelter Versuch, dem Mächtigeren
ebenbürtig zu werden.

Leider bleibt es in den meisten Fällen nur bei der Revolte.
Für eine Revolution reicht die Kraft der Ohnmächtigen normalerweise nicht aus. Oder aber – und das ist tragischer – sie
hätten zwar die Kraft, den Mächtigen zu stürzen und gerech-
tere Machtverhältnisse herzustellen, aber sie zögern vor dem
letzten Schritt. Sie empfinden Mitleid mit dem Mächtigeren,
der im Begriff ist, seine Macht jämmerlich zu verlieren, und
sie geben ihm eine zweite Chance. Sie lassen, kurz vor Erreichen ihres Zieles, die erkämpfte Macht los und bieten dem
Mächtigeren zu früh die Hand zur Versöhnung an. Dieser –
da er im Gegensatz zu seinem Widersacher meist weder

Mitleid noch Erbarmen kennt – ergreift die Chance, schlägt die Revolte erbarmungslos nieder und vernichtet den Machtloseren.

Unser normales Verständnis für Verrat ist auf der Ideologie der Mächtigen gegründet

Daß wir diese wichtige Unterscheidung zwischen primärem und sekundärem Verrat so häufig übersehen, hat meiner Meinung nach ideologische Gründe. Die einseitige Verdammung des sekundären Verrats lenkt die Schuld und die Verantwortung auf den Ohnmächtigeren, auf denjenigen, der schwächer ist, der mehr Rücksicht nimmt und weniger berechnend ist. Sie gibt dem Opfer die Schuld für das Mißlingen einer Beziehung und entlastet den ursprünglichen Täter. Dies ist Verrat aus der Sicht des Mächtigen. Dies ist Geschichte, wie sie von den Mächtigen geschrieben wird. Sie schreiben sie ohne Scham.

Die eigentlichen Opfer, die ohnmächtigen kleinen Verräter aber beugen ihr Haupt. Sie schämen sich und stehen zu ihrer Schuld. Nicht daß sie schuldlos wären. Sie haben durchaus die Verantwortung für *ihren* Anteil an dem Konflikt zu tragen. Aber sie übersehen die Tatsache, daß ihr Verrat ein zweiter, ein nachgeordneter, ein geringerer ist, ausgelöst durch den ersten, den bedeutenderen, den mächtigeren Verrat. Und indem sie dies nicht erkennen und nicht anprangern, indem sie ihren Anspruch auf Würde aufgeben, verschonen sie den mächtigeren, liebloseren Partner und nehmen auch dessen Schuld auf sich. Das ist die Geschichte des kleinen Mannes, die nirgendwo geschrieben steht.

Der Deserteur als Beispiel
für den Protest des kleinen Mannes

Der Deserteur ist das Paradebeispiel für den Protest des kleinen Mannes. Wenn wir heute des politischen Widerstands im Dritten Reich gedenken, zum Beispiel am 20. Juli, haben wir meist angesehene Persönlichkeiten wie Generäle, Adelige, Diplomaten vor Augen. Wir vergessen dabei die gemeinen Soldaten, die die einzige Form des Widerstandes praktizierten, die für sie möglich war: sie desertierten. Fahnenflucht war damals aber Hochverrat und wurde mit dem Tode bestraft. Es gibt meines Wissens bis heute keine offizielle Registrierung und Rehabilitation der im Zweiten Weltkrieg desertierten deutschen Soldaten. Sie sind auch heute noch mit dem Ruch von Hochverrat behaftet, obwohl sie der Stimme ihres Gewissens gefolgt sind und damit ihren persönlichen, für sie lebensgefährlichen Beitrag zum Widerstand leisteten.

Treue zum Vaterland – Treue des Vaterlands

Das Recht auf Widerstand gegen ein Unrechtsregime wird nur allzuoft als »Verrat« angeprangert, obwohl der primäre Verrat zuerst von den Herrschenden begangen wurde.

Auch Emigranten werden von manchen als Vaterlandsverräter oder Drückeberger verschrien, obwohl die meisten von ihnen vor staatlicher Willkür und Verfolgung fliehen mußten – niemand verläßt ohne gewichtigen Grund sein Heimatland. Gleichwohl schämen sich viele Auswanderer ihres angeblichen Verrats am Vaterland. Sie tragen ein schlechtes Gewissen gegenüber ihrem Volk und verspüren den Drang, in die Heimat zurückzukehren, um ihre Pflicht gegenüber dem Vaterland zu erfüllen.

Aber das Verhältnis zum Vaterland leitet sich vom Verhältnis zum Vater ab. Die Treue von Kindern ihren Eltern gegenüber entwickelt sich aus der Treue der Eltern ihnen gegenüber, nicht umgekehrt! Auch hier haben die Eltern die primäre Treuepflicht und begehen den primären Verrat, wenn sie nicht zu ihren Kindern stehen. Untreue Kinder resultieren aus untreuen Eltern. Ein Vater hat nur Anspruch auf Liebe und Gehorsam von seiten seines Sohnes, solange er selbst diesem gegenüber sich liebevoll und gerecht verhält. Noch mehr: Gute Eltern opfern sich für ihre Kinder auf. Sie geben ihr Leben gerne hin, um das Leben der Kinder zu retten. Genauso verhält es sich mit der Vaterlandsliebe und Vaterlandstreue. Wenn ein Staat Treue von seinen Landes»kindern« fordert, dürfen diese die berechtigte Frage stellen, was tut das »Vater«land für seine Kinder? Ein Land hat keine Berechtigung, von seinen Bürgern blinden Gehorsam zu verlangen, wenn es sich selbst nicht loyal gegenüber den Menschen verhält. Das gleiche gilt natürlich auch für die Kirche.

Nicht selten verkörpern gerade die Dissidenten, die Andersdenkenden, die Ausgewanderten das »andere« Vaterland: Sie tragen dessen freiheitlichere, tolerantere, kritischere Gesinnung weiter. Insofern können sie stolz auf sich sein, insofern kann ihr Land stolz auf sie sein! Sie sind keine Verräter, sie sind würdige Vertreter ihres Volkes.

Wie totalitäre Regimes aus Menschen Verräter machen

Nach der Vereinigung der beiden deutschen Staaten waren viele Menschen aus dem Westen entsetzt über den Verrat, den viele DDR-Bürger an ihren eigenen Landsleuten, ihren Freunden und Kollegen begangen hatten. Voreilig wurde diesen die moralische Gesinnung abgesprochen. In solch komplexen Fragen steht jedoch nur demjenigen eine moralische Bewertung zu, der selbst schon einmal in einem totalitären Land gelebt hat oder sich zumindest in die totalitäre Atmosphäre eines solchen Landes hineinversetzt hat. Wer nicht darunter gelitten hat, kann leicht darüber theoretisieren und sich entrüsten. Er weiß nichts von den ungeheuren Pressionen, denen die Menschen im Totalitarismus ausgesetzt sind. Er weiß nichts von der Not derer, die unter unmenschlichen Bedingungen schlimme Entscheidungen gegen ihr eigenes Gewissen fällen mußten.

Totalitäre Regimes sind bestrebt, um jeden Preis Macht über die Menschen zu erlangen. Dies gelingt ihnen erst, wenn sie aus denkenden, selbstbewußten Menschen »treue« Roboter gemacht haben. Deshalb setzen sie alles daran, das Rückgrat der Menschen zu brechen und ihren Wesenskern zu zerstören. Die perfideste Methode besteht darin, Menschen zu zwingen, das Liebste und Wertvollste, was sie haben, zu verraten: Kinder werden dazu gebracht, ihre Eltern zu denunzieren, Liebende ihre Partner, Menschen ihre Freunde, Gläubige ihren Gott. Menschen werden moralisch und sozial gebrochen, indem man von ihnen verlangt, andere, die ihnen nahestehen oder die sie lieben und verehren, zu verraten oder zu erniedrigen. Einen KZ-Häftling unter der Bedingung am Leben zu lassen, daß er andere Häftlinge foltert oder zu Tode schlägt, ist grausamer, als ihn physisch umzubringen, denn man tötet ihn seelisch. Als man im Dritten Reich Juden dazu zwang, andere Juden aufzustöbern und an die SS auszuliefern, wollte man nicht nur die Denunzierten vernichten und nicht nur die Denunzianten, sondern auch die innere Solidarität und damit den seelischen Zusammenhalt des betreffenden Volkes.

Wenn man einen Menschen zwingt, zwischen seinem Leben und einem ihm nahestehenden Menschen (oder einem ihm wichtigen Wert) zu wählen, stellt man ihn vor eine unmenschliche Alternative. Man zwingt ihn, entweder sich selbst oder jemand, den er liebt, zu verraten. Wie auch immer er sich entscheiden mag, er verrät etwas Lebenswichtiges. Denn wir Menschen sind existentiell auf unsere Verbindung mit dem, was wir innig lieben, angewiesen. Wenn wir lieben, gleichgültig, ob einen Menschen, ein Tier, eine Idee oder Gott, dann sind wir an der tiefsten Stelle unseres Wesens berührt. Wenn man uns diese Liebe zerstört, indem wir gezwungen werden, den geliebten Menschen, das geliebte Ideal, das geliebte Tier preiszugeben und zu verraten, dann zerstört man uns existentiell. Wir verlieren dann jegliche Achtung vor uns selbst, wir bleiben zwar physisch am Leben, aber wir sind nur noch ein Schatten unserer selbst.

Mit einem solchen erzwungenen Verrat zwingt man uns auch *Schuld* auf: Am Tod, am Verderben dessen, was wir lieben, schuld zu sein, ist das Schlimmste, was einem Menschen passieren kann. Es gibt zum Beispiel Eltern, die sich ihre Kinder gefügig machen, indem sie sie zwingen, ihr geliebtes Tier zu töten. Was geschieht seelisch in diesen Kindern? Bis an welche Grenze kann der Wesenskern eines Menschen solche Angriffe unbeschadet überstehen? Ab welchem Punkt bricht die Person entzwei, ist ihr Wesenskern zerstört?

Angesichts eines extremen Angriffs auf die innere Würde eines Menschen gibt es manchmal, wenn alle Fluchtwege versperrt sind, nur noch eine allerletzte Möglichkeit, die innere Integrität zu bewahren: den Tod zu wählen. Selbsttötung kann in solchen Extremsituationen einen Versuch darstellen, sich selbst treu zu bleiben. Lieber physisch untergehen, als die innere Würde, die innere Ehre (heute ein fast vergessenes Wort) preiszugeben. Aufrecht in den Tod zu gehen ist besser, als die geliebten Menschen zu verraten. Es gab und es gibt immer wieder Menschen, die lieber mit den Opfern den Tod suchen, als diese im Stich zu lassen.

An solchen Beispielen bekommen wir eine Ahnung davon, was menschliche Würde, Ehre und Treue bedeuten können.

In welcher Atmosphäre gedeihen Verrat und Treue?

Auf dem Hintergrund des Wissens über den primären und sekundären Verrat können wir uns fragen, in welcher Atmosphäre Verrat und Treue gedeihen. Gibt es soziale Bedingungen, die das eine oder das andere fördern?

Soziale Bedingungen, die Treue beziehungsweise Verrat fördern	
Förderung des Verrats	*Förderung der Treue*
Macht	Liebe, Verständnis, klare Hierarchie
autoritäres Verhalten	gelebte Ordnung, gelebtes Vorbild
Dogmatismus	menschliche Ordnung
Perfektionismus	»Irren ist menschlich«
blinder Gehorsam	»sehende Toleranz«
enger, starrer Rahmen mit gegensätzlichen Werten (»gut – böse«, »Gott – Teufel«)	größerer, toleranterer, akzeptierenderer Rahmen, in dem das Menschliche Platz hat und darin aufgehoben ist
bewirkt:	*bewirkt:*
erzwungene Machtbeziehungen	natürliche Autorität und Machtverteilung
Bindung in Haß, Abwertung	Bindung in Liebe, Solidarität, Respekt
äußeres Verpflichtetsein	innere Bindung
innerer Verrat, innere Scheidung	innere Treue
eingekapseltes, egoistisches, in verschwommenen Bindungen eingewickeltes und unklar abgegrenztes Ich	klares Ich, eingebettet in der Gemeinschaft

Autoritäre Macht, unmenschlicher Dogmatismus und Perfektionismus sowie blinder Gehorsam sind soziale Bedingungen, die den Verrat oder zumindest verräterische Gedanken und Tendenzen fördern. Denn sie bauen auf Unterdrückung von Menschen und Ideen auf. Die Unterdrückten werden sich irgendwann erheben gegen die auferzwungene Herrschaft, da sie sich eingeengt, gedrückt und unterdrückt fühlen. Sie fühlen sich zwar an die Autorität gebunden, aber diese Bindung ist unfreiwillig. Deshalb hassen die Menschen diese Art von Bindung. Die Gemeinschaft besteht in solchen Fällen aus unglücklichen Individuen, die nur aus Zwang, Konventionen oder aus wirtschaftlichem Interesse zusammen sind. Jeder ist sich selbst der Nächste. Sobald sich eine Chance bietet, werden sie einander verraten. Und wenn der äußere Zwang entfällt, wird die Gemeinschaft auseinanderbrechen.

Wenn wir genauer hinschauen, sind autoritäre Macht, Dogmatismus und Perfektionismus psychologische Abwehrmechanismen, die den Herrschenden dazu dienen, ihre eigenen Schwächen, ihre eigenen Selbstzweifel, ihre eigene Unvollkommenheit zu verdrängen und zu verschleiern. Wenn die Mächtigen fähig und bereit wären, sich die eigenen Schwächen, die eigenen Zweifel und die eigene Unvollkommenheit einzugestehen und diese ihren Untergebenen auch offenzulegen, würden sie die Liebe und die Treue zwischen beiden Seiten fördern, ohne daß ihre (natürliche) Autorität verlorengehen müßte. Dann entstünde ein größerer Lebensrahmen, in dem das Menschliche Platz hat und darin aufgehoben ist. Dann würde sich natürliche Treue entwickeln.

Macht, Angst und Verrat –
Das System des Verrats

Der Faktor Macht ist für mich von ausschlaggebender Bedeutung in der Bewertung von Treue und Verrat. Wer verstanden hat, wie Verrat mit Macht zusammenhängt, ist imstande, Ursache und Wirkung von Verrat zu unterscheiden. Dadurch ist die »Schuldfrage« beim Verrat präziser und sachlicher zu beantworten. Wenn wir den Gesichtspunkt der Macht jedoch außer acht lassen, kommen wir zu gefühlsbetonten, moralisierenden oder vorurteilsbeladenen Bewertungen von Verrat. Der Akzent wird von den wirklich Schuldigen zu den weniger Schuldigen verschoben. Es kommt zu einer fatalen Verwechslung von Ursache und Wirkung. Man bestraft die Falschen und schont die wirklich Schuldigen.

Ein Beispiel hierfür sind die Prozesse gegen die DDR-Mauerschützen: Einzelne Mauerschützen, derer man habhaft werden konnte, wurden nach der Wende als Mörder verurteilt. Die wirklich Mächtigen der ehemaligen DDR blieben aber zum größten Teil unbehelligt. Es wird deutlich: Die niedrigrangigen Täter werden gefangen und verurteilt. Je höherrangig die Täter, desto eher läßt man sie laufen. Es gibt, wie wir noch sehen werden, eine Art Kumpanei der Mächtigen.

Im vorigen Kapitel habe ich die Wirkung von Macht anhand einiger Beispiele beschrieben. In diesem Kapitel möchte ich den Zusammenhang zwischen Macht und Verrat theoretisch ableiten. Zunächst folgt eine tabellarische Zusammenstellung, was Macht bei Menschen bewirken kann. Sie beschreibt zugleich die Entstehung eines Systems des Verrats.

Wie Macht aus Menschen Verräter macht –
Die Entstehung eines Verratsystems

1. Macht schafft *Ungleichheit*. Sie gibt dem Mächtigen *Status und Einfluß* gegenüber anderen Menschen. Dadurch wird Macht zu einem Wert an sich.
2. Macht *»entmoralisiert«*. Es kommt zu einer Höherbewertung der Macht gegenüber anderen moralischen und zwischenmenschlichen Werten. Dies führt zu einer *Entkopplung von Macht und Verantwortung*. Der Mächtige fühlt sich seinen Untergebenen gegenüber nicht mehr moralisch und sozial verpflichtet.
3. Das *Ich* des Mächtigen bläht sich auf: Macht fördert Narzißmus, Egoismus und Eitelkeit des Mächtigen.
4. Die psychische Sozialisation des Mächtigen besteht vor allem darin, *schamlos* zu werden, das heißt seine anfängliche Scham und seine Gewissensbisse abzulegen und zu ersticken. Hier findet der *Verrat am Selbst* statt.
5. Es folgt der *Verrat am Mitmenschen*: Indem das Gewicht des Ich auf Kosten des Du und Wir immer mehr zunimmt, entsteht eine Entsolidarisierung mit den »Niederen«.
6. Zugleich entsteht eine *Kumpanei der Mächtigen* und damit Korruption, Bevorzugung der Mächtigen und deren Clans, Benachteiligung der Machtlosen, Vetternwirtschaft und Ungerechtigkeit. Die Mächtigen sind untereinander »treu«, jedoch nur so lange, wie es ihnen individuelle Vorteile bringt.
7. Die Mächtigen verschaffen sich physische, psychische und legale *Gewaltmittel* gegenüber den Machtlosen. Nun können die Mächtigen ihren Willen auch ohne moralische Rechtfertigung durchsetzen.
8. Macht dient schließlich dem Mächtigen zur *Abwehr eigener Gefühle von Angst und Ohnmacht, Scham und Schuld*. Sie wird zur *Sucht*.

9. Die Verantwortung und die Schuld für Mißstände werden verschoben und delegiert auf die Machtlosen. *Die Täter sind nicht schuld, schuld sind die Opfer.*
10. In der Gesellschaft entsteht die *autoritäre Persönlichkeit*, die von oben getreten wird und selbst nach unten tritt. Jeder ist zugleich Opfer (des Machtmißbrauchs der Höheren) und Täter (an den Niederen) – *Identifikation mit dem Aggressor, Entidentifikation mit dem Opfer.*
11. Es entsteht ein *System des Verrats*, in dem jeder jeden potentiell verraten kann und wird.

Wie Macht und Geld zu einem Wert an sich werden

Macht hat – genauso wie Geld – die Eigenschaft, zu einem Wert an sich zu werden. Dadurch wird sie für die meisten Menschen erstrebenswert und begehrenswert. Derjenige, der Geld hat, bemerkt irgendwann, daß er andere Menschen damit beherrschen kann. Derjenige, der Macht hat, bemerkt ebenfalls, wie sehr er an Einfluß und Prestige gewinnt. Geld und Macht erhöhen den Status desjenigen, der sie besitzt. Dieser erlebt eine Vergrößerung, ja eine Aufblähung seines Ich. Er hat plötzlich Einfluß auf andere und kann ihnen Befehle erteilen. Er braucht sein Tun und Lassen nicht mehr zu rechtfertigen, er braucht sich nicht mehr persönlich mit den Menschen seiner Umgebung auseinanderzusetzen, denn sein Wort gilt allein schon durch seine Machtposition. Er genießt plötzlich Privilegien, die er als Gleicher unter Gleichen nicht hatte. Dadurch fühlt er sich aufgewertet, er sieht sich als bedeutend, stark und herrlich. Mächtig und reich zu sein, ist ein schönes, erhebendes Gefühl.

Macht entmoralisiert, macht scham- und gewissenlos

Weil uns Macht und Einfluß ein solch erhebendes und berauschendes Gefühl schenken, können sie uns süchtig machen. Dafür sind besonders Menschen anfällig, die sonst wenig Bestätigung in ihrem Selbstwertgefühl erfahren. Aber im Prinzip ist kaum jemand dagegen gefeit. Die Gefahr besteht darin, daß wir abhängig von diesem euphorischen Gefühl werden, daß wir nicht genug davon bekommen können. Macht ist ein in unserer Gesellschaft erlaubtes, ja angesehenes Suchtmittel.

Sucht hat die Eigenschaft an sich, daß sie unsere moralischen Werte relativiert und unser inneres Gespür für richtig und falsch untergräbt. Wenn Macht um der Macht willen zum Eigenwert erhoben wird, werden andere Werte wie Ehrlichkeit, Solidarität und Mitgefühl in den Hintergrund gedrängt.

Sozialisierung zur Macht – Training in Schamlosigkeit

Der Adept der Macht fühlt normalerweise anfangs Skrupel und Gewissensbisse, wenn er Ungerechtigkeiten austeilen oder stillschweigend tolerieren soll. Er wird in sich Scham verspüren, wenn er gegen die Interessen seiner Mitmenschen konspiriert, wenn er wenige bevorzugt und viele benachteiligt. Er wird sich irgendwann fragen, ob er sich selbst und seinen Freunden noch in die Augen schauen kann. Sein Gewissen – diese in uns eingebaute Schambarriere – wird sich ihm in den Weg stellen und ihn fragen, wie er zu sich, seinen inneren Überzeugungen und zu seinem menschlichen Mitgefühl steht. Es wird ihm Einhalt gebieten auf dem Weg zur Macht. Jeder, der auf der Karriereleiter aufsteigt, wird irgendwann an diesen Scheidepunkt gelangen, an dem er unerbittlich vor die Alternative gestellt wird: Entscheidet er sich für seine persönliche Integrität oder für die Macht?

Treue zum Selbst oder Verrat am Selbst

Ehrlichkeit und Macht sind normalerweise unvereinbar. Wer ehrlich bleiben will, muß auf Macht verzichten. Wer Macht anstrebt, muß bei der Ehrlichkeit Abstriche machen. Hier kämpfen die Treue zu sich selbst und der Wunsch nach Macht und Prestige ihre Entscheidungsschlacht. Beides hat seinen Preis. Entscheidet sich die Person für ihre eigene Integrität, dann bleibt sie sich treu, aber sie muß sich zum »Fußvolk« zurückfallen lassen. Entscheidet sie sich hingegen für die Macht, wird sie an Prestige und Status gewinnen, aber sie muß ihre inneren Überzeugungen, oft auch wichtige persönliche Beziehungen aufgeben, ja sogar verraten.

Siegt das Gewissen, dann geht das eigene moralische System, die eigene Integrität gestärkt hervor. Siegt die Lust nach Macht, dann wankt das Gewissen, die innere Scham schwindet, und mit ihr das wahre Selbst. Wenn die Scham schwindet, hat die betreffende Person kein inneres Korrektiv mehr, das sie auf dem Weg zur Macht zum Einhalt gebieten könnte. Der Weg zur Macht ist engstens mit dem Abtöten der inneren Stimme des Gewissens verbunden. Er ist ein Weg in die Schamlosigkeit.

Wenn die Person genügend innere Stärke hat und wenn sie genügend Rückhalt von Menschen erhält, die sie lieben, wird sie der Versuchung eher widerstehen können. Wenn sie jedoch innerlich schwach ist (oder wird) und wenig Unterstützung bekommt, verfällt sie leicht dem Ruf der Macht.

Kumpanei der Macht –
Die »Treue« unter den Mächtigen

Wer eine Machtposition innehat, neigt automatisch dazu, sich innerlich mit anderen Mächtigen zu identifizieren. Man ist nun »wer«. Man wurde in den Club der Mächtigen aufgenommen. Selbst wenn sie einander persönlich unsympathisch sind, selbst wenn sie sich in ihren ideologischen Anschauungen und politischen Zielen uneinig sind, schonen sie sich gegenseitig. Sie tun sich nicht weh, sie pflegen die »Diplomatie« und streben faule Kompromisse an – nach dem Motto: »Leben und leben lassen«, was bedeutet: die Macht des anderen respektieren, damit man die eigene Macht erhält.

Alle Mächtigen, gleich welcher Couleur, fühlen sich demselben Club zugehörig, sie befinden sich alle in der Chefetage, genießen die Insignien und Privilegien der Macht – vom Dienstwagen bis zum Bodyguard. Dieses Zusammengehörigkeitsgefühl grenzt sie gleichzeitig ab vom »gemeinen Volk«.

Die Kumpanei der Mächtigen ist jedoch kein Zeichen für wirkliche Treue. Sie mögen untereinander Bündnisse abschließen, sie mögen Verträge unterschreiben, Nichtangriffspakte und Freundschaftsabkommen. Aber diese sind nur so lange etwas wert, wie die gemeinsamen Machtinteressen währen. Sobald das Bündnis Opfer von den einzelnen Parteien verlangt, wankt die angebliche Freundschaft. Und wenn Gefahr droht, ist jeder sich der Nächste. »Wein-und-Fleisch-Freundschaften« werden solche Beziehungen im Chinesischen genannt.

Verrat am Mitmenschen

Mit dem Verrat am Selbst geht auch der Verrat am Mitmenschen einher. Wir können oft beobachten, wie Menschen, die ursprünglich Volksführer waren und durch eine Revolution an die Macht gekommen sind, binnen kurzer Zeit eine eigenartige Wandlung erleben: Sie entfernen sich immer mehr vom Volk, distanzieren sich von den Idealen wie Freiheit, Gleichheit, Brüderlichkeit, die sie einmal verkörpert und vertreten haben, und werden den ehemals bekämpften Oberen immer ähnlicher. Sie werden anfällig für Vergünstigungen und Korruption. Sie werden bestechlich. Sie prangern Ungerechtigkeiten nicht mehr als solche an, sondern beginnen sie zu entschuldigen, zu rechtfertigen und sprachlich zu verharmlosen. Sie paktieren mit anderen Mächtigen und bauen ihre eigene Machtposition weiter aus. Sie verraten damit ihre ehemaligen Kampfgenossen, verwässern ihre früheren Ideale und reden dem »Machbaren« das Wort. Sie sind dem Charme der Macht erlegen.

Gewalt und Manipulation

Mächtige können sich ihrer Position aber nie wirklich sicher sein. Sie wissen, daß Konkurrenten nach ihrer Macht gieren. Sie wissen, daß das in ihrem Namen begangene Unrecht irgendwann Rache und Sühne fordern wird. Vor allem bangen sie ständig, die Macht zu verlieren, die ihnen so lieb geworden ist. Deshalb suchen sie Mittel und Wege, ihre Macht zu verfestigen. In demokratischen Gesellschaften stehen dafür vor allem »zivile« Machtmittel zur Verfügung: Es gibt dort psychologische, sozialwissenschaftliche und publizistische Möglichkeiten, die Meinung der Massen zu manipulieren. Die Beherrschung und Manipulation der Medien wird zum bedeutendsten Machtinstrument demokratisch gewählter Volksvertreter. Wenn dies nicht ausreicht, können die Gesetze geändert werden, das heißt die Verträge, durch die der Umgang mit der Macht geregelt wird. Wenn dies immer noch nicht ausreicht, müssen Notstandsgesetze bemüht werden, durch die die Mächtigen unmittelbaren Zugriff auf die Waffengewalt der Polizei oder der Armee erlangen. In dieser letzten Konsequenz wird das brutale Gesicht der Macht sichtbar.

Macht dient der Abwehr eigener Angstgefühle

Aber gerade die Aufrechterhaltung der Machtposition um jeden Preis macht unsicher, macht angst. Gerade der Mächtige ist sich seiner eigentlichen Ohnmacht zutiefst bewußt. Er ahnt, wie abhängig er von seinen Günstlingen, von seinen Ministern und Advokaten oder auch von seinen Soldaten ist. Er fühlt sich auch schrecklich allein. Obwohl ihn alle umschmeicheln, weiß er doch nicht, wem er wirklich trauen kann. Der nächste

Verräter, der nächste Putschist kann hinter jeder Ecke lauern. Er muß jedem Protest und jeder Revolte zuvorkommen. Er weiß, wie tief er fallen würde, wenn er die Macht verliert. Und er weiß instinktiv, daß seine Macht nicht ewig währen kann.

Auch Scham- und Schuldgefühle können ihn gelegentlich noch plagen. Im Grunde seines Herzens ist er sich seiner Schuld bewußt. Er weiß, daß er die Menschen, die ihm vertraut haben, verraten hat. Darum ist er auch so einsam. Alle diese quälenden Gedanken vermag er nur mit noch stärkerer Demonstration seiner Macht und Herrlichkeit verdrängen. In diesem Stadium hat Macht auch die Funktion, alle persönlichen Gefühle des Zweifels, der Angst, der Einsamkeit, der Scham und der Schuld abzuwehren.

Projektion und Delegation von Schuld und Verantwortung auf Machtlose und Abhängige

Dies ist eine besonders bösartige Strategie der Macht. Um sich der Verantwortung für die eigenen Taten und Untaten zu entziehen, bedienen sich Mächtige der Projektion und Delegation. Sie projizieren das Böse auf den Feind – sowohl auf innere als auch auf äußere Feinde. Dadurch biegen sie den gerechten Volkszorn auf Sündenböcke um, die dann erbarmungslos verfolgt werden. Um den intensiven Haß, der in einem solchen von Verrat geprägten System untergründig brodelt, zu kanalisieren, werden Kriege gegen Nichtgläubige, Abtrünnige und Nachbarländer geführt. Dabei werden Menschenleben rücksichtslos der Machterhaltung geopfert. Diese Opfer sollen der befürchteten Vernichtung des Mächtigen vorbeugen. (Außerdem dienen Eroberungsfeldzüge vorzüglich der Erweiterung der eigenen Macht.)

Die Delegation funktioniert noch heimtückischer. Mächtige finden oft Menschen, die sie so lieben und die ihnen so treu ergeben sind, daß sie bereit sind, sich für die Mächtigen zu opfern. Bewußt oder unbewußt übernehmen sie deren Schuld und verbüßen stellvertretend deren Strafen. Es sind oft liebende

Partner (meist Frauen), die sich aufopfern. Vor allem sind es die eigenen Kinder, die bereitwillig ihre Unschuld und ihr Leben hergeben, um die schuldbeladenen Eltern zu entlasten. Sie machen es sich zur Lebensaufgabe, die Schuld und die Schulden der Eltern abzutragen, und sie verzichten auf die Erfüllung des eigenen Lebensglücks.

Macht und Liebe schließen sich sehr oft gegenseitig aus. Wer Macht hat, liebt weniger als der, der ihm dient. Deshalb geht Verrat meistens vom Mächtigeren aus.

Die Entstehung des Verratsystems und der autoritären Persönlichkeit

In einem System, in dem Macht und Angst herrschen, blüht der Verrat, sowohl der Verrat an sich selbst als auch der Verrat am Mitmenschen. Jeder ist des anderen Feind, auch seines eigenen, inneren Gewissens. Es entsteht eine amoralische Gesellschaft, ein System, in dem die Moral nichts zählt, nur die Macht.

Auf diese Weise entsteht ein System des Verrats, in dem jeder jeden potentiell verraten kann und wird. Ich möchte noch einmal betonen: Das Korrumpieren der Mächtigen ist keine Frage von persönlicher Schlechtigkeit oder Unmoral der betreffenden Menschen. Aber sie ist Zeichen unserer Schwäche angesichts der Verführungen der Macht. Macht korrumpiert (fast) jeden, der mit ihr länger zu tun hat. Wer »sauber« bleiben will, muß Abstand von Macht und ihren Verführungen halten und diesen Abstand immer wieder suchen.

All diese Überlegungen haben eine wichtige Konsequenz für unsere Betrachtung von Treue und Verrat. Bevor wir einen Akt von Verrat beurteilen, müssen wir zunächst die Machtverhältnisse analysieren: Wer von den beteiligten Personen hat mehr Macht und Einfluß? Welche Partei ist abhängiger? Wer liebt mehr? Wem ist das Schicksal des anderen gleichgültiger? An welcher Stelle hat es den ersten Bruch im Vertrauensverhältnis zwischen den beteiligten Personen gegeben?

Stufen der Treue, Stufen des Verrats

Graphisch lassen sich die Stufen des Verrats und seiner Wiedergutmachung wie folgt darstellen:

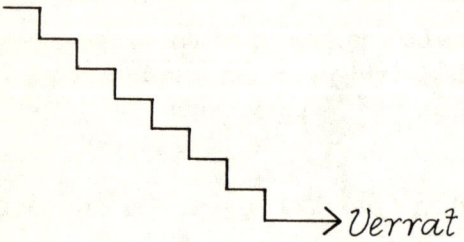

Die Stufen des Verrats: Verrat wird von oben nach unten verübt.

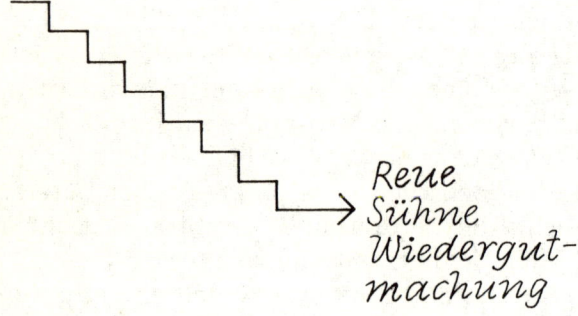

Die Stufen der Sühne: Die Wiedergutmachung muß ebenfalls von oben nach unten geschehen.

Die Stufen der Wiedergutmachung möchte ich an folgendem Beispiel erläutern: Eine Frau klagt in der Therapie, daß sie in ihrer Kindheit von ihrem älteren Bruder sexuell mißbraucht worden sei. Es scheint klar: Der Bruder ist der Übeltäter, er muß seine Tat bereuen, sühnen und Wiedergutmachung leisten. Aber dies ist zu kurz gegriffen. Bei der Exploration der Familiengeschichte tritt folgendes Szenario zutage:

Die Kinder wuchsen in einer desolaten Familie auf. Die Mutter war tief depressiv und konnte sich überhaupt nicht um ihre beiden Kinder kümmern. Der Vater war voller blinder Wut, vor allem auf seine Frau, die sich ihm sexuell verweigerte. Er verprügelte dafür seinen Sohn. Seine Tochter war ihm zwar nicht gleichgültig, aber er kümmerte sich nicht um sie. Die Eltern waren so mit ihren eigenen Problemen beschäftigt, daß die beiden Kinder sich selbst überlassen waren. Sie hatten nur sich selbst als Quelle von Trost und Zuwendung, als Liebes- und Aggressionsobjekt. Der sexuelle Mißbrauch des Mädchens durch ihren Bruder war zugleich in dessen Zuwendung eingebettet. Sonst hatten die Kinder niemanden auf der Welt.

Ein komplizierter Fall. Wie könnte die Lösung theoretisch aussehen? Daß Reue, Sühne und Wiedergutmachung notwendig sind, ist klar. Aber in welcher Reihenfolge? Wer soll zuerst bereuen und um Verzeihung bitten? Denkbar wäre folgende Reihenfolge:

1. Beide Eltern müßten die Kinder um Verzeihung bitten, daß sie sie im Stich gelassen haben.

2. Der Vater müßte die Mutter um Verzeihung bitten, daß er sie im Haushalt und in der Kinderpflege alleingelassen hat. Er müßte ihr außerdem erklären, woraus seine blinde Wut resultiert (wahrscheinlich aus seiner Lebensgeschichte).

3. Der Vater müßte den Sohn um Verzeihung bitten, daß er ihn nicht geliebt und verprügelt hat.

4. Der Vater müßte die Tochter um Verzeihung bitten, daß er sie weder geliebt noch vor dem Bruder geschützt hat.

5. Die Mutter müßte den Vater um Verzeihung bitten, daß sie sich vor ihm zurückgezogen hat. Sie müßte ihm außerdem erklären, woraus ihre Depressivität resultiert (wahrscheinlich aus ihrer Lebensgeschichte).

6. Die Mutter müßte den Sohn um Verzeihung bitten, daß sie ihn weder geliebt noch vor dem Vater geschützt hat.

7. Die Mutter müßte die Tochter um Verzeihung bitten, daß sie sie weder geliebt noch vor dem Bruder geschützt hat.
8. Der Bruder müßte die Schwester um Verzeihung bitten, daß er sie mißbraucht hat.

Jeder, der eine andere Person aus der Familie um Verzeihung bittet, müßte dieser Person gleichzeitig dafür danken, daß sie stellvertretend für ihn die Schuld und die Strafe übernommen hat, die eigentlich ihm zukäme. Er müßte ihr zusichern, daß er von nun an die Verantwortung für sein eigenes Tun übernimmt.

An diesem – zugegebenermaßen theoretischen – Modell möchte ich nun die Hierarchie der Macht und Verantwortung aufzeigen:
1. Beide Eltern haben die Kinder vernachlässigt und sich selbst überlassen. Dies war der Hauptgrund für den Mißbrauch der Tochter durch den Sohn. Die elterliche Fürsorgepflicht gegenüber den Kindern ist wichtiger als die mißglückte eheliche Beziehung. Daher müssen die Eltern zuerst die Kinder um Verzeihung bitten, bevor sie sich ihrer ehelichen Beziehung zuwenden.
2. Der Mann hat zuerst seine Frau um Verzeihung zu bitten, weil er ihr bei der Erziehung der Kinder und der Bewältigung des Haushalts nicht beigestanden hat. Die Beistandspflicht des Mannes gegenüber der Frau bewerte ich höher als die sexuelle und emotionale Zuwendung, die die Frau dem Mann entgegenzubringen hätte, weil die Frau im Alltag mehr unter der Last der Familie zu leiden hat als der Mann unter dem Mangel an Zuwendung von seiten der Frau: In der Familienphase steht die solidarische Bewältigung des Alltags vor der emotionalen und sexuellen Befriedigung des Partners.
3. Der Sohn ist Opfer und Täter zugleich. Er bedarf der Reue und Wiedergutmachung seitens der Eltern für deren Vernachlässigung und die Mißhandlung durch den Vater. Hier ist er Opfer. Er muß umgekehrt seine jüngere Schwester

um Verzeihung bitten, weil er sie sexuell mißbraucht hat. Diese stand unter seiner Obhut, weil er älter war.

Selbstverständlich sind beide Eltern mit großer Wahrscheinlichkeit selber Opfer ihrer eigenen Familiengeschichte gewesen. Es wäre nicht verwunderlich, wenn die Mutter selbst ein Opfer sexueller Gewalt gewesen ist, der Vater das Objekt brutaler Züchtigung (möglicherweise auch Zeuge furchtbarer Kriegserfahrungen). Hier wäre ebenfalls eine Wiedergutmachung von seiten *ihrer* Eltern notwendig. Jedoch entlastet dieses frühere Opfersein sie nicht von ihrer Verantwortung gegenüber ihren Kindern, über die sie als Eltern Macht hatten.

Um es noch einmal eindringlich zu sagen: Treue ist in meinen Augen stets die Aufgabe der Mächtigen, der Älteren, der Reichen und der Stärkeren. Aber ihre Macht, ihr Vorsprung, ihr Reichtum und ihre Kraft stehen stets in Gefahr des Mißbrauchs gegenüber den Machtlosen, Armen, Jüngeren und Schwächeren. Daher bedarf Macht der Kontrolle.

Treue und Verrat
in intimen Beziehungen

Es gibt so viele Aspekte in einer intimen Beziehung, die mit Treue und Untreue zu tun haben, daß wir leicht die Übersicht darüber verlieren. Damit wir nicht den Überblick verlieren, habe ich die Einzelthemen folgenden Leitmotiven zugeordnet:
- Liebes-Themen,
- Sexualität,
- Partnerschaftskonflikte,
- Lebens- und Familiengeschichte sowie
- Familienleben.

Bei diesem Überblick bin ich bewußt von der Treue als Bezugspunkt ausgegangen. Ich habe mich gefragt, welche günstigen Bedingungen in einer intimen Beziehung vorherrschen müssen, damit die Partner sich selbst und einander treu bleiben. Von dieser Perspektive aus lassen sich Handlungen wie Verrat und Untreue besser verstehen. Und wenn Verrat und Untreue stattfinden, finden wir leichter zu einer Lösung, wenn wir herausfinden können, welche Bedingungen für Treue nicht gegeben oder verletzt worden sind.

Die beiden Bereiche Liebes-Themen und Sexualität haben unmittelbar mit den zentralen Fragen einer Liebesbeziehung zu tun. Sie machen die Liebesbeziehung überhaupt aus: Darin unterscheidet sich eine Liebesbeziehung von anderen intimen Beziehungen wie Freundschaft oder Verwandtschaft. Wenn die Partner in diesen beiden Bereichen – in der Liebe und der Sexualität – keine gute Basis haben, fehlt ihnen die Grundlage für eine echte Liebesbeziehung.

Jedoch haben auch die anderen drei Bereiche – Partnerschaftskonflikte, Lebens- und Familiengeschichte sowie Familienleben – herausragende Bedeutung für das Gelingen oder Mißlingen einer Liebesbeziehung. Wenn die Voraussetzungen in diesen Bereichen gut sind, können die Partner eine befriedigende Beziehung miteinander haben, selbst wenn ihnen in der Liebe und der Sexualität etwas fehlt. Umgekehrt kann selbst eine Beziehung, in der es in der Liebe und Sexualität stimmt, scheitern, wenn es gravierende Störungen in der Patnerschaft, im Familienleben oder aus der Lebens- und Familiengeschichte gibt. Daher sind eigentlich alle fünf Themen von entscheidender Bedeutung für das Gelingen einer Partnerschaft.

Liebes-Themen

Liebe ist die Verbindung zwischen den Wesenskernen zweier Menschen: Sie berühren sich im intimsten und tiefsten Bereich ihrer Seele. Den Partner zu lieben bedeutet, ihm diesen einen zentralen Platz im eigenen Herzen zu geben, der sich von allen anderen Beziehungen unterscheidet, auch wenn andere Beziehungen ebenfalls einen bedeutenden Platz im Herzen der betreffenden Person einnehmen.

Lieben heißt auch, den anderen so zu sehen, wie er tatsächlich ist, nicht wie ich ihn mir wünsche, und ihn auch so anzunehmen. Zugleich bedeutet es auch, ihn so zu sehen, wie er nach seinen besten Fähigkeiten und Möglichkeiten sein könnte, so wie er ursprünglich »von Gott gedacht war«. Dies nenne ich das »visionäre Sehen« oder den »liebenden Blick«. Er bestärkt den Partner in seinem Bestreben, sich nach seinen besten Potentialen zu verwirklichen.

Geliebt zu sein bedeutet umgekehrt, daß ich in meinem tiefsten Wesen von meinem Partner gesehen und erkannt werde – sowohl in meinen guten als auch in meinen schlechten Seiten. Dies kann zum einen ein gutes Selbstwertgefühl, Selbstliebe und Stolz (im positiven Sinne) hervorbringen, zum anderen auch Scham- und Schuldgefühle. Wie wir zu uns selbst stehen, ob wir uns selbst lieben oder ob wir uns verachten und als minderwertig ansehen, wirkt sehr auf die Liebesbeziehung zurück. Eine auf Gegenseitigkeit beruhende Liebesbeziehung läßt sich bei Menschen, die sich selbst verachten, schwer verwirklichen. Und sie hat direkten Einfluß darauf, ob wir umgekehrt unseren Partner achten, verachten oder idealisieren.

Liebe macht auch hilflos. Jemanden lieben bedeutet auch, ihm Macht über mich und meine Gefühle einzuräumen. Und es bedeutet, daß ich akzeptieren muß, wie er zu mir ist, ob und wie er mich liebt. Wenn ich solche emotionalen Grenzen in einer Beziehung nicht akzeptieren kann, kommt es leicht zu Gewalt in der intimen Beziehung oder zu »emotionalen Erpressungsversuchen«. Dann möchten wir etwas erzwingen, was wir nicht bekommen können. Wir können die Gefühle einer anderen Person ebensowenig manipulieren wie unsere eigenen.

Sexualität

Die sexuelle Beziehung zwischen beiden Partnern entscheidet darüber, ob aus zwei Menschen, die sich lieben, auch wirklich ein Liebespaar wird. Liebe allein genügt dazu nicht. Es ist die Kombination aus Liebe und erfüllter Sexualität, die darüber entscheidet, ob ein Paar auch tatsächlich den Wunsch, die Kraft und die Vision in sich spürt (und aufrechterhält), lebenslang zusammenzubleiben, um »ein Fleisch« zu werden.

Eine erfüllte Sexualität läßt bei den Partnern einen natürlichen Kinderwunsch entstehen, nicht weil die katholische Kirche es so will, sondern weil Sexualität in sich ein grundlegendes kreatives Potential besitzt. Wenn dann Kinder da sind, bildet eine glückliche sexuelle Beziehung zwischen den Eltern einen der tragenden Pfeiler für ein glückliches Familienleben. Sie relativiert die Gefahr einer ödipalen Verstrickung zwischen Eltern und Kindern und schenkt diesen eine gute Basis für ihre spätere Liebesbeziehung.

In diesem Zusammenhang gilt es auch, die Partnerschaftskonflikte, die mit der Sexualität zusammenhängen, genauer anzusehen: Schwangerschaft, Schwangerschaftsabbruch, Sterilität, Seitensprung und Nebenbeziehungen. Dabei geht es mir hauptsächlich darum, diesen Konflikten psychologisch auf den Grund zu gehen. Ich möchte ergründen, wie sie zustande kommen und was sie in den Partnern auslösen. Es geht mir nicht um eine moralische Bewertung dieser Probleme, da sie in jeder Liebesbeziehung relevant werden können.

Partnerschaftskonflikte

Mit Partnerschaftskonflikten meine ich diejenigen Konflikte, mit denen sich jedes Paar – mit oder ohne Kinder – auseinandersetzen muß. Sie betreffen nicht die Liebe oder Sexualität an sich, auch nicht das Leben mit Kindern, sondern es geht dabei um grundlegende Fragen des Zusammenlebens, zum Beispiel um Fragen der Gleichheit und Ungleichheit zwischen den Partnern, um Machtkampf, Rivalität und Konkurrenz einerseits, und um Toleranz und Seinlassen andererseits. Es geht um die Frage, ob sich die Partner mehr ergänzen möchten oder ob jeder für sich allein alle für sie wichtigen Lebensbereiche und -aufgaben erfüllen und ausfüllen will. Es sind dabei Fragen der Abgrenzung und des Zusammenlebens zu lösen. Die Partner müssen entscheiden, in welchen Bereichen sie sich zusammentun und in welchen sie ihre eigenen Wege gehen wollen. Es geht um die Art, wie sie ihre Konflikte lösen, ob sie sich für erlittene Verletzungen rächen oder ob sie diese verzeihen. Und schließlich geht es darum, wie sie mit der Endlichkeit ihrer Beziehung umgehen, denn jede Beziehung hat, spätestens mit dem Tod, auch ihr Ende.

Lebens- und Familiengeschichte

Wenn zwei Menschen sich finden und beschließen, ihr Leben künftig gemeinsam zu führen, haben sie schon eine Lebensgeschichte hinter sich. Beide entstammen einer eigenen Familiensippe, vielleicht kommen sie auch aus verschiedenen Schichten oder Kulturkreisen. Sie haben ihre Kindheit und Jugend in ihrer jeweiligen Herkunftsfamilie erlebt. Sie haben vielleicht andere Liebesbeziehungen gehabt, bevor sie sich gefunden haben. Alle diese Faktoren spielen in ihre Beziehung hinein. Sie bilden den Hintergrund, auf dem die Beziehung sich gestaltet. Nicht selten haben sie entscheidende Bedeutung für das Gelingen oder Mißlingen der neuen Beziehung.

Wenn zwei Menschen aus verschiedenen Schichten oder Kulturen zusammenkommen, kann dies zu Unstimmigkeiten und Reibungen im alltäglichen Zusammenleben, in Fragen der Gleichberechtigung und in der Kindererziehung führen. In positiver Hinsicht kann dies aber auch bereichernd wirken, und die Schwächen der einen Familientradition oder der einen Kultur können durch die Stärken der anderen ausgeglichen werden.

Ebenso neigen wir dazu, die Beziehungsmuster, die wir aus unserer Herkunftsfamilie kennen, in unserer neuen Familie zu reproduzieren – oder wir möchten es »ganz anders« machen, was aber letztlich denselben Hintergrund hat. Wir haben die Beziehung unserer Eltern als Vorbild für unsere eigene Partnerschaft verinnerlicht.

In der *ödipalen Treue* bleibt ein Kind seelisch weiterhin an einen Elternteil gebunden, selbst wenn es erwachsen ist. Es wird wenig Platz im Herzen haben für einen eigenen Liebespartner. Und die innere Bindung zum Elternteil wird zu mehr Distanz in der Partnerschaft führen. Die Gefahr von Seitensprüngen und Nebenbeziehungen wächst damit ebenfalls.

Das gleiche gilt für alte Liebesbeziehungen und Bindungen, die die Partner gehabt haben, bevor sie sich trafen. Solange diese innerlich nicht gelöst sind, bleibt etwas von diesen Bindungen »hängen« – sie nehmen der neuen Beziehung etwas von ihrer Intensität und Einzigartigkeit. Besonders schwierig sind alte Beziehungen, in denen Kinder gezeugt worden sind. Hier sind Bindungen zu einem alten Partner geschaffen worden, die lebenslang weiterbestehen. Hier gilt es, für die alten Bindungen (zum alten Partner und zu den Kindern) einen angemessenen Platz im Herzen und in der neuen Familie zu finden.

Kinder und Familien

Hier geht es um die konkreten Fragen in einer Liebesbeziehung, in der Kinder da sind, in der Mann und Frau also eine gemeinsame Familie gegründet haben. Kinder schweißen die

Eltern zu einer Bindung zusammen, die zu den stärksten gehört, die wir kennen. Als Eltern gemeinsamer Kinder sind Mann und Frau unzertrennlich miteinander verbunden. (Selbst eine spätere Trennung ändert nichts grundsätzlich an dieser Bindung, denn beide Partner sind weiterhin verantwortlich für die gemeinsamen Kinder, und ihre Kinder werden sie beide lebenslang als ihre leiblichen Eltern ansehen.)

Darüber hinaus gibt es die banalen, lästigen und mühsamen Pflichten und Aufgaben im gemeinsamen Haushalt, in der Pflege und Erziehung der Kinder und im Broterwerb. Hier sind die Eltern wirklich »Partner«. Diese täglichen Mühen und Pflichten können das Glück und Unglück einer Paarbeziehung äußerst stark beeinflussen. Eine ungleiche Arbeitsteilung zwischen den Partnern kann zu schwersten Belastungen in der Liebesbeziehung führen.

Mit dem Aufwachsen der Kinder geht das Elternpaar auch durch verschiedene Wandlungsphasen ihrer Beziehung. Ob ein Säugling zu pflegen ist, ob die Kinder in die Pubertät kommen oder ob sie erwachsen werden und aus dem Haus gehen – all dies hat nachhaltigen Einfluß auf die Partnerschaft.

Hervorheben möchte ich solche Paare, die sich in ihren Familienpflichten treu bleiben, obwohl sie in der Liebe nicht gut zueinander passen. Sie sind für mich gute Vorbilder in einer Zeit, in der Familien so häufig auseinanderfallen.

Der Platz im Herzen –
Die Grundbedingung für Treue

»Du hast einen Platz in meinem Herzen«, sagen wir zu jemandem, der uns wichtig ist, der uns etwas bedeutet. Auf diesem Platz ist der andere für mich einzigartig und unverwechselbar. Durch diesen Platz hat er seine ganz spezielle Bedeutung für mich. Mit ihm verbinde ich bestimmte Gefühle, Erinnerungen und Assoziationen. Er verleiht diesem Menschen seine Einzigartigkeit. Mit diesem Platz in meinem Herzen ist eine intime Beziehung zwischen ihm und mir begründet. Es entsteht eine Herzensbeziehung.

Es ist ein Platz, den ich für diesen Menschen besetzt halte, selbst wenn er längere Zeit physisch abwesend ist. Aber psychisch ist er in mir präsent. Insofern ist ein Platz im Herzen dauerhaft. Selbst nach einer Trennung oder nach dem Tod des anderen bleibt dessen Platz in meinem Herzen bestehen. Er lebt dort weiter in meinem Gedenken.

Wie entsteht eine Herzensbeziehung?

Wie kommt es zu solch einer Herzensbeziehung? Können wir uns den Platz im Herzen eines anderen erobern? Können wir diesen Platz kaufen oder uns verdienen? Können wir die Plätze in unserem eigenen Herzen willkürlich vergeben? Können wir sie an den Meistbietenden »versteigern«? Nein, wir haben keinen Einfluß darauf. Dies ist keine Sache des Willens, sie hängt nur sehr bedingt mit definierbaren Merkmalen wie Schönheit, Tugendhaftigkeit, Reichtum, Haarfarbe oder Hobbys zusammen. Viel eher geschieht etwas mit uns. Wir stehen jemandem gegenüber, und etwas von ihm berührt uns tief in unserem Innersten, etwas in seinem Blick, an seiner Stimme, oder die Art, wie er sich bewegt. Es ist wie ein Wiedererkennen, obwohl wir ihn vielleicht noch nie vorher getroffen haben. (Deshalb die Vorstellung, man habe den anderen schon ewig gekannt oder man kenne ihn von einem früheren Leben her. Von daher kommt auch die Redewendung: »Ehen werden im Himmel geschlossen.«)

Wir fühlen uns tief in uns von dieser Person berührt, und wir sagen in uns »ja« zu ihr. Die Stelle, an der sie uns berührt hat, ist »der Platz im Herzen«.

Dies ist natürlich nur eine mögliche Art, wie eine intime Beziehung entstehen kann. Manch eine bedeutende Beziehung begann dagegen ganz schlicht und unscheinbar. Die Nähe stellte sich erst allmählich ein, Schritt für Schritt. Es gibt auch Beziehungen, die unter schwierigen Vorzeichen begannen. Man stritt sich, geriet einander in die Haare, konnte einander gar nicht leiden, bis man sich irgendwann, vielleicht durch ein gemeinsames Erlebnis oder durch eine gemeinsame Not, schätzen lernte und merkte, daß man die ganze Zeit umeinander »herumgeschlichen« war, weil man Angst vor der erahnten Nähe gehabt hatte.

Wenn sich die Herzen einander öffnen, stellt sich eine Herzensverbindung her oder, wie wir es auch beschreiben können, eine intime Verbindung zwischen zwei Wesenskernen. Deshalb ist sie so elementar, deshalb fühlt sie sich so tief und grundlegend an. Deshalb ist das Ja, das wir zum anderen sagen, so unbedingt, so klar und so eindeutig. Dieses Ja besteht auch weiter, wenn der andere sich schlecht verhält, wenn man aufeinander böse ist oder wenn es in der Beziehung kriselt. Dieses unbedingte Ja zueinander, allen Herausforderungen, Versuchungen und Anzweiflungen zum Trotz, macht die Treue aus.

Wenn wir zu einem Menschen wirklich stehen, fühlt sich dies an wie ein Gefäß, in dem die Beziehung gut aufgehoben ist. Es gibt uns ein Urvertrauen in die Beziehung, egal, was passiert. Wie eine Pflanze kann dann die Beziehung tiefe und feste Wurzeln in unserem Herzen schlagen. Sie kann leben und atmen, sie schenkt uns Lebenskraft und Lebensmut.

Die Pflege einer Herzensbeziehung

Herzensverbindungen bleiben nicht automatisch für alle Zeiten bestehen. Sie sind zwar wie ein Haus mit festem Fundament, aber wie ein Haus oder auch ein Garten brauchen sie beständige Pflege. Wir können ein Haus oder einen Garten so vernachlässigen, daß das Haus am Ende unbewohnbar wird oder der Garten keinen Ertrag mehr erbringt. Auch Herzensbeziehungen brauchen kontinuierlichen und verläßlichen Kontakt, sie brauchen schöne gemeinsame Erlebnisse, in denen beide Partner miteinander und aneinander Spaß haben, sie brauchen die Mitteilung von Herz zu Herz, und wenn es körperliche Beziehungen sind, auch Berührung und körperlichen Kontakt. Durch alle diese gemeinsamen Erlebnisse wird die Beziehung immer wieder erneuert und bestätigt.

Herzensbeziehungen haben ihre Phasen von Hochs und Tiefs, auch von Leere, aber die Partner sind sich dessen sicher, daß die Beziehung durch alle Wandlungen und Veränderungen im Leben konstant bleiben wird. Es ist die Kombination von Konstanz und Veränderung, die eine Beziehung lebendig hält.

Die Verneinung einer Herzensbeziehung

Wir können »ja« zu einer Person sagen, wir können aber auch »nein« sagen. Was geschieht mit einer Beziehung, die sich zwar tief in uns verwurzelt hat, die wir aber ablehnen?

Wenn wir mit einer nahen Person schwere Konflikte haben, kann es durchaus dazu kommen, daß wir sie irgendwann bewußt oder unbewußt aus unserem Herzen ausschließen und hinauswerfen möchten. Wir reißen die Wurzeln dieser Beziehung aus unserem Herzen heraus, wollen nichts mehr von ihr wissen und möchten sie vergessen. Aber dies ist nicht möglich, wenn es sich wirklich um eine Herzensbeziehung handelt, wenn der andere wirklich einen Platz in unserem Herzen innehat.

Denn genausowenig, wie es in unserer Macht steht, einen Menschen in unserem Herzen aufzunehmen, genausowenig steht es in unserer Macht, einen Menschen willentlich aus unserem Herzen auszuschließen. Es entsteht lediglich eine blutende Wunde, dort, wo wir diese Beziehung herauszureißen versuchen. Je mehr wir daran zerren, desto fester krallt sie sich in uns fest. Zwar wird diese Bindung – und damit meine ich nicht nur Bindungen aus Liebe, es gibt auch Bindungen aus Haß, die stärksten sind ambivalente Bindungen, vor allem Haß-Liebe-Beziehungen – irgendwann in den »Untergrund« gehen, das heißt unbewußt werden. Aber von dort wirkt sie um so stärker – oft gegen unseren erklärten Willen. Der Platz in unserem Herzen für diese Person kann zwar verwüstet sein, aber er ist immer noch für sie reserviert.

Manch einer von uns hat einen ehemaligen Partner, mit dem ihn eine leidenschaftliche Liebe verband. Nicht selten endete diese Leidenschaft mit einem Scherbenhaufen. Irgendwann ist alles zerbrochen. Aber wenn eine Bindung entstanden war – vor allem wenn ein gemeinsames Kind daraus hervorgegangen ist (selbst eines, das abgetrieben wurde) –, läßt sich diese nicht einfach auf den Müll werfen. Diese Bindung geht vielleicht »ins Exil«, aber auch dort existiert sie weiter und wartet auf die »Wiedereinbürgerung«. Deshalb kommen wir nicht zur Ruhe und finden keinen Frieden mit diesem Menschen. Wir sind auch nicht frei für eine andere Beziehung, bis wir uns endlich umdrehen und uns dieser alten Beziehung noch einmal stellen. Erst wenn diese befriedigend abgeschlossen ist, sind wir frei für etwas Neues. Dies wird vor allem dadurch möglich, daß wir die Bedeutung, die diese Beziehung für uns damals hatte, anerkennen, also den tatsächlichen Platz, den diese Person in unserem Herzen innehatte und der nicht selten zentral lag, akzeptieren. Die nun ausgesöhnte Beziehung hat jetzt die Möglichkeit, sich in unserem Herzen zu bewegen und einen neuen, ihr gemäßeren Platz zu finden.

Ich habe keinen bewußten Einfluß auf den Platz, den ein Mensch in meinem Herzen einnimmt. Ich kann ihn nicht woanders haben, selbst wenn ich es wollte. Aber ich kann in Frieden kommen, wenn ich den Platz, den er einnimmt, akzeptiere und respektiere. Dies bedeutet *Treue zu meinen eigenen Gefühlen*. Ihn hinauszuwerfen und auszuschließen bedeutet *Verrat an meinen eigenen Gefühlen*.

Die verschiedenen Plätze im Herzen – Unser Beziehungsfeld

Wir tragen nicht nur eine Person in unserem Herzen. Wir können Platz für verschiedene Menschen in uns haben. Aber für jeden ist ein ganz bestimmter Platz reserviert. Jeder bedeutet uns etwas anderes und ist darin einzigartig und unverwechselbar. Wenn wir alle wichtigen Beziehungen zusammen anschauen, kommt so etwas wie eine innere Landkarte beziehungsweise ein *inneres Beziehungsfeld* zustande. Wie könnte solch ein Feld aussehen?

Unser inneres Beziehungsfeld können wir ganz einfach sichtbar machen: Wir nehmen ein größeres Blatt unbeschriebenes Papier und breiten es vor uns aus. Dies soll den gesamten Platz, den wir in unserem Herzen zur Verfügung haben, darstellen. Dann nehmen wir eine Handvoll verschiedenartiger Steine, Murmeln, Muscheln, Münzen oder ähnliches. Wir stellen uns vor, daß jeder Stein einer bestimmten Person entspricht, die uns etwas bedeutet, und daß diese Person einen bestimmten Platz in unserem Herzen einnimmt. Dann setzen wir Stein für Stein auf das Blatt Papier, ganz spontan, ohne darüber nachzudenken. Am Ende haben wir unser (momentanes) Beziehungsfeld vor uns liegen.

Innerhalb des Feldes stehen die Beziehungen in einem bestimmten Verhältnis zueinander, fast wie die Figuren auf einem Schachbrett, und sie können sich gegenseitig beeinflussen. Zwei

Beziehungen können einander nahe- oder fernstehen. Sie können in einem harmonischen oder einem spannungsreichen Verhältnis zueinander stehen. An einem solchen Beziehungsfeld können wir ersehen, daß es zentrale Gestalten in unserem Leben gibt und andere, die uns nur peripher berühren. Wir erkennen, daß die Beziehungen mit der Zeit »wandern« können – so kann eine ursprünglich zentrale Figur an den Rand rücken, während eine andere ihren Platz einnimmt. Besonders wichtig ist auch die Erkenntnis, daß das »Platzangebot« in unserem Herzen begrenzt ist. Selbst wenn wir »weitherzig« sind, können wir nicht mit unbegrenzt vielen Menschen eine vertraute Beziehung unterhalten. Wir haben emotionale Grenzen und sind in unserer Aufnahme- und Verarbeitungskapazität für nahe Beziehungen begrenzt. Diese Tatsache ist wichtig im Hinblick auf Treuekonflikte.

Treuekonflikte

Wenn sich beispielsweise zwei Beziehungen zu nahe beieinander befinden in unserem Herzen, können sie sich gegenseitig einengen und im Wege stehen. Wenn gar beide Beziehungen um denselben Platz konkurrieren, entsteht ein heftiger Treuekonflikt in unseren Gefühlen. Dies kommt vor allem dann vor, wenn wir glauben, unser Herz gehöre nur dieser oder jener Person. Dann besteht die Gefahr, daß keine der beiden Beziehungen einen eindeutigen Platz erhält. Beide Beziehungen stehen auf wackligem Boden, weil wir meinen, wir hätten eigentlich nur einen Platz zu vergeben und müßten eine der beiden Beziehungen verraten, um der anderen zu genügen. Dies ist zum Beispiel oft der Fall, wenn ein Mann oder eine Frau zwischen zwei Partnern steht und sich nicht zwischen beiden entscheiden kann.

Aber vielleicht *wollen* wir uns ja auch gar nicht entscheiden! Vielleicht stimmt es gar nicht, daß der betreffende Platz überhaupt frei ist! Dies trifft beispielsweise dann zu, wenn der zentrale Platz im Herzen der betreffenden Person bereits von jemand drittem besetzt beziehungsweise reserviert ist, zum Beispiel von einem Elternteil (siehe das Kapitel »Ödipale Treue«) oder von einer vergangenen Beziehung. Oder die betreffende Person gesteht sich nicht ein, daß sie den Platz eigentlich für sich selbst braucht oder daß sie im Moment noch nicht bereit ist für eine nahe Beziehung.

Solche inneren Prozesse können durchaus unbewußt ablaufen, ohne daß wir unseren Beziehungspartnern etwas vormachen oder sie täuschen wollen. Wir haben vielleicht nicht den Mut, uns selbst mit unserer inneren Wahrheit zu konfrontieren.

Zu unseren wahren Gefühlen zum Partner stehen

Wenn es um den Platz in unserem Herzen geht, gibt es im Grunde nur einen Verrat: die Verleugnung meiner eigenen Wahrheit. Ich verrate eine Beziehung,
- wenn ich mir selbst gegenüber nicht ehrlich bin in bezug auf meine Gefühle zum Partner,
- wenn ich dem Partner gegenüber nicht ehrlich bin in bezug auf meine Gefühle zu ihm und wenn ich meine wahren Gefühle ableugne oder ihm andere vorspiele,
- wenn ich umgekehrt die wahren Gefühle meines Partners, die er zu mir hat, nicht wahrnehmen will, wenn ich sie mißachte oder beschönige oder anders haben will, als sie wirklich sind.

Gefühle wahrzunehmen können wir lernen. Wir können lernen, so genau wie möglich zu differenzieren zwischen unseren wahren Gefühlen und unseren »Wunschgefühlen« (»Ich muß doch meinen Mann/meine Frau lieben!«). Wenn es darauf ankommt, werden unsere wichtigen Beziehungen immer von unseren wahren Gefühlen bestimmt, nicht von unseren Wünschen oder Idealvorstellungen. Denn eine intime Beziehung liegt in der Verbindung zwischen meinem Wesenskern und dem Wesenskern meines Partners begründet. Im Wesenskern gilt nur die Wahrheit.

Meinen und Gemeintsein

Wenn wir uns ehrlich eingestehen, welche wahren Gefühle wir einem nahen Menschen gegenüber empfinden, können wir ihm einen eindeutigen Platz in unserem Herzen zuweisen. Wir »meinen« ihn dann, wenn wir ihn anschauen und von dem inneren Platz aus ansprechen, den er in unserem Herzen einnimmt. Jemanden »meinen« heißt, mir ganz genau darüber im klaren zu sein, welche Bedeutung er für mich hat. Mein Gegenüber spürt dann, *daß* ich ihn meine, und er merkt, *wie* ich ihn meine, wenn ich ihn so und nicht anders anschaue. Durch meinen Blick, meine Berührung und meine Ansprache spürt er den Platz in meinem Herzen, den er dort einnimmt.

Meine ich zum Beispiel wirklich meine Frau, wenn ich sie anschaue und in den Arm nehme? Oder habe ich vielleicht jemand anderen im Sinn? Und wenn ich »Du bist meine Frau« zu ihr sage, was meine ich genau mit dem Begriff »meine Frau«? Bedeutet er für mich, daß ich sie als meine Sexualpartnerin ansehe oder als meine Lebensgefährtin? Meine ich mit »meine Frau« die treusorgende Mutter unserer Kinder, die gute Hausfrau? Oder sehe ich in ihr einen Mutterersatz oder eine Retterin in der Not? Ist sie die Frau, die ich mir wirklich ausgesucht habe? Oder hat jemand gesagt, sie sei die Richtige für mich? Ist die Beziehung für mich eher eine Notgemeinschaft oder eine Zugewinngemeinschaft? »Mußten« wir oder wollten wir? Ist sie meine erste Wahl – oder zweite oder dritte? Achte ich sie, oder verachte ich sie?

Das gleiche gilt auch für mein Selbstverständnis in der Partnerschaft. Eine Partnerschaft besteht nicht nur aus der Definition dessen, was der Partner für mich ist (»Du bist meine Frau«), sondern genauso aus der Definition dessen, was *ich* für den Partner bin (»Ich bin dein Mann«). Erst die Kombination beider Aussagen: »Du bist meine Frau. Ich bin dein Mann« macht meine Beziehung, meine Haltung zum Partner eindeutig und vollständig. Wenn ich zum Beispiel nur sage: »Du bist meine Frau«, aber offenlasse, was ich für meine Frau bin, lasse ich sie und auch mich im unklaren über meine Rolle in der Partnerschaft. Dann lege ich mich nicht fest, was ich für den Partner konkret sein will. Ich umgehe eine klare Festlegung meiner Position und meiner Rolle.

Und wenn ich sage: »Ich bin dein Mann«, heißt das dann: Ich bin dein Versorger? Dein Sexualpartner? Bin ich dein Seelentröster, dein Vaterersatz oder Ersatz für einen unerreichbaren oder verflossenen Partner? Bin ich in deinen Augen hauptsächlich Vater deiner Kinder, bin ich dein Herr, dein Knecht oder dein Lebensgefährte? Fühle ich mich von dir auserwählt? Oder stand kein anderer zur Verfügung? Mit welchem Selbstbewußtsein sage ich: »Ich bin dein Mann«? Bin ich stolz darüber, oder schäme ich mich dessen? Wie genau, wie ehrlich kann ich sein in meiner Selbstdefinition in der Beziehung? Welchen Aspekt meines Selbst will ich lieber nicht so genau ansehen? Welchen möchte ich ausblenden?

Wir ahnen jetzt: Es ist gar nicht so einfach, sich gegenüber ehrlich zu sein über die eigenen Gefühle. Aber genau dies ist von entscheidender Bedeutung für eine intime Beziehung. Denn unsere wahren Gefühle machen die Basis für die Beziehung aus, vor allem wenn es um eine Lebensbeziehung geht. Alles andere ist bestenfalls Konvention oder Wunschvorstellung, schlimmstenfalls ist es Täuschung und Lüge. Eine konventionelle Ehe ohne Liebe bedeutet eine Verschwendung unserer Fähigkeit, zu lieben. Und eine vorgetäuschte Beziehung ist furchtbar – für beide Partner. Wir verraten damit nicht nur unseren Partner, sondern auch uns selbst.

Ich bin davon überzeugt, daß es für jeden von uns passende Partner gibt. Wir müssen nur genau und lange genug suchen. Wenn wir »sie« oder »ihn« gefunden haben, gilt es, die Beziehung zu leben. Dies ist nicht ganz einfach, wie wir in den nächsten Kapiteln sehen werden. Aber es lohnt sich.

Treue zur Geschichte unserer Beziehungen

Unsere Geschichte würdigen

Jeder von uns hat seine eigene Geschichte. Je älter wir werden, desto mehr Geschichte »sammeln« wir »an«, und desto wichtiger wird uns auch unsere Geschichte. In der Jugend leben wir dagegen gern im Hier und Jetzt. Was kümmert uns das Gestern? Das Heute ist das einzig Wesentliche.

Selbstverständlich ist es wichtig, im Hier und Jetzt zu leben. Aber unsere Geschichte verschwindet nicht. Vielmehr sinkt sie, wie wir Gestalttherapeuten zu sagen pflegen, nur in den Hintergrund, und aus diesem Hintergrund heraus trägt und stützt sie die Gegenwart. Unsere Geschichte wird somit zur Erde, auf der die Frucht des Heute hervorwächst. Unsere Geschichte ist der Boden, auf dem wir stehen. Wenn wir zu unserer Geschichte stehen, stehen wir fest auf beiden Beinen.

Deshalb ist es wichtig, daß wir unsere Geschichte würdigen. Würdigen bedeutet in diesem Zusammenhang, uns der Bedeutung der Vergangenheit bewußt zu sein, sowohl in bezug auf das Positive als auch auf das Negative. Es bedeutet, zu unserer Vergangenheit zu stehen, und es bedeutet, Verantwortung für den Anteil an der Vergangenheit zu übernehmen, für den wir verantwortlich waren, sowie andere Anteile denjenigen zurückzugeben, die dafür verantwortlich waren.

Treue zu vergangenen Beziehungen

Damit wir Kraft aus unserer eigenen Geschichte schöpfen können, müssen wir vor allem die innere Verbindung zu unseren früheren Beziehungen aufrechterhalten und pflegen. Ich habe es bereits im vorangegangenen Kapitel beschrieben: Wir müssen den wichtigen Beziehungen aus unserer Vergangenheit einen angemessenen Platz in unserem Herzen geben. Von dort nähren sie unser heutiges Leben wie gute, tiefe Wurzeln.

Dabei möchte ich die Bedeutung folgender Personengruppen hervorheben:
- Menschen, die uns einmal wichtig und/oder lieb waren,
- Menschen, die uns verletzt und verraten haben,
- Menschen, die wir verletzt und verraten haben.

Menschen, die uns einmal wichtig und/oder lieb waren

Menschen, die uns einst in unserem Leben wichtig waren, die uns geliebt haben und/oder die wir geliebt haben, sind die bedeutendsten Quellen für unser heutiges Leben. Wenn wir sie im Herzen behalten, können sie uns eine beständige innere Quelle von Kraft, Liebe und Zuversicht sein. Wir können das Gute, das wir mit ihnen erfahren haben, heute an andere weitergeben.

Wenn wir ihr Andenken pflegen, bleiben wir in einem inneren Dialog mit ihnen. Menschen, die einen geliebten Menschen verloren und diesen Verlust verschmerzt haben, sprechen häufig still oder auch laut mit dem Verstorbenen und erfahren auf diese Weise, daß sie nicht allein gelassen sind. Sie haben das Gefühl, daß der vertraute Mensch auch weiterhin an ihrer Seite bleibt und weiterhin ansprechbar ist.

Ein Mann hat in jungen Jahren seinen Vater, der ein schweres Leben gehabt hat, verloren. Auch das Leben des Sohns bleibt nicht von Schicksalsschlägen verschont. Aber mit den Jahren hat er mehr Erfolg, es geht immer mehr bergauf. Er hat das Gefühl, daß sein Vater ihm unsichtbar zur Seite steht und ihm den Weg weist, und er empfindet tiefe Dankbarkeit.

Eine vergangene Beziehung kann auch unsere heutigen Liebes- und Lebensbeziehungen fördern. Denn wir haben an der vergangenen Beziehung erfahren, wie es ist, geliebt zu werden. Wir haben von ihr zu lieben gelernt. Wir haben vielleicht auch gelernt, welche Fehler wir vermeiden könnten. Wir brauchen diese nicht mehr in den heutigen Beziehungen zu wiederholen.
Eine Beziehung, die zu Ende gegangen ist, macht auch Platz für eine neue Beziehung. Auch dafür können wir dankbar sein. Es ist so, als würde der alte Liebespartner den Stab an den jüngeren Partner weitergeben. Insofern besteht ein inniges Band zwischen altem und neuem Partner, gleichgültig, ob sie sich kennen oder nicht. Denn ihre Liebe gilt demselben Menschen.

Wenn wir eine alte Liebe verdrängen, mindert dies unsere Fähigkeit zu lieben
Bei allem Positiven können zwei Gefahren von wichtigen vergangenen Beziehungen ausgehen: Dies ist der Fall, wenn wir versuchen, sie zu verdrängen oder festzuhalten. Hierzu ein Beispiel:

Ein Mann litt unter dem Problem, daß er sich bei allen seinen bisherigen Liebesbeziehungen nicht voll und ganz auf sie einlassen konnte. Er hatte schon mehrere Therapien durchlaufen, ohne daß sich etwas an dieser inneren Distanz änderte.
Irgendwann hatte er eine zufällige Begegnung mit einer jungen Frau, und da geriet plötzlich etwas in ihm in Bewegung, er spürte einen tiefen Schmerz, der wie aus der Mitte der Erde zu ihm hochstieg. Er ging diesem Schmerz nach und spürte, daß es sich um einen sehr frühen Verlust in seiner Kindheit handeln mußte.
Der Mann forschte bei seiner Mutter nach. Nach einigem Zögern eröffnete sie ihm ein bisheriges Geheimnis: Er habe eine Halbschwester gehabt, die aus der ersten Ehe der Mutter stammte. Der erste Ehemann fiel im Krieg, und die Mutter heiratete ein zweites Mal. Aus dieser Ehe ist der Mann als zweites Kind hervorgegangen. Der zweite Ehemann lehnte aber die Stieftochter ab und verlangte, daß

diese zur Adoption freigegeben werde. Nach langem Kampf gab die Mutter nach. Da war das zweite Kind gerade zwei Jahre alt. Es hatte nie erfahren, daß es eine Schwester hatte.

Nun konnte der Mann zum erstenmal eine tiefe Liebe in sich spüren. Ihm wurde klar, wie sehr er diese Schwester als Kind geliebt hatte. Aber er mußte diese Liebe nach dem Verlust der Schwester tief in sich vergraben, damit er nicht vom Schmerz überwältigt wurde. Daher war er als Erwachsener nicht imstande, eine Liebesbindung zu einer Frau einzugehen. Tief in ihm war er der verschollenen Schwester treu.

Nach diesem Erlebnis merkte der Mann, wie er die Menschen um ihn herum nun näher an sich heranlassen konnte. Er konnte endlich beginnen, eine intime Liebesbeziehung zu einer Frau aufzubauen.

Der frühe oder plötzliche Verlust eines geliebten Menschen kann in uns eine solche Wunde schlagen, daß wir, um seelisch zu überleben, es vorziehen, die ganze Beziehung zu verdrängen, um nicht vom Schmerz überwältigt zu werden. Wenn wir die Erinnerung an eine Beziehung jedoch beständig wegschieben, entsteht um die Erinnerung an die alte Beziehung ein Tabu, eine Art Stacheldrahtzaun, der uns den Zutritt zu diesem Gelände verwehrt. Wir merken nicht, daß hinter ihm nicht nur der Schmerz begraben liegt, sondern auch jene Liebe, die die geliebte Person einst in uns wachgerufen hat. Wir verlieren dadurch diesen wertvollen Teil unseres Selbst, er steht uns, wie im obigen Beispiel, nicht mehr für unsere späteren Beziehungen zur Verfügung.

Wenn wir an der alten Beziehung festhalten
Es gibt eine weitere Gefahr, die im Grunde aus der gleichen Richtung kommt: die Treue zu einer alten Beziehung so zu verstehen, daß wir keine nähere Beziehung mehr zulassen dürfen. Auch hierzu einige Beispiele:

Eine Frau bittet auf dem Sterbebett ihren Mann, nicht mehr zu heiraten. Er gibt ihr dieses Versprechen. Später kommt er in starke Gewissenskonflikte, jedesmal wenn er eine Frau, die ihm gefällt, näher kennenlernen möchte.

Die Lieblingstochter eines berühmten Mannes ergreift denselben Beruf wie ihr Vater. Sie ist seine nächste Vertraute, begleitet ihn auf seinen Dienstreisen, übernimmt nach seinem Tode den Nachlaß und verwaltet ihn hingebungsvoll, bis sie selbst stirbt. Für eine eigene Partnerschaft war da kein Platz.

Nach der Flucht schließt sich die Großmutter die meiste Zeit in ihre Kammer ein, die sie auch bei Tage dunkel verhängt. Sie kleidet sich in Schwarz, pflegt die Erinnerung an die glückliche Zeit vor der Vertreibung und nimmt bis zu ihrem Tod nicht mehr am Leben teil.

Wenn wir an der Erinnerung und am Andenken an eine wertvolle vergangene Beziehung so festhalten, daß sie unser ganzes Herz ausfüllen, dann haben andere, lebendige Beziehungen keine Chance. Wir werden im Kapitel über die »ödipale Treue« ein solches Beispiel der Treue näher untersuchen: Das ödipal gebundene Kind ist nicht fähig, eine eigenständige Liebesbeziehung einzugehen, weil es sich erotisch an einen Elternteil gebunden fühlt.

Menschen, die uns verletzt und verraten haben

Wir neigen nicht nur dazu, an schönen alten Erinnerungen festzuhalten, sondern auch an vergangenen Verletzungen und Demütigungen. Alter Groll hält sich manchmal sogar noch hartnäckiger als alte Liebe.

Die Scham des Verletzten und Verratenen

Jeder von uns kann sich an nahe Beziehungen erinnern, in denen er verletzt worden ist: Der Partner hat sich entweder abrupt abgewendet, oder er hat sich immer mehr ins Schweigen zurückgezogen und ist schließlich ohne ein Wort der Erklärung von der Bildfläche verschwunden; oder er hat unsere Beziehung einer dritten Person gegenüber verraten; oder er wandte sich mit seiner Liebe einem anderen Menschen zu und ließ uns im Stich.

Wir denken nicht gern an solche Beziehungen zurück. Zu sehr schmerzt die intime Wunde. Peinlich vermeiden wir jeglichen Kontakt mit dem betreffenden Menschen, wir gehen nicht mehr an die Lieblingsplätze, die wir damals mit ihm aufgesucht haben. Wir haben Angst, zu Feiern von gemeinsamen Freunden zu gehen, aus Furcht, wir könnten »ihm« oder »ihr« dort wieder begegnen. Und wenn wir ihn oder sie tatsächlich sehen, werden wir rot und versuchen, uns zu verstecken – nur nicht gesehen werden!

Solche Reaktionen werden verständlich, wenn wir sie als Symptome der Scham verstehen. Wenn wir uns schämen, vermeiden wir den Kontakt mit dem schamauslösenden Ereignis oder dem beschämenden Menschen. Wenn wir ihnen doch begegnen, möchten wir am liebsten im Erdboden versinken, so peinlich ist uns die Konfrontation mit der unbewältigten Vergangenheit.

Wie ist diese Scham zu verstehen?

Die Scham rührt daher, daß wir uns früher einmal diesem Menschen geöffnet haben. Wir haben ihm unser Inneres gezeigt, wir haben uns ihm offenbart – und sind letztlich nicht angenommen oder verstanden worden. Wenn wir uns jemandem anvertrauen, legen wir unsere üblichen Schutzmäntel und Masken ab. Wir zeigen uns ihm in unseren verletzlichen Seiten, in der Hoffnung, daß wir von ihm verstanden und angenommen werden. Wir möchten auch, daß dieses Sich-Offenbaren auf Gegenseitigkeit beruht, daß also auch unser Gegenüber sich uns zeigt. Wenn dies geschieht, ist es ein großes Glück. Dann findet eine intime Begegnung statt.

Wenn dies jedoch nicht geschieht, kommt es einer inneren Katastrophe gleich. Wir stehen dann wie nackt da und fühlen uns im Stich gelassen, »wie bestellt und nicht abgeholt«. Noch schlimmer ist es, wenn der andere uns in diesem wehrlosen Zustand verletzt, wenn er uns auslacht, wenn er uns ausnutzt und danach verstößt. Solche intimen Verletzungen stecken in uns wie Giftpfeile – sie vergiften unsere Seele.

Wie können wir mit solchen Verletzungen fertig werden? Zuerst ist es wichtig, zu erkennen, wer Täter und wer Opfer ist. Nicht das Opfer hat sich zu schämen, sondern der Täter. Viele Opfer wissen aber nicht, wo die eigentliche Schuld liegt.

Zu oft haben sie gehört, daß sie selbst an ihrem Schicksal schuld seien. Hier ist die Analyse der Macht von entscheidender Bedeutung, wie wir es bereits im Kapitel »Macht, Angst und Verrat« gesehen haben. Wir dürfen nicht alles glauben, was andere uns gesagt haben. Wir müssen selbst nachforschen, bei wem tatsächlich die Verantwortung für den Verrat gelegen ist.

Neben der rationalen Einsicht in die wirklichen Zusammenhänge ist es wichtig, uns emotional umzupolen. Statt uns zu schämen, müssen wir unsere Wut und unseren Zorn auf denjenigen richten, der uns verletzt und verraten hat. Zu lange haben wir unsere Aggression gegen uns selbst ausgelebt. Dies ist nicht einfach, wenn wir unser ganzes Leben lang daran gewohnt waren, Opfer zu sein. Dann haben wir gelernt, uns zu schämen, uns vor den anderen zu erniedrigen und uns selbst zu verachten. Jetzt heißt es aber, uns aufzurichten und uns zu behaupten. Dies verlangt viel Selbstvertrauen und Mut. Dies erfordert aber auch viel Ermutigung von außen – wir brauchen Mitstreiter, Sympathisanten, Menschen, die auf unserer Seite sind.

Wenn es uns gelingt, die wahren Täter anzugreifen und Wiedergutmachung und Sühne zu fordern, wird die Wut frei, die wir bisher in unserer Scham und Selbstanklage gegen uns selbst gerichtet haben. Unsere Wut zu zeigen und zu uns selbst zu stehen, ist ein wichtiger Schritt zur Wiedererlangung unseres Selbstwerts. Sie setzt unsere Energie wieder frei, die vorher in dem Verletztsein festgehalten war.

Der nächste Schritt besteht darin, die Reaktion der Gegenseite genau zu registrieren, damit wir uns nicht noch einmal täuschen und verletzen lassen. Wie reagiert derjenige, der uns einst verletzt und verraten hat, auf unsere Konfrontation? Ist er bereit, sich mit uns auseinanderzusetzen? Versteht er uns überhaupt in unserer Verletztheit und unserer Wut? Ist er bereit, zu seinen Fehlern zu stehen? Wenn von beiden Seiten die Bereitschaft besteht, sich mit der Vergangenheit zu beschäftigen, besteht die Chance für einen neuen Anfang in der Beziehung. Ist dies nicht der Fall, kommt kein Dialog zustande. Dann ist es besser, sich wirklich zu trennen. Einen klaren Trennungsstrich zu ziehen, tut zwar weh, aber solch ein Schritt ist besser als das Festhalten an einer Beziehung, in der man sich gegenseitig nur verletzt und sich nicht verständigen kann.

Dabei müssen wir uns allerdings auch vor Augen halten, daß intime Verletzungen viel Zeit brauchen, um zu heilen. Nicht nur wir selbst, auch die Gegenseite braucht Zeit, um zu einer neuen Einstellung zur Vergangenheit zu gelangen.

Menschen, die wir verletzt und verraten haben

Wir machen nicht nur einen Bogen um Menschen, die uns einmal verletzt haben, wir meiden auch jene, die wir selbst verletzt haben. Ein schlechtes Gewissen ist kein sanftes Ruhekissen. Es läßt uns nicht ruhig schlafen, es sitzt wie ein Stachel im Fleisch. Auch hier schämen wir uns, und zwar zurecht, da wir etwas Falsches getan haben. Wenn wir einen Menschen, besonders einen uns nahestehenden Menschen verraten, gedemütigt, verspottet oder im Stich gelassen haben, tragen wir Schuld. Selbst wenn wir versuchen, uns innerlich zu entschuldigen oder dem anderen die Schuld zu geben, lastet Schuld auf uns. Sie läßt uns keine Ruhe, bis wir wieder auf den anderen zugegangen sind und um Verzeihung gebeten haben.

Unser Stolz und unsere Scham stehen uns dabei oft im Wege. Es gehört viel Mut und Demut dazu, jemandem, den wir verletzt haben, einzugestehen, daß wir falsch gehandelt haben. Dieses Bekenntnis schließt nämlich die Bereitschaft ein, sowohl den entstandenen Schaden nach Möglichkeit wiedergutzumachen als auch für die Tat zu sühnen.

Es steht in der Macht des anderen, uns zu verzeihen. Hier sind wir – in Umkehrung zur ursprünglichen Situation, als wir die Täter und der andere das Opfer waren – in seiner Gnade.

Wo ehrlich gesühnt und verziehen wurde, besteht die Chance eines Neuanfangs. Auch an bitteren Erfahrungen können Beziehungen wachsen. Nur müssen wir den Mut haben, uns ehrlich zu stellen.

Jede Beziehung hat ihr Ende

Jede Beziehung hat ein natürliches Ende. Im Gegensatz zu unseren romantischen Vorstellungen dauert keine Beziehung ewig. Spätestens mit dem Tod eines der Partner oder beider Partner endet eine Beziehung. Dieses Ende liegt in unserer aller Sterblichkeit begründet.

Natürlich können wir das Andenken eines geliebten Menschen im Herzen bewahren, aber das ist etwas anderes als eine lebendige Beziehung. Ersteres wird gespeist durch Erinnerungen, die lebendige Beziehung durch konkrete Begegnungen, Berührungen, Gespräche und durch das gelebte Zusammensein.

Anzuerkennen, daß eine Beziehung zu Ende gegangen ist, ist schmerzlich, aber es ist kein Verrat – ebensowenig, wie es Treue ist, wenn wir an einer zu Ende gegangenen Beziehung festhalten und uns weigern, sie zu Grabe zu tragen. Wenn wir das Ende einer Beziehung nicht anerkennen, verfault sie uns quasi in den Händen. Wenn wir an unserer Vergangenheit festhalten, verraten wir unsere Zukunft.

Es gibt Beziehungsformen, die zu Lebzeiten ein natürliches Ende finden. Das Zusammenleben von Eltern und Kindern zum Beispiel endet mit dem Erwachsenwerden der Kinder. Dann gehen die Kinder weg, finden ihren Lebenspartner und leben ihr eigenes Leben. Natürlich können Eltern und Kinder die Liebe zueinander im Herzen behalten, sie können auf die vielen Erinnerungen einer gemeinsamen Zeit zurückblicken. Aber es liegt in der Bestimmung der Eltern-Kind-Beziehung, daß das erwachsene Kind die Eltern verläßt.

Dieser Abschied fällt um so leichter, je erfüllter die Beziehung zwischen Eltern und Kindern gewesen ist. Wenn sie alles, was in einer Eltern-Kind-Beziehung angelegt ist, leben konnten, können Eltern und Kinder erfüllt voneinander Abschied nehmen, und es bleibt kein schaler, zorniger oder bitterer Geschmack zurück. Es ist nichts unerledigt. In der Gestalttherapie sagen wir: Die Gestalt der Eltern-Kind-Beziehung hat sich vollendet. Nur dort, wo wesentliche Gestalten nicht abgeschlossen sind, wenn Kinder beispielsweise nicht genügend Zuwendung bekommen haben, als sie jung waren, oder wenn Eltern ihre erwachsenen Kinder brauchen, um ihre innere Leere zu füllen, dann bleiben Kinder und Eltern aneinander »kleben«.

Hat sich aber die Eltern-Kind-Beziehung erfüllt, können sich beide Seiten erlauben, in einen neuen Lebensabschnitt zu treten – nicht nur die Kinder, auch die Eltern können ein neues Leben beginnen, wenn die Kinder aus dem Haus sind. Und sie werden merken, daß die Eltern-Kind-Beziehung nicht von einem Tag auf den anderen zu Ende geht, sondern sich immer weiterwandeln kann, wenn der Mut zum Loszulassen vorhanden ist.

Auch manche Liebesbeziehungen haben ein natürliches Ende, weil die Zeit der Gemeinsamkeit vorbei ist. Dies kommt besonders dort vor, wo die Beziehung auf ein bestimmtes Ziel ausgerichtet war: auf die Erziehung der Kinder, auf das gemeinsame Spaßhaben, auf das Durchstehen einer gemeinsamen Not. Wenn die Kinder schließlich das Haus verlassen, wenn der Spaß genossen oder wenn die Not vorbei ist, gehen solche Paare auseinander. Auch dies ist ein natürlicher Vorgang.

Eine längere Lebenserwartung stellt höhere Anforderungen an eine lebenslange Beziehung

Früher hatten die Menschen eine kürzere Lebenserwartung als heute. Sie starben mit 30 oder 40 Jahren. Wenn sie den Bund fürs Leben schlossen, bedeutete das Versprechen, zusammenzubleiben, »bis daß der Tod euch scheidet«, ein Versprechen für die Dauer von vielleicht 15 bis 25 Jahren. Heute liegt die durchschnittliche Lebenserwartung zwischen 70 und 80 Jahren. Das Versprechen, lebenslang zusammenzubleiben, bedeutet heute, wenn man sich jung kennenlernt und heiratet, 50 bis 60 Jahre zusammenzubleiben. Das ist – rein quantitativ – das Dreifache dessen, was früher üblich beziehungsweise überhaupt möglich war.

Dazu kommt auch ein qualitativer Unterschied: Unser Lebensrhythmus ist heute viel schnellebiger, veränderlicher und unbeständiger. Was vor fünf Jahren en vogue war, ist heute passé. Wir haben keine verläßlichen Lebensformen und Traditionen mehr, wie unsere Vorfahren sie hatten. Deshalb ist Treue in Liebesbeziehungen heute viel schwieriger zu leben als früher.

Gemeinsames und getrenntes Wachstum

Eine Liebesbeziehung kann heute nur solange bestehen, wie beide Partner miteinander wachsen können und wollen. Wenn einer der Partner sich weiterentwickeln will, der andere aber nicht, treten unvermeidlich Spannungen auf, die die Beziehung unter eine Zerreißprobe stellen können.

Auch das Tempo und die Richtung des Wachstums sind dabei entscheidend. Wenn das Wachstum beziehungsweise die Entwicklung der Partner in der Geschwindigkeit und in der Ausrichtung nicht miteinander harmonieren, gibt es ebenfalls Reibungen, an denen die Beziehung leichter auseinanderbrechen kann. Man kann zusammenwachsen, man kann sich aber auch auseinanderentwickeln. Wenn dies der Fall ist, sollte man tatsächlich auseinandergehen. Aber wir können die Zeit, in der wir zusammen gewesen sind, trotzdem als eine bedeutende Zeit würdigen, in der wir gemeinsam gewachsen sind. Und wir können den Partner auf dem ihm gebührenden Platz in unserem Herzen behalten und ihn innerlich auf unseren weiteren Lebensweg mitnehmen.

Vom Verliebtsein bis zum Lieben

Verliebtsein

Das Wunder des Verliebtseins besteht in der Illusion des Gleichklangs zwischen uns und unserem Partner. Gerade in der Liebe sind wir geneigt, wie selbstverständlich davon auszugehen, daß der Partner genauso fühlt wie wir. Wenn wir diese himmlischen Gefühle in uns spüren, dann möchten wir, daß unser Partner genau das gleiche uns gegenüber empfindet. Wir möchten von ihm genauso angehimmelt werden. Wir möchten uns in der Liebe gespiegelt sehen. Es ist, als stünden sich zwei Spiegel gegenüber. Wir projizieren unsere Liebe in den Partner und empfangen seine Liebe wie eine Projektion und eine Verstärkung unserer eigenen Zuneigung zu ihm. Tatsächlich liegt die Faszination der Liebe, oder besser, des Verliebtseins, in diesem Vorgang der Projektion, der Spiegelung und Verstärkung unserer gegenseitigen Gefühle. Wenn wir verliebt sind, sehen wir den Partner in rosaroten Farben. Wir sehen ihn so, wie wir ihn uns wünschen. Seine Person und unser Idealbild eines Wunschpartners verschmelzen zu einer strahlenden Gestalt. Ihr zu Füßen legen wir unser Herz.

Wenn wir verliebt sind, möchten wir den anderen gar nicht so sehen, wie er wirklich ist. Seine profanen, langweiligen und abstoßenden Seiten wollen wir gar nicht »wahr«nehmen – sie sind für uns nicht wahr. Dafür zeichnen wir die schönen, geschwungenen und prächtigen Linien seines Wesens mit begeistertem Strich nach. So entsteht – wie beim Zeichnen – ein idealisiertes, geschöntes Bild des Partners. Es entsteht eine Art retuchiertes Foto, auf dem die harten Linien, die Falten, die Ecken und Kanten weggewischt und die Züge jugendlicher, weicher und erotischer gemacht sind. Unser Gesicht und unsere ganze Gestalt wird »geliftet« durch die Liebe.

Narzißtische Verdopplung

Wir setzen nicht nur den Weichzeichner ein, wenn wir verliebt sind. Wir möchten auch *gleich lieben* und *gleich geliebt* werden. Es ist wie eine narzißtische Verdopplung: Ich und du, du und ich, wir sind als Paar unschlagbar, unübertrefflich, einzigartig, großartig.

Wir sollten diese narzißtische Verdopplung jedoch nicht als etwas Pathologisches oder Kindisches abtun. Denn in ihr steckt die Vision eines besseren Ich, einer größeren Harmonie, einer besseren Welt. Wenn wir verliebt sind, sind wir liebevoller, humorvoller und humaner, auch im Umgang mit anderen Menschen. Als Liebende wachsen wir ein Stück über uns hinaus. Das Problem besteht darin, wie wir diese Vision in die Realität hinüberretten können.

Narzißtische Krise

Die Krise in der Liebe beginnt meist mit dem Einsetzen der Realität. Genauer noch: mit dem Beginn der Wahrnehmung der Realität. Irgendwann, wenn sich die erste Begeisterung gelegt hat, lüftet sich der rosarote Schleier und läßt die Person des Partners, wie sie wirklich ist, zum Vorschein kommen.

Unser Leben und unsere Beziehungen gründen sich auf Realität. Visionen sind wichtig und notwendig, um unserem Leben Sinn und Richtung zu geben und um uns wandlungsfähig zu halten. Wenn Visionen jedoch nicht in der Realität verwurzelt sind und wenn sie nicht von ihr genährt werden, verkümmern sie und verflüchtigen sich – aus Visionen werden Illusionen.

Wir erleben hier als Liebende eine existentielle narzißtische Krise. Wie können wir das Visionäre, das uns Kraft und Sinn gegeben hat und weiterhin gibt, mit der Realität, die viel profaner, ja erbärmlicher erscheint, vereinbaren? Wir haben die Ent-Täuschung, das heißt die Aufhebung der Täuschung zu verkraften. Wir trauern um die grandiosen Bilder aus der Phase der Verliebtheit. Nicht selten hängen wir in dieser ersten Trauerphase einer Liebesbeziehung alte Fotos des Partners ab. Manchmal müssen die Bilder sogar zerrissen, die Fotorahmen zerbrochen werden – Symbole der Vergänglichkeit unserer ersten Liebesgefühle.

Dieser Riß ist jedoch notwendig, damit wir vom Damals zum Jetzt gelangen. Es geht dabei nicht um ein Entweder-Oder. Entweder setzt sich die Realität durch, oder wir halten an unseren alten Vorstellungen und Idealen fest. Es geht vielmehr um das Verbinden zwischen Realität und Vision. Es gilt, den Partner sowohl als den zu sehen, der er wirklich ist, als auch das Ideal, das er für uns verkörpert, im Herzen zu halten. Es geht nicht darum, das eine zu verraten, um dem anderen treu zu bleiben. In unserem Herzen sind wir alle treu. Daher ist es uns ein tiefes Bedürfnis, Realität und Vision miteinander zu vereinbaren. Hier sind wir gefordert, sowohl in unserem Realitätssinn als auch in unserer Kreativität.

Jeder liebt anders

Wenn der narzißtische Spiegel zerbricht, merken wir auch, daß der Partner und ich anders lieben. Wir lieben anders, weil wir verschiedene Personen sind. Wir haben verschiedene Bedürfnisse, Sehnsüchte, Lebensziele, auch verschiedene Lebenswege. Die Kunst der Liebesbeziehung besteht darin, unsere Lebenswege so zusammenzuführen, daß sie, zumindest über eine längere Strecke, nebeneinander verlaufen können, ohne daß sie sich zu sehr stören, ohne daß sie sich in die Quere kommen und ohne daß wir uns so weit voneinander entfernen, daß wir uns aus den Augen verlieren.

Wenn wir mit unserem Partner lebenslang zusammenbleiben wollen (und das kann bei der heutigen Lebenserwartung 20, 40 oder auch 60 Jahre dauern!), können wir uns vorstellen, was dies an Kunstfertigkeit, Kreativität, Kompromißbereitschaft, Geduld, Toleranz, Selbstakzeptanz, Bescheidenheit und Verzicht erfordert. Die Arbeit an der Liebe ist eine langwierige, zugleich aber lohnenswerte Lebensaufgabe.

Manches Liebesleid und manche Kämpfe um Treue und Untreue kommen aus unserer Unfähigkeit oder unserer Nichtbereitschaft, die Unterschiede in der Liebe zwischen unserem Partner und uns wahrzunehmen und anzuerkennen.

Mein Blick – Wie sehe ich den Partner?

Unsere Augen sind die Fenster unserer Seele. In der Begegnung unserer Blicke tauschen sich unsere Seelen aus. Ein Blick sagt mehr als tausend Worte. Wie ich meinen Partner anschaue, wirkt unmittelbar auf ihn. Wie er mich anschaut, wirkt unmittelbar auf mich. Wenn wir liebend angeschaut werden, erglühen wir vor Glück. Schaut unser Gegenüber aber geringschätzig auf uns herab, meinen wir vor Kälte zu erfrieren, und wir wenden unseren Blick ab vor Scham. Wie ich meinen Partner anschaue, sagt mehr über meine Gefühle zu ihm aus als jede wortreiche Liebeserklärung.

1. *Der verliebte Blick:* Einen Verliebten erkennen wir an dem Blick, mit dem er seine Angebetete anschaut. Er ist voller glühender Bewunderung, aber auch von scheuer Anbetung erfüllt. Der Verliebte sieht in der Geliebten das Ziel seiner schönsten Träume, für ihn ist sie das wunderbarste Geschöpf, das ihm je begegenet ist. Der verliebte Blick ist voller Idealisierung, er entbehrt aber zuweilen jeglichen Realitätsbezug. Deshalb nennen wir einen Verliebten oft einen »verliebten Toren«, der in seine Angebetete »vernarrt« ist. Trotzdem: Es ist ein wunderschöner Zustand.
2. *Der realistische Blick:* Wenn wir aus der Verliebtheit »herausfallen«, kühlt sich unser Blick allmählich ab. Er wird skeptischer, sachlicher, realistischer. Wir beginnen den Geliebten zu sehen, wie er wirklich ist. Wir sehen seine guten, aber auch seine schlechten Seiten. Der Alltag holt uns ein. Unser Blick verliert dabei seine Bedeutung als Liebesbote. Er wird oberflächlicher und wendet sich hin zu den Aufgaben, die wir im Alltag gemeinsam zu bewältigen haben.

Der realistische Blick hat sowohl eine positive als auch eine negative Wirkung auf den so Angeschauten. Auf der einen Seite fühlt er sich bestätigt in dem, wie er wirklich ist, ohne Maske, ohne die Beschönigung und ohne die Überhöhung des verliebten Blickes. Aber er fühlt sich auch weniger in seiner Tiefe gesehen und erkannt. Wenn der Blick allzu realistisch wird, kann die Liebe zwischen den Partnern – die Verbindung zwischen ihren Wesenskernen – mit der Zeit verlorengehen. Deshalb werden der visionäre und der liebende Blick zunehmend wichtiger:

3. *Der visionäre Blick – Den anderen so sehen, wie er gemeint ist:* Damit ist eine Sichtweise gemeint, die zwar einige Aspekte des verliebten Blickes behalten hat, aber dieser Blick ist weniger glühend und weniger brennend vor Verlangen, in ihm liegt dafür eine beständigere Wärme. Und er verliert nicht den Bezug zur Realität.

Mit dem visionären Blick sehen wir unser Gegenüber in seinem Wesenskern. Im Wesenskern ist der Mensch so, wie er von seinem Wesen her angelegt ist, oder, um es in religiösen Worten auszudrücken, wie er ursprünglich von Gott gemeint war. Wenn wir einen Menschen in seinem Wesenskern sehen, sehen wir ihn durch alle Schalen seiner lebensgeschichtlich bedingten Persönlichkeit hindurch, durch alle seine Verletzungen, seine Verhärtungen, seine Scham und seine Schuld, seine körperlichen und seelischen Grenzen.

Diese Art von Sehen ist visionär. Wir sehen eine Vision der geliebten Person. Wir sehen sie, wie sie in ihren besten Momenten sein kann, wie sie nach ihren besten Möglichkeiten sein könnte. Mit einer Art drittem Auge schauen wir dem Geliebten tief in seine Seele – in das, was schon immer in ihm angelegt war, in die Potentiale, Fähigkeiten und Talente, die in ihm schlummern und wachgerufen werden möchten. Wir sehen vorwärts in seine Zukunft, wie er sein könnte, wenn er alle seine Möglichkeiten entfalten würde. Und wir sehen zurück in seine Kindheit, wie er einmal als Kind gewesen ist. Wir sehen das Kind in ihm.

4. *Der kalte, sezierende Blick:* Der visionäre Blick wäre aber unerträglich, wenn er lieblos ist. Dann würde sich der Angeschaute durchschaut fühlen, wie unter einem »Röntgenblick«. Nackt und ausgezogen käme er sich vor, bar seiner Schamhüllen, dem unerbittlich durchdringenden Blick seines Gegenübers ausgeliefert.

Hierin liegt eine der tiefsten Erfahrungen von Verratensein, die wir kennen: Wir haben unsere Schamhüllen vor einem vermeintlich Liebenden abgelegt, um zu spät zu merken, daß wir *nicht* geliebt werden – aber wir haben bereits achtlos unsere intimsten Geheimnisse preisgegeben.

Hier ist auch das Dämonische mancher »hellsichtigen« Menschen zu finden: Sie sind mit dem visionären Blick begnadet, aber ihr Blick ist kalt, weil ihr Herz kalt ist. Ihnen fehlt etwas Wesentliches, was unbedingt zur Vision gehört: die Liebe in ihrem Blick.[2]

Visionäres Sehen wirkt daher nur heilvoll, wenn es aus dem *liebenden Blick* kommt. Als Liebende sind unsere Augen nicht nur auf das objektive Erkennen unseres Gegenübers eingestellt. Wir schauen nicht wie durch ein Instrument, etwa wie durch ein Mikroskop oder Fernrohr. Wir schauen vielmehr aus unserer Seele – oder, wie wir sagen, aus unserem eigenen Wesenskern heraus. Daher ist im liebenden Blick Zuneigung, Verstehen, Mitfühlen, Mitfreude, Mitleiden, Verzeihen und das Wissen um das Wesen der Scham enthalten. Dieser Blick ist einerseits auf unser Gegenüber gerichtet, gleichzeitig ist er aber auch nach innen gewandt in Demut und im Wissen um die eigene Scham und die eigenen Grenzen, um das Göttliche und Teuflische in uns selbst. Der liebende Blick ist somit auch ein wissender.

Es ist ein ähnliches Sehen, wie ein Therapeut einen ihm gegenüber sitzenden Menschen, wie krank und gestört dieser auch sein mag, in dessen besten Möglichkeiten »sieht«. Und er arbeitet darauf hin, daß dieser Mensch irgendwann sich selbst auch in diesem visionären Licht sieht und erkennt. Wenn dieser mit seinem eigenen Wesenskern in Kontakt kommt, hat er ein Ziel und eine Richtung in sich selbst gefunden, in die er sich weiterentwickeln kann. Solches Arbeiten ist Hilfe zur Selbsthilfe. In diesem Sinne wirkt der Blick eines Liebenden heilend.

Wir sollten das visionäre Sehen jedoch nicht auf das Positive im anderen Menschen beschränken. Denn das hieße, seine Schattenseiten auszublenden und zu ignorieren. Ein solches einseitiges Sehen kann sich bitter rächen, wenn wir mit diesem Menschen eine intime Beziehung eingehen. Denn in einer intimen Beziehung fallen die formellen Masken, die wir Fremden gegenüber zu tragen pflegen. In ihr werden sich unsere guten *und* unsere schlechten Seiten unverblümt zeigen.

Wir erkennen einen Menschen erst wirklich, wenn wir ihn nicht nur so sehen, wie er *ist*, sondern wie er *sein kann* – in seinen besten Momenten, aber auch in seinen düstersten Seiten. Liebend zu sehen bedeutet, sowohl das Göttliche als auch das Dämonische im anderen zu erkennen. Einen anderen zu lieben birgt das intuitive Wissen, daß in dem geliebten Menschen – wie in jedem von uns – sowohl ein gütiger Dr. Jekyll als auch ein bösartiger Mr. Hyde stecken kann und die Bereitschaft, uns mit beiden Seiten dieses Menschen zu konfrontieren.

Die Scham vor dem Erkanntwerden und die Begegnung mit dem fremden Kontinent

Liebe ist etwas, was die meisten von uns anstreben, oft als das höchste Lebensziel überhaupt. Jedoch übersehen wir leicht, daß Liebe auch das Größtmögliche von uns fordert – an Kraft, Hingabe und Selbstüberwindung. Diese Forderung ist zuweilen zu groß. Dann kann die Liebe an ihr zerbrechen. Das, was wir landläufig als »Verrat an der Liebe« oder »Angst vor Nähe« bezeichnen, ist nicht selten das Scheitern an den Erfordernissen und Aufgaben, die die Liebe an uns stellt. Ebenso ist »Treue« weniger eine gute Charaktereigenschaft oder eine Tugend als vielmehr das Ergebnis langer Arbeit an sich und der Beziehung.

Das Erkanntwerden in der Liebe

Wir haben im vorigen Kapitel über das Sehen und Erkennen gesprochen. Nun werden wir auf das Gesehenwerden und Erkanntwerden eingehen. Dabei ist das Erkanntwerden oft schwerer zu ertragen als das Erkennen, denn es hat mit unserer Scham zu tun.

Das Beglückende an der Liebe besteht in dem Erkanntwerden und Berührtwerden in der eigenen Mitte. Wenn wir geliebt werden, fühlen wir uns in unserem tiefsten Wesen vom Partner gesehen und erkannt. Sein liebender Blick »entfaltet« uns wie einen zuvor zusammengefalteten Rock, der nun in seinem vollen Glanz erstrahlen kann. Wir erleben uns in unserer ganzen Fülle und fühlen uns voller Kraft und Lebensmut. Wir werden dabei jedoch nicht nur mit unseren positiven Eigenschaften, sondern genauso in unseren negativen Seiten gesehen. Dies um so mehr, je länger die Liebe währt. Denn wenn wir lieben, begeben wir uns in die *intime Zone* des anderen. Wir stoßen an die tiefste Wesensschicht, die die Mitte der Person ausmacht. Dann fallen die Schleier, mit denen wir uns gewöhnlich schamvoll verhüllen vor dem Blick anderer Menschen. Unsere unangenehmeren Seiten werden entblößt. Wir stehen dann wie nackt vor dem anderen.

Nun ist es, wie wir gesehen haben, entscheidend, mit welchem Blick uns der andere anschaut. Wenn er uns mit liebendem Blick begegnet und uns auch in unseren unansehnlichen, ja häßlichen Seiten aushält und annimmt, lösen sich Angst und Scham in uns auf. Wir haben das Gefühl, anzukommen und aufgenommen zu werden. Und wenn sich unser Gegenüber uns auch in *seinen* schwachen und fehlerhaften Seiten zeigt, wenn auch er sich uns enthüllt, fühlen wir uns mit ihm gleich und ebenbürtig.

Wenn der andere uns jedoch mit ablehnendem, kaltem, abschätzigem oder auch nur unbeteiligtem Blick ansieht, während wir entblößt vor ihm dastehen, erfüllt uns dies mit Scham. Wir haben das dringende Bedürfnis, uns in unserer Nacktheit zu verhüllen. Wir möchten uns verstecken, wir möchten am liebsten im Erdboden versinken. Diese Schamreaktion ist nur allzu verständlich. Denn wenn wir uns in einer intimen Beziehung befinden, trifft uns der Blick des anderen unmittelbar in unserer Mitte. Wir sind seinem Wohlwollen ausgeliefert. Ein unbarmherziger Blick kann uns dann vernichten.

Grund-Mißtrauen und die Furcht vor der intimen Begegnung

Viele von uns sind in der Vergangenheit so oft beschämt und abgelehnt worden, daß wir kein Urvertrauen mehr, das heißt kein Grundvertrauen Menschen gegenüber besitzen. Wir haben uns statt dessen ein Grund-Mißtrauen angeeignet. Deshalb nehmen wir fast instinktiv eine Schutzhaltung ein, wenn uns jemand zu nahe kommt. Wir haben dann das Gefühl, er dringe in unsere intime Zone ein. Und wenn wir in unserem bisherigen Leben wenig Gutes in intimen Beziehungen erfahren haben, gehen wir sofort auf Abwehr. Wir geben uns spröde und unnahbar, selbst wenn wir den anderen nett finden und ihm nahe sein wollen. Oder wir halten ihn mit intellektuellen Gesprächen auf Distanz. Oder wir stellen ihn ständig auf die Probe und geben uns erst dann zufrieden, wenn er entweder in seinen Bemühungen um uns aufgibt oder an den zu harten Prüfungen scheitert. Dann hat sich unser Grund-Mißtrauen, daß es doch keinen würdigen Liebespartner für uns gibt, wieder bestätigt. Wir fühlen uns zwar traurig, aber in unserem tiefen Gefühl von Selbstablehnung und Selbsthaß bestätigt.

In der griechischen Sage von Ödipus gibt es eine Episode mit der Sphinx, halb Löwin, halb Weib, die jeden tötete, der ihr Rätsel nicht auflösen konnte. Sie stellte auch Ödipus ein Rätsel: »Was ist am Morgen vierfüßig, am Mittag zweifüßig, am Abend dreifüßig?« Ödipus antwortete: »Das ist der Mensch, der als Kind auf Händen und Füßen kriecht, als Erwachsener auf beiden Füßen geht und als Greis einen Stock zur Hilfe nimmt.« Daraufhin schrie die Sphinx auf und stürzte sich aus Scham vom Felsen in den Tod.

Die Sphinx hat den Menschen in seiner Zeit-Gestalt (in Kindheit, Erwachsensein und Alter) erkannt. Aber sie hielt einen ihr ebenbürtigen Partner nicht aus. Nun, da Ödipus sich selbst als Menschen erkennen kann, könnte er vielleicht auch *ihre* wahre Natur erkennen. Statt ihm als ebenbürtiges Wesen gegenüberzutreten und sich der Begegnung von Gleich zu Gleich auszusetzen, stürzt sie sich lieber aus Scham in den Tod.

In Märchen und Sagen gibt es immer wieder dieses Muster der Prüfung, beispielsweise auch bei Turandot, einer Prinzessin, die jedem Bewerber drei Rätsel aufgibt und ihn töten läßt, wenn er sie nicht löst. Als schließlich der letzte Bewerber die Rätsel löst, gibt sie sich ihm zur Frau.

Diese Sagen und Märchen werden oft verstanden als Warnung an die Frau vor dem Hochmut. Die betreffenden Frauen seien zu hochmütig gewesen, deshalb stellten sie ihren Bewerbern unlösbare Aufgaben. Ein tieferer Grund liegt jedoch in der Furcht vor der intimen Begegnung.

Prüfung und Machtkampf –
Der Kampf um die Ebenbürtigkeit

Dem anderen ein Rätsel aufzugeben, bedeutet die Überprüfung aus der Distanz heraus: Ist dieser Mensch mir ebenbürtig? Hat er die Kraft oder die Intelligenz, es mit mir aufzunehmen? Diese Prüfung ist noch keine intime Begegnung von Angesicht zu Angesicht. Sie ist nur eine Konfrontation in bezug auf den geistigen Intellekt beziehungsweise die körperliche Kraft beider Kontrahenten. Und sie ist wie ein sportlicher Wettkampf: Jeder will gewinnen, jeder versucht, den anderen zu besiegen.

Bei den meisten sportlichen Wettkämpfen gibt es einen Sieger und einen Verlierer. Der Sieger erhält den Preis, oder er kann über den Verlierer bestimmen. Das Verhältnis zwischen beiden ist eindeutig, ein klares hierarchisches Oben und Unten. Wenn wir die Sagen und Märchen so verstehen, daß nun der mutige und kluge Bewerber die widerspenstige Prinzessin besiegt hat, dann gebührt ihm auch der Lohn. Er, der Sieger, darf sie, die Verliererin, heimführen.

Viele Kämpfe in Liebesbeziehungen drehen sich tatsächlich um dieses Thema: Wer ist wem überlegen? Wer bestimmt? Wer muß sich unterordnen? Die *eigentliche* Herausforderung stellt sich jedoch erst, wenn sich erweist, daß beide einander *ebenbürtig* sind. Was ist, wenn sich beide Kontrahenten als gleich stark und gleich klug erweisen, wenn es keinen Sieger und Verlierer gibt? Was fangen beide dann miteinander an?

An diesem Punkt beginnt die eigentliche intime Begegnung. Dann stehen beide Partner voreinander von Angesicht zu Angesicht. Kann ich den anderen so annehmen, wie er ist? Mit all seinen Stärken und Schwächen? Mit seinen Eigentümlichkeiten? Mit seiner Andersartigkeit? Kann ich mich umgekehrt ihm voll und ganz geben mit meinen Stärken und Schwächen, meinen Eigentümlichkeiten und meiner Andersartigkeit?

In den narzißtischen Spiegel hineintreten

Im Kampf um die grundsätzliche Ebenbürtigkeit zerbricht unser narzißtischer Spiegel. Es zeigt sich, daß der andere nicht der ist, wie ich ihn in meiner Verliebtheit, meinem Begehren oder in meinen Wünschen haben wollte. Mein Idealbild erfüllt sich nicht. Es darf sich aber in einer realen Beziehung auch nicht erfüllen, denn sonst wäre der Partner nur ein Spiegelbild der eigenen Projektionen und Wunschvorstellungen. Er wäre kein richtiges Gegenüber. Aber, halte ich ihn auch so, wie er ist, aus? Und umgekehrt: Halte ich, so, wie ich bin, ihm stand?

Im Märchen gibt es noch ein anderes Motiv: Wenn der Held (oder die Heldin) nicht mehr ein noch aus weiß, stellt sich ihm manchmal ein Spiegel in den Weg. Um weiterzugehen, müßte er durch den Spiegel gehen. Meist ist es der Mut der Verzweiflung, der den Helden oder die Heldin tatsächlich in den Spiegel treten läßt. Dann aber geschieht das Wunderbare. Der Spiegel zerbricht nicht, sondern teilt sich wie Wasser. Und der Held oder die Heldin taucht in eine gänzlich andere Welt ein. Bei Frau Holle ist es zum Beispiel der Brunnen, in den das Mädchen fällt. Und es landet auf einer grünen Wiese.

In den Spiegel hineintreten bedeutet das Risiko, daß unser Spiegelbild in tausend Scherben zerbricht. Es bedeutet, im Vertrauen uns auf etwas Unvorstellbares einzulassen und uns einer fremden Welt hinzugeben. – Was bedeutet das aber für die intime Beziehung?

Der fremde Kontinent

Wir haben oben gesehen, daß das Wesen der Liebe darin besteht, daß sich die Partner in ihrer Mitte sehen und berühren. Beide stehen in Resonanz miteinander, sie spüren die Harmonie, die zwischen ihnen schwingt. Dieses Zusammenfließen, das wir in der Gestalttherapie »Konfluenz« nennen, ist das Wunderbare an der Liebe.

Das zweite Wesensmerkmal der Liebe besteht jedoch in der Erfahrung, daß Liebende einander bei aller Nähe doch fremde Kontinente sind und bleiben, auch wenn sie sich innig lieben. Denn jeder Mensch ist verschieden. Es existiert zwischen zwei Menschen eine Unzahl von Unterschieden individueller und kultureller Natur, die sich im Temperament, Geschmack, in den Vorlieben und Abneigungen ausdrücken.

Verständlicherweise neigen Verliebte zu Beginn einer Beziehung dazu, alle Unterschiede zwischen ihnen entweder zu übersehen oder als reizvolle Besonderheiten des Partners zu interpretieren. Wenn uns irgendeine Eigenart oder Verhaltensweise am Partner stört, hoffen wir, sie würde mit der Zeit verschwinden. Je länger die Beziehung jedoch währt, desto mehr bemerken wir, daß manche Differenzen noch greller werden, ja, daß sie sich wie Gräben zwischen uns und unserem Partner schieben können.

Häufig verwechseln wir Unterschiede mit Verrat und Gleichartigkeit mit Treue. Dies kann fatale Konsequenzen haben für die Beziehung: Viele Paare meinen, sie würden den Partner und die Beziehung verraten, wenn sie etwas für sich tun, was sie mit dem Partner nicht teilen können. Deshalb geben sie immer mehr eigene Lebensbereiche auf. Besonders Frauen verzichten häufig auf eigene Interessen, Freundinnen, manchmal auch auf ihren Beruf. Ihr Lebenshorizont verengt sich immer mehr auf den Partner, von dem sie gleichzeitig immer abhängiger werden. Sie werden unzufrieden und innerlich wütend auf den Partner, bis sie irgendwann gegen die innere Ideologie der Gleichförmigkeit rebellieren und die Beziehung *wirklich* verraten, indem sie einen Seitensprung wagen oder den Partner verlassen.

Fremdheit, die anspornt

Fremdheit kann aber zweierlei bewirken: Sie kann zum einen Ansporn für die Liebenden sein, das Fremde und Unvertraute zu entdecken, indem sie sich diesem fremden Kontinent aussetzen. In diesem Prozeß des Auseinander-Setzens rücken wir tatsächlich auseinander. Dies können wir auch räumlich verstehen: Wir heben die in der Verliebtheit vorherrschende Verschmelzung auf und gehen einige Schritte rückwärts, damit wir uns selbst deutlicher fühlen und den Partner klarer sehen können. Und nun können wir uns diesen im Grunde fremden Menschen genauer ansehen. Was unterscheidet ihn von uns? Was mögen wir an ihm, was mögen wir nicht? Mit welchem Wesenszug von ihm können wir uns anfreunden, mit welchem nicht? Dabei wird er uns als Person deutlicher, so, wie er ist.

Zum anderen nehmen wir auch uns selbst, in Unterscheidung von unserem Gegenüber, klarer wahr. Wir lernen uns besser kennen, weil uns einige unserer zuvor unbekannten Seiten erst durch die Begegnung mit dem Fremden bewußt werden. Dies ist ein wesentlicher Sinn der Liebe: daß wir nicht nur den Partner, sondern auch uns selbst besser und inniger, das heißt intimer kennenlernen. Wir erobern uns tatsächlich einen fremden Kontinent, wir wandern auf bisher unbekannten Pfaden und eignen uns neue Lebens- und Sichtweisen an. Nach einer intimen Begegnung oder Beziehung werden wir nie mehr dieselben sein wie zuvor.

Fremdheit, die bedroht

Fremdheit kann uns aber ebenso beunruhigen, ja bedrohen – in unseren Lebensgewohnheiten, in unseren Selbstverständlichkeiten, bis hin zu unserer Identität. »Wenn ich bei ihm bin, bin ich nicht mehr ich selbst. Ich komme mir selbst fremd vor und fühle mich wie außer mir. Was geschieht da mit mir? Wer bin ich eigentlich?« Fremdheit stellt uns in Frage, läßt uns an uns zweifeln, an unserer bisherigen Lebensauffassung, an unserer Moral- und Wertvorstellung. Und wenn der Fremde uns wichtig wird, wenn wir uns gar mit ihm als Liebes- und Lebenspartner verbinden, so kann dies uns in den bisherigen Grundfesten unseres Lebens erschüttern.

Nun beginnen wir langsam zu verstehen, weshalb im Märchen wie auch im wirklichen Leben der Partner eingehend geprüft wird, bevor wir uns wirklich verbinden.

Die Fremdheit zwischen Mann und Frau

Nun fügen wir den individuellen Unterschieden noch einen bedeutenden Unterschied hinzu, der der heterosexuellen Liebe eigen ist – den Unterschied zwischen Mann und Frau. Bei allen wünschenswerten Vorstellungen von Androgynie, das heißt einer Vereinigung und Entwicklung männlicher und weiblicher Eigenschaften in jedem Menschen, bestehen wesentliche Unterschiede zwischen beiden Geschlechtern. Selbst wenn wir alle kulturell bedingten Diskriminierungen beziehungsweise Privilegien von Männern und Frauen abbauen, werden biologische und sexuelle Unterschiede bleiben (die ihrerseits soziale Konsequenzen mit sich bringen). Ich möchte hier nicht die Emanzipation von Mann und Frau zum Thema nehmen (darauf werde ich später ausführlicher eingehen), es geht mir an dieser Stelle darum, das Moment der *Fremdheit* zwischen Mann und Frau hervorzuheben. Wir sind uns in vielem fremd – in unserem sozialen Verhalten, im Lebensrhythmus, in unserer Verbindung zur Natur und Technik. Einige dieser Unterschiede sind vorwiegend sozialisationsbedingt und einer kulturellen Formung und Weiterentwicklung zugänglich. Andere scheinen jedoch durch eine Kombination von biologischen und sozialen Faktoren bedingt zu sein. Sie sind wohl zum Teil sozial modifizierbar, zum Teil aber weniger beeinflußbar.

Des weiteren kommt der ganze Bereich der Körperlichkeit und Sexualität hinzu. Die hormonelle und körperliche Entwicklung von Mädchen unterscheidet sich wesentlich von der Entwicklung von Jungen. Einige biologisch bedingte Erfahrungen des anderen Geschlechts können wir nie leiblich erleben – Männer können zum Beispiel nicht gebären und stillen und sind keinem hormonell bedingten Zyklus (zumindest keinem sichtbaren) unterworfen. Eine Frau kann nicht spüren, wie es ist, einen Penis zu haben.

Wenn ein Mann und eine Frau miteinander eine Liebesbeziehung eingehen, treten diese Unterschiede in den Vordergrund und können nicht mehr verleugnet werden. Die Physiologie der sexuellen Funktionen ist bei Mann und Frau oft äußerst unterschiedlich und kann Anlaß für Mißverständnisse oder Konflikte in der sexuellen Beziehung mit sich bringen.

Schließlich werden die grundlegenden biologischen wie sozialen Unterschiede zwischen Mann und Frau unübersehbar, wenn sie Vater und Mutter werden. Als solche haben sie unterschiedliche, einander ergänzende biologische und soziale Funktionen zu erfüllen, zumindest in der Zeit der Schwangerschaft und während der ersten Lebensmonate des Kindes.

Dies mag unter anderem ein Grund dafür sein, weshalb sich manche Paare zur Kinderlosigkeit entschließen. Sie spüren instinktiv, daß sie die relative Gleichheit, die sie bisher miteinander erlebt haben, besonders wenn beide arbeiten und finanziell unabhängig sind, verlieren würden, wenn sie Kinder bekommen. Als werdende Mutter beziehungsweise werdender Vater werden sie sich sowohl in ihrem körperlichen und seelischen Befinden als auch in ihrem sozialen Verhalten unweigerlich voneinander entfernen. Sie werden einander fremder. Irgendwann merkt der Mann, daß ihm die körperlichen und seelischen Empfindungen seiner schwangeren Frau fremd sind, selbst wenn er sich bemüht, mitzufühlen. Und die Frau merkt, daß ihr Mann ihr zwar einiges an äußerer Erleichterung verschaffen und ihr auch seelischen Beistand leisten kann, aber die Bürde der Schwangerschaft, die Schmerzen der Geburt und die Unendlichkeit des Stillens (natürlich auch das dazugehörige Glück) gehören ausschließlich ihr. Beide Partner merken: Selbst wenn sie nun schicksalsmäßig in einem Boot sitzen, steht jede/r manchmal an einem anderen Ufer.

Diese Fremdheit zwischen Mann und Frau kann beide Partner wie ein Schock treffen, wenn sie sich unvermittelt mit dem ersten Kind einstellt. Viele Paare erleben dies als eine Art Verrat an der ursprünglichen Harmonie, sie verübeln dem Partner die (tatsächliche oder empfundene) Untreue und hadern mit ihrem eigenen Schicksal. Es braucht Jahre, es braucht viel Kraft und Liebe, um diese Differenzen zu überwinden. Es ist ein tiefgreifender, wenn nicht der tiefgreifendste Wandlungs- und Reifungsprozeß überhaupt, den Mann und Frau durchmachen können. Wir werden später noch ausführlich darauf eingehen.

Liebe macht hilflos – Gegenliebe kann man nicht erzwingen

Eine alltägliche Szene in diesem Land: Die Mutter hat liebevoll gekocht, die Familie setzt sich an den Tisch. Die Mutter teilt aus: Alle bekommen auf ihrem Teller das, was sie essen sollen, und zwar von *allen* Gerichten und soviel, wie die Mutter meint, daß man essen soll. Es geht alles gut, wenn das Kind alles aufißt, was ihm aufgetragen wurde. Aber wehe, es will nicht essen. Dann zerbricht die gute Stimmung am Tisch, als wäre man die ganze Zeit auf dünnem Eis gelaufen: Die Mutter zwingt das Kind, alles, was auf dem Teller ist, aufzuessen, sonst gibt es Prügel, oder es wird ohne Essen ins Zimmer geschickt. Oder es wird emotional erpreßt: »Wenn du nicht aufißt, magst du die Mama nicht!« (Hier wird Liebe mit Gehorsam verwechselt – natürlich liebt das Kind die Mutter, es will nur nicht essen. Essen ist Essen und keine Liebesbezeugung!) Auf jeden Fall gibt es furchtbaren Ärger.

In China stellt die Mutter die verschiedenen Gerichte mitten auf den Tisch. Jeder bekommt eine Schale Reis als Grundlage und nimmt sich aus der Mitte häppchenweise das, was ihm gerade schmeckt. Nach jedem Bissen entscheidet man sich aufs neue, was man als nächstes essen möchte. Man ißt so lange, bis man satt ist. Gewalttätigkeiten gibt es an einem chinesischen Eßtisch nicht. Wenn man die Reisschale nicht sauber abkratzt, bekommt man höchstens scherzhaft angedroht, daß es am nächsten Tag regnen würde oder daß man Pocken im Gesicht bekäme. Essen ist sowieso die liebste Tätigkeit der Chinesen. Sie gehen davon aus, daß jeder Mensch gerne ißt, was ihm schmeckt. Die Kunst des Kochens besteht dort darin, mit unterschiedlichen Gerichten verschiedene Geschmäcker zu treffen.

Essen – Liebe – Gewalt. Einem Kind das Essen (das man liebevoll gekocht hat) in den Schlund hinunterzuzwingen, ist Gewalt. Hier wird Liebe und Gewalt miteinander vermischt. Die Gewalt geschieht im Namen der Liebe. Aber die Liebe ist nur ein Vorwand – als Beobachter spürt man die ungeheure Wut in der Mutter, die dem Kind das Essen aufzwingt. Es wird wohl die gleiche Wut sein, mit der *ihre* Mutter ihr einst das Essen in den Mund gestopft hatte.

Ich will hier nicht behaupten, Chinesen seien bessere Eltern. Auch sie zwingen ihren Kindern im Namen der Liebe Unmenschliches auf, zum Beispiel dürfen in China die Kinder von Kindesbeinen an nicht auf dem Boden spielen – sie könnten sich ja Bazillen einfangen. Auch dies ist ein ähnlich unnatürliches Verbot im Namen der Liebe und Fürsorglichkeit. Wenn man wirklich fürsorglich wäre, könnte man dafür sorgen, daß der Boden, auf dem das Kind spielt, sauber ist.

Ich will hier nur den Unterschied zwischen Liebe und Gewalt verdeutlichen. Liebe ist Liebe. Gewalt ist Gewalt. Zusammen vermischt, kommt Sadismus heraus: »Und bist du nicht willig, so brauch' ich Gewalt!« Lieber der geliebten Person unsere Liebe in den Rachen stopfen, als mit der Liebe nicht ankommen.

Echte Liebe macht hilflos

Echte Liebe macht hilflos. Wenn ich liebe, gebe ich mich der geliebten Person hin. Ich liefere mich ihr aus. Ich gebe ihr Macht über mich. Sie kann mich mit ihrer Liebe unendlich beglücken, sie hat aber auch die Macht, mich zutiefst zu enttäuschen, zu kränken und zurückzuweisen.

Die Mutter aus dem Beispiel von oben konnte nicht ertragen, daß ihre Liebe und Fürsorge vom Kind zurückgewiesen wurde. Daher brach sie ihm den Willen. Salome konnte nicht ertragen, daß Johannes der Täufer sie nicht erhörte. Daher ließ sie ihn köpfen. Männer können nicht ertragen, daß sich ihre Frauen für einen anderen interessieren und bringen sie um. Frauen erwischen ihre Männer mit einer anderen und bringen *sich* um. »Und bist du nicht willig, so brauch' ich Gewalt!«

Aber wenn ich den anderen zu etwas zwinge, habe ich seine Liebe nicht. Ich kann seinen Körper zerstören, aber seinen Willen und seine Liebe habe ich nicht. Hier ist die Grenze meiner Macht.

Die Grenze zwischen dem Ich und dem Du respektieren

Lieben bedeutet, die Grenze zu respektieren, wo ich aufhöre und wo der andere beginnt, und seinen Willen, seine Zuneigung und Abneigung zu respektieren. Natürlich hat jeder das Recht, zu versuchen, den anderen umzustimmen, ihn zu beeinflussen, ihn zu manipulieren oder ihn zu umschmeicheln, wenn er etwas von ihm haben möchte. Aber irgendwo wird die Grenze erreicht: dort, wo das, was ich bin, und das, was er ist, zusammenstoßen. Diese Grenze zu erkennen und zu respektieren, ist eine Kunst. Es ist eine Lektion in Demut.

Echte Liebe macht hilflos. Sie macht Halt an der Grenze zwischen dem Ich und dem Du. Sie leidet an der Nicht-Übereinstimmung zwischen dem Ich und dem Du, aber sie respektiert sie.

Wenn ich liebe, zeige ich dem anderen, daß ich ihn liebe. Das ist schon sehr viel, und das genügt. Was er damit anfängt, ist seine Sache, es liegt in seiner Verantwortung und seiner Macht. Darin hat er Macht über mich. Ich bin ihm in meiner Liebe ausgeliefert.

Schuldgefühle können Liebe nicht ersetzen

Auch mich selbst zur Liebe zu zwingen, wo diese nicht oder nicht in dem Maße vorhanden ist, wie ich es mir wünsche oder wie es sich der Partner wünscht, ist ebenso problematisch. Ich tue mir selbst Gewalt an, wenn ich fühlen will, was ich nicht fühle.

Manchmal bekomme ich ein schlechtes Gewissen, wenn ich den anderen nicht so liebe, wie er mich. Dann zwinge ich mich, ihm gegenüber zuvorkommend und lieb zu sein. Aber was dabei herauskommt, ist nur ein Zirkel aus Schuldgefühlen: Aus Schuldgefühl bemühe ich mich, den Partner zu lieben. Der Partner merkt, wie sehr ich mich bemühe, und bekommt seinerseits Schuldgefühle. Allmählich übernehmen die gegenseitigen Schuldgefühle die Rolle der Liebe: Sie binden die Partner immer fester aneinander. Schuldgefühle im Partner zu erzeugen, ist auch eine Form von Gewalt – gegen sich selbst und gegen den Partner. Wenn zum Beispiel eine eifersüchtige Frau nicht ihren untreuen Mann, sondern sich selbst umbringt, erzeugt sie Schuldgefühle im Partner, die lebenslang nachwirken und ihn – auf negative Weise – binden.

Erlösung aus der hilflosen Liebe – Die ungleiche Liebe in Dankbarkeit annehmen

Wenn ich merke, daß ich den anderen nicht so liebe wie umgekehrt, daß also meine Liebe geringer ist, sollte ich dies dem anderen gestehen, auch wenn es ihm im Moment weh tut. Aber dieses Eingeständnis der Nichtentsprechung befreit beide aus der ungleichen Beziehung. Beide haben dann die Möglichkeit, einen passenderen Partner zu finden.

Dasselbe gilt auch im umgekehrten Fall: Wenn ich merke, daß ich den anderen mehr liebe als er mich, sollte ich ihn ebenfalls ziehen lassen, auch wenn es mir sehr weh tut. Die Liebe, die ich für ihn empfinde, brauche ich aber nicht in mir zu ersticken. Ich kann sie wie ein Feuer oder ein Licht in mir weiterbrennen lassen und mich und andere Menschen damit wärmen, aber den geliebten Menschen lasse ich los, in Dankbarkeit, daß er das liebende Feuer in mir entzündet hat. Dann macht mich meine Liebe nicht mehr hilflos. Mit dem Verzicht auf Gegenliebe kann ich nun selbst über die gewonnene Liebe verfügen. Ich habe sie gelöst von der geliebten Person.

In einer ungleichen Liebe können also beide Partner dankbar sein. Der, der mehr liebt, hat eine tiefe Quelle der Liebe in sich entdeckt. Er kann dem anderen dankbar sein, daß dieser ihn an die Quelle geführt hat, selbst wenn er nicht davon trank. Tiefe Liebe für einen anderen Menschen in sich zu spüren, ist wie einen unermeßlichen Schatz in sich zu entdecken. Es ist tatsächlich wie eine Quelle, die von nun an weiterfließen wird, selbst wenn die geliebte Person weitergeht.

Derjenige, der vom anderen mehr geliebt wird, kann dankbar sein für dieses Geliebtsein. Wenn er seine falschen Schuldgefühle abstreifen kann – denn er trägt keine wirkliche Schuld, wenn er dem anderen nicht soviel Liebe entgegenbringen kann als dieser ihm –, braucht er den anderen nicht brüsk von sich wegzustoßen. Vielmehr kann er dem anderen zeigen, wie sehr er sich freut über das Geschenk der Liebe. Er kann diese Liebe dankbar annehmen und ihr einen guten Platz in seinem Herzen geben. Es wird den anderen freuen, wenn er merkt, daß seine Liebe, selbst wenn sie nicht im gewünschten Maße erwidert wird, gewürdigt und geschätzt wird.

Liebe braucht nicht unbedingt Entsprechung. Sie ist nicht auf Gegenliebe angewiesen, um weiterzubrennen. Aber sie braucht Respekt und Würde. Liebe, die nicht geachtet und gewürdigt wird, die keinen Platz im Herzen des Geliebten findet, verwandelt sich in Haß, Rachedurst und rasende Gewalt.

»Du bist zu gut für mich« –
Die Auswirkung von Scham- und
Schuldgefühlen in der Liebesbeziehung

Selbstachtung und Selbstverachtung

Liebe ist stets mit Selbstliebe verbunden. Ich kann keinen anderen Menschen richtig lieben, wenn ich mich selbst nicht liebe. Selbstliebe ist die Grundlage für Fremdliebe: »Liebe deinen Nächsten wie dich selbst.« Nicht wenige Liebesbeziehungen scheitern an der mangelnden Selbstliebe der Partner oder eines der Partner. Selbstverachtung kann die Liebe in einer Partnerschaft zerstören. Sie zerfrißt die Liebe. Umgekehrt trägt Selbstliebe wesentlich zur Erhaltung einer Partnerschaft bei.

Mit Selbstliebe ist die liebevolle und maßvolle Zuwendung zu sich selbst gemeint. Sie ist verbunden mit einer realistischen Einschätzung der eigenen Person. Damit ist Selbstliebe etwas anderes als übertriebener Narzißmus, der eher als Zeichen mangelnder Selbstliebe zu werten ist, da der Narzißt seine tiefsitzende Selbstverachtung durch das Aufblähen seines Ego zu kompensieren versucht.

Die zerstörerische Kraft der Selbstverachtung

Wieso zerstört Selbstverachtung unsere Liebe? – Wenn ich mich geringschätze und ablehne, kann dies folgende Hindernisse zwischen mich und meinen Partner schieben:
1. Ich projiziere alles, was ich für liebes- und erstrebenswert halte, auf den Partner. Ich sehe ihn nur im günstigen Licht,

während ich mich selbst im Dunkeln lasse. Der geliebte Mensch wird dadurch leicht zum Idol – und ich werde zu seinem Fan, seinem Bewunderer, ja seinem Diener.

2. Dies schafft eine Ungleichheit zwischen dem Partner und mir, die eine Liebesbeziehung unter Gleichen unmöglich macht.

3. Als die Person, die weniger wert ist, fühle ich mich selbst unwürdig, von ihm »zurückgeliebt« zu werden. Das kann bedeuten, daß ich ihm zwar meine Liebe schenke, aber seine Liebe unbewußt zurückweise oder nicht annehme. Allmählich fühlt sich der Partner frustriert, da seine Liebe bei mir nicht »ankommt« – seine Liebe findet bei mir keine Heimat. Mit der Zeit wird er aufhören, um mich zu werben, da er das Gefühl hat, daß ich ihm sowieso immer zur Verfügung stehe. Meine Liebe zu ihm kennt keine Grenzen. Dies führt dazu, daß ich mich überhaupt nicht abgrenzen kann von ihm. Was er will, bekommt er sofort von mir. Ich nehme auf mich selbst überhaupt keine Rücksicht. Deshalb wird seine anfängliche Zuneigung sich in Verachtung umwandeln. Er wird möglicherweise beginnen, mich auszubeuten oder mich zu quälen.

4. Schließlich wird der andere sich ganz zurückziehen, weil ich ihn langweile und ihm nicht als ebenbürtiger Partner gegenüberstehe. Im Grunde bin ich gar nicht als eigenständige Person anwesend: Wenn ich mich nicht abgrenze, kann mein Partner mich überhaupt nicht spüren. Er weiß nicht, wer ich wirklich bin. Er kann mich nur dort als ein ernstzunehmendes Du wahrnehmen, wo ich »nein« zu ihm sage, wo ich meine Meinung, meine Gedanken und meine Gefühle ihm zeige.

Hierzu ein Beispiel: Ein Mann lernt auf einem Fest eine Frau kennen. Sie finden aneinander Gefallen und verbringen eine schöne Liebesnacht miteinander. Am nächsten Morgen möchte der Mann die Frau nach Hause bringen. Sie ist überrascht darüber, daß er so etwas Besonderes für sie tun möchte. Es sei gar nicht nötig, daß er ihr diese Aufmerksamkeit schenkt. Sie fühlt sich unwürdig, seine Zuwendung anzunehmen. Deshalb sagt sie zu allem, was er vorschlägt, ja und amen. Mit der Zeit hört er auf, um sie zu werben, da er das Gefühl hat, daß sie ihm sowieso immer zur Verfügung steht. Seine anfängliche Zuneigung wandelt sich in Verachtung. Er sucht sie zu den unmöglichsten Zeiten auf, verkehrt nach Belieben mit ihr, probiert sexuelle Praktiken an ihr aus, die ihr weh tun. Er läßt sie schließlich stehen, ohne sich auch nur zu verabschieden. Bis zum Schluß kann er nicht verstehen, weshalb sie sich ihm gegenüber so unterwürfig verhalten hat. Sein Gefühl ihr gegenüber bleibt eine Mischung aus Verachtung und Schuld.

5. Die Idealisierung meines Partners bringt mit sich, daß ich irgendwann enttäuscht bin, weil der Partner doch nicht so wunderbar ist, wie ich ihn mir gewünscht und vorgestellt habe. Die Realitäten und Banalitäten des Alltags entzaubern den Geliebten. Ich beginne den Partner heimlich zu verachten, genauso wie ich mich selbst verachte: »Wenn der andere einen so unwürdigen Menschen wie mich liebt, dann ist er entweder blind oder im Grunde genauso verachtenswert wie ich.« Oder ich sage mir: »Ein liebeswerter Mensch kann mich ja gar nicht richtig liebhaben. Er hat sich sicherlich getäuscht. Ich werde ihm beweisen, daß ich ein schlechter Mensch bin. Und wenn er mich verläßt, geschieht's mir nur recht.«

6. Wenn der Partner hartnäckig ist (oder wenn er mich wirklich liebt) und bleibt, besteht die Gefahr, daß *beide* Partner in den Sog der Selbstverachtung gezogen werden. Nicht nur der eine, sondern beide Partner fühlen sich mit der Zeit schlecht und verachtenswert. Beide verachten sich gegenseitig und schließlich auch ihre Liebe. Die Beziehung, die mit soviel Hoffnung begonnen hatte, wird jetzt in den Schmutz gezogen – trotz der Tatsache, daß sie beiden Partnern nach wie vor sehr viel bedeutet. Sie ist vielleicht das einzige, das beide am Leben erhält. Aber die Bedeutung der Beziehung wird von der tiefsitzenden Verachtung und den täglichen Gemeinheiten so beherrscht, daß jeder Außenstehende meinen muß, die Partner wünschten sich ge-

genseitig den Tod und wären dankbar, wenn der andere verschwinden würde. (Oft glauben dies auch die Partner selbst.) Und dann ist der Beobachter doch verwundert über den Schmerz des Zurückgebliebenen, wenn einer der Partner tatsächlich stirbt. Oft folgt der Zurückgebliebene dann dem Toten nach, weil er ohne ihn nicht leben kann.

Wie kommt jemand dazu, sich selbst zu verachten?

Selbstverachtung kann entstehen
1. aus der *Scham*, daß man als Kind nicht geliebt worden ist, und dem daraus resultierenden Gefühl, überhaupt nicht liebenswert zu sein,
2. aus der *Übernahme von Schuld* (der Eltern oder anderer wichtiger Bezugspersonen),
3. aus *persönlicher Schuld*.

Die Scham des Ungeliebten

Dazu wollen wir die inneren Botschaften eines sich selbst verachtenden Partners genauer ansehen. Wenn ich mich für wenig wertvoll halte, schaue ich zum Partner auf und auf mich selbst herunter: »Siehst du, wie schlecht ich bin? Ich bin deiner unwürdig! Du bist tausendmal besser/schöner/gescheiter/gebildeter/beliebter als ich. Laß mich gehen. Du hast einen Besseren als mich verdient.« Dies sind die Botschaften, die man dem Partner vermittelt, ausgesprochen oder unausgesprochen. Solche Botschaften sind im Grunde eine Aufforderung an den Partner, mich nicht mehr zu lieben, mich im Stich zu lassen, mich zu verraten, mich zum Teufel zu jagen – er sollte also alles tun, was der Liebe diametral entgegengesetzt ist. Aus diesem Grund ist Selbstverachtung ein Verrat an der Liebe.
Der Fürst Myskin in Dostojewskijs Roman *Der Idiot* ist solch eine tragische Figur, die aufrichtig liebt, aber aus Selbstverach-

tung die Liebe immer wieder verrät, indem er nicht den Mut aufbringt, die Zuneigung der geliebten Frau anzunehmen. Wie aus einem inneren Zwang mußte er die Frau immer wieder wegschicken. Ein »Idiot«? Wir müssen tiefer schauen.

Die Übernahme von Schuld (der Eltern oder anderer wichtiger Bezugspersonen)

Noch tiefer als die Scham liegt das Gefühl von Schuld. Manche Menschen, die einen Liebespartner gefunden haben, meinen, daß sie diesen geliebten Menschen oder diese Liebe nicht verdienten. Ja, sie fühlen sich schuldig, wenn die Liebe in Erfüllung geht. Sie haben nicht nur das Gefühl, die Liebe oder den Partner nicht verdient zu haben, sondern auch, daß sie sich schuldig machen, wenn sie glücklich werden. Sie wünschen sich zwar, wie die meisten Menschen, nichts sehnlicher, als glücklich zu sein, aber wenn das Glück tatsächlich eintritt, fühlen sie sich eben nicht glücklich. Diese paradoxe Reaktion sollte nicht als Zeichen für Hysterie oder ähnliches bewertet werden. Vielfach steckt eine Art inneres Verbot dahinter, glücklich zu sein.

Der Ursprung eines solchen Schuldgefühls liegt oft im Familiensystem, manchmal sogar im Gesellschaftssystem begründet. Ein Beispiel: Manche junge Deutsche der Nachkriegsgeneration glauben, angesichts der unermeßlichen Schuld, die ihre Elterngeneration durch Krieg und Judenvernichtung auf sich geladen hat, nie wieder glücklich sein zu dürfen. Indem sie sich geißeln, versuchen sie die Schuld ihrer Eltern und Elterngeneration zu tilgen. Meiner Meinung nach gibt es jedoch keine Kollektiv*schuld*. Denn schuldig sind diejenigen, die sich damals durch ihr Tun und Lassen oder ihr Mitwissen schuldig gemacht haben. Diese haben ihre Schuld zu sühnen und wiedergutzumachen. Es gibt jedoch eine Kollektiv*scham*, die von Generation zu Generation weitergegeben wird, wenn die Generation, die es eigentlich betraf, sich ihrer Schuld nicht stellt.

Bei der Weitergabe von Elternschuld ans Kind spürt das Kind, daß die Menschen in seiner Umgebung unglücklich sind, daß seine Eltern (oder andere nahe Bezugspersonen, die es liebt) aus einem für das Kind unverständlichen Grund leiden. Kinder sind unendlich in ihrer Liebe. Sie sind, entgegen unserer landläufigen Meinung, dazu bereit und auch dazu fähig, unendlich viel Schmerz, Leid und Entbehrung auf sich zu nehmen, besonders wenn sie es für jemanden tun, den sie lieben. Nicht selten spüren dies ihre Bezugspersonen, und sie laden dann tatsächlich ihr Leid auf die Kinder ab. Sie nehmen die Leichtigkeit und die Lebensfreude, die jedes Kind mitbringt, für sich in Anspruch und tauschen es gegen das Leid des Erwachsenen ein. Dem Erwachsenen wird es dabei leichter, dem Kind dagegen schwerer. Das Kind läßt sich aus Treue zu dem geliebten Erwachsenen darauf ein.[3]

Wenn das Kind aufwächst, hat es sich ans Tragen und Ertragen von Unglück gewöhnt. Unglücklich zu sein, fühlt sich ganz selbstverständlich an, wie eine zweite Natur. Umgekehrt sind ihm Glück, Erfüllung und Leichtigkeit abhanden gekommen. Die lebensbejahende Seite in ihm ruft zwar immer noch nach Liebe und Glück, aber wenn diese tatsächlich eintreffen, sind sie mit grauenvoller Angst gepaart. Denn Glück läßt das alte, urvertraute Gefühl des Schuldigseins wieder aufleben. Und der betreffende Mensch sieht sich einem unlösbaren Konflikt ausgesetzt: Er muß sich entscheiden – für das Glück, das ihm hier und jetzt winkt, oder für die alte, schicksalhaft angenommene Schuld.

Auch dies ist eine unmenschliche Entscheidung: Denn wenn der Betreffende sich für das private Glück entscheidet, würde er die geliebten Eltern verraten. Er hätte das Gefühl, sie in ihrem Unglück allein zu lassen und selbstsüchtig dem eigenen Glück nachzugehen. Darf er sich gegen die Eltern und für sich und für den gegenwärtigen Partner entscheiden? Wie fühlt sich sein »inneres Kind« in diesem Dilemma?

Kinder haben oft das Gefühl, daß sie ihr Leben ihren Eltern schulden. Die Eltern haben ja das Kind gezeugt und auf die Welt gebracht. Sie haben es großgezogen. Es verdankt seinen

Eltern seine Existenz. Daher glauben viele Kinder, sie schulde-
ten ihren Eltern das Leben. In diesem tiefen Gefühl von Dankesschuld verzichten sie bisweilen auf das eigene Glück und
opfern ihr Leben bereitwillig für die Eltern.

*Ungelöste Elternbeziehungen haben meist ein schwereres Gewicht
als eine Liebesbeziehung*
Da die Beziehung zu unseren Eltern den existentiell tragenden
Grund unseres Lebens darstellt, hat die Eltern-Kind-Beziehung
ein ungleich schwereres Gewicht als eine spätere Liebesbeziehung, wie groß diese spätere Liebe auch sein mag. Deshalb ist
es nicht verwunderlich, daß viele Menschen sich für die Eltern
und gegen die Partnerschaft entscheiden – solange sie ihre
Elternbeziehung nicht bearbeitet und sich gelöst haben.

Viele schaffen es zwar, sich für kurze Zeit aus ihrer traumatischen Familiengeschichte in eine Liebesbeziehung zu retten.
Aber solange sie sich den Schatten aus ihrer Vergangenheit
nicht stellen, werden sie irgendwann doch wieder von ihr
eingeholt. Dann zerstören sie entweder unbewußt ihre Liebesbeziehung, oder sie gehen reumütig zu den Eltern zurück. Es
zeigt sich, daß sie nach wie vor an ihrer selbsterwählten Lebensaufgabe festhalten, die Schuld der Eltern zu tilgen. Im
Treuekonflikt sind sie den Eltern treuer als sich selbst und dem
Partner.

Die alte Schuld mit dem Scheitern der Liebesbeziehung sühnen
Nun wird die oben beschriebene Botschaft eines sich selbst
verachtenden Menschen an seinen Liebespartner verständlich.
Wenn er dem Partner signalisiert: »Ich bin deiner unwürdig.
Ich werde dir zeigen, welch schlechter Mensch ich bin. Du
sollst dich von mir abwenden«, dann versucht er in einem Akt
der Selbstbestrafung und stellvertretenden Sühne die vermeint-
liche Lebensschuld zu tilgen. Daher wird er nach dem Scheitern
der Liebesbeziehung das Gefühl der Erleichterung verspüren,
so paradox dies nach außen hin auch erscheinen mag. Denn
er hat das Gefühl, seine Schuld, oder zumindest einen Teil
davon, abbezahlt zu haben. Je größer die geopferte Liebe, je

höher der Preis, den er für sein Opfer bezahlt, desto näher fühlt er sich der erstrebten Absolution.

Es ist nicht möglich, die Schuld eines anderen zu tilgen
Das eben Gesagte ist natürlich ein tragischer und trügerischer Schluß. Denn er löst dadurch nichts. Das eigene Leben ist gescheitert. Und die (vielleicht schon lange verstorbenen) Eltern können durch dieses Opfer nicht von ihrer eigenen Schuld reingewaschen werden.

Die Übernahme der Schuld der Eltern bleibt aus folgenden Gründen fruchtlos:
Eigenverantwortlichkeit: Jeder muß für seine eigene Schuld persönlich einstehen. Jeder Mensch ist für sein eigenes Tun und sein eigenes Leben verantwortlich. Menschliche Schuld kann nur durch die eigene Reue, Sühne und Wiedergutmachung getilgt werden. Sie kann nicht, wie ein Wechsel oder Schuldschein, von jemand anderem übernommen werden. Insofern ist es eine Illusion, wenn wir meinen, die Schuld der Eltern übernehmen zu können.

Glück und Unglück: Wir erleben Glück und Unglück zwar als Gegensätze, aber wir können das eine nicht gegen das andere aufwiegen. Glück ist Glück. Unglück ist Unglück. Beides kann uns treffen, beides sind Bestandteile menschlichen Lebens. Aber beides steht nicht in einem rational definierbaren Verhältnis zueinander. Beides ist voneinander unabhängig. Wir können nicht Unglück wettmachen durch den Verzicht auf Glück. Das Leben läßt nicht mit sich Handel treiben.

Generationsgrenzen: Jede Generation hat sich mit ihren eigenen Aufgaben auseinanderzusetzen, die Elterngeneration ebenso wie die Kindergeneration. Die Aufgaben sind zeit- und personengebunden und lassen sich nicht beliebig austauschen. Schuld und Gnade einer Generation lassen sich nicht auf die nächste übertragen. Auch hier gibt es nur persönliche Verantwortung und Schuld und keine übertragbaren Schuldscheine.

Elternsein fordert keinen Dank: Elternschaft ist eine natürliche Folge unserer Sexualität. Sie ist keine persönliche Leistung.

Kinder verdanken ihr Leben der Sexualität ihrer Eltern (vielleicht auch der Liebe der Eltern zueinander), nicht aber der besonderen Güte oder der Liebe ihrer Eltern ihnen gegenüber. Daher können Eltern aus ihrer Elternschaft allein noch keine Rechte gegenüber den Kindern ableiten.

Ebenso haben Kinder keine Dankesschuld den Eltern gegenüber für ihr Leben, nur weil sie sie gezeugt und zur Welt gebracht haben. Dies wird Kindern von Erwachsenen (zumindest unbewußt) gern suggeriert, um sie willfähriger zu machen.

Was Eltern und Kinder emotional bindet, ist allein die freiwillige Liebe, die sich zwischen ihnen entspannt und entwickelt. Nur aufgrund der *tatsächlichen* Liebe und Zuwendung der Eltern zu ihren Kindern entsteht das Gefühl echter Dankbarkeit in den Kindern. Dann ist es ihnen ein natürliches Bedürfnis, das Geschenkte zurückzugeben, wenn etwa sie ihre alternden Eltern pflegen. Gegenüber Eltern jedoch, die lieb- und treulos gewesen sind, wird man natürlicherweise kein Gefühl von Dank und keine Verpflichtung zur Pflege verspüren.

Das Abtragen persönlicher Schuld

Wir haben gesehen, daß es nicht möglich ist, stellvertretend für eine geliebte Person Schuld auf sich zu nehmen und sie zu tilgen. Es gibt jedoch eine andere Schuld, die einen Menschen daran hindern kann, glücklich zu sein. Es ist die *persönliche* Schuld, die er im Laufe seines eigenen Lebens auf sich geladen hat. Diese Schuld, die er selbst verursacht hat, kann (und soll) natürlich von ihm gesühnt werden.

Manche Menschen kommen zum Beispiel in die Therapie, weil sie von einem tiefen Schuldgefühl geplagt sind, das sie am Glücklichsein hindert. Manchmal haben sie das Gefühl, daß alle ihre Liebesbeziehungen zum Scheitern verurteilt sind. In diesen Fällen ist es oft notwendig, eine etwaige Familienschuld, die sie von ihren Eltern oder Großeltern angenommen haben, zu erkennen und zu klären. Wenn sie diese stellvertretende Familienschuld verarbeitet haben, existiert bei einigen noch eine

Restschuld, die sie nicht zur Ruhe kommen läßt. Dann muß genauer nachgeforscht werden, ob die Betroffenen nicht von einer *persönlichen* Schuld verfolgt werden.

Ein Beispiel hierfür sind Schwangerschaftsabbrüche, die zum Teil schon lange zurückliegen. Vor allem bei Frauen hinterlassen sie das Gefühl von *Schuld* (das Kind getötet zu haben), von *Bedauern und Trauer* (daß sie das Kind nicht behalten haben) und von *Groll* gegenüber dem damaligen Partner, der ihnen in der Schwangerschaft nicht beigestanden ist oder der sich als unzuverlässig erwiesen hat. Diese Gefühle müssen ernstgenommen und bearbeitet werden, sonst können sie einer neuen Partnerschaft und/oder einer neuen Schwangerschaft im Wege stehen.

Bei Männern muß hier beharrlicher nachgefragt werden. Bei ihnen kommen Erfahrungen von Schwangerschaftsabbrüchen natürlich genauso häufig vor wie bei Frauen – Männer waren es schließlich, die die Kinder gezeugt haben. Aber sie nehmen einen Schwangerschaftsabbruch in den meisten Fällen weniger schwer, weil sie nicht so existentiell und körperlich von einer Schwangerschaft betroffen sind wie Frauen.

Bewußt ist Männern am ehesten die narzißtische Kränkung darüber, daß die Frau ihnen das Kind verweigert hat oder daß sie sich für die Abtreibung entschieden hat, ohne den Mann gefragt zu haben. Über diese Kränkung vergessen oder verdrängen die meisten Männer die Tatsache, daß es auch ein Kind von ihnen war, das damals sterben mußte. Sie sind sich der persönlichen Schuld und des persönlichen Verlusts somit nicht so stark bewußt. Außerdem sind sich die meisten Männer auch darüber nicht im klaren, daß ein Hauptgrund dafür, weshalb Frauen sich zu einem Schwangerschaftsabbruch entschließen, darin liegt, daß sie sich vom Vater des Kindes nicht genügend unterstützt fühlen. Vielen Männern fehlt insgesamt das eigene Verantwortungsbewußtsein für das Scheitern der Schwangerschaft (das oft mit dem Scheitern der gesamten Beziehung verbunden ist).

Wir werden auf dieses Thema im Kapitel »Schwangerschaftsabbruch und seine Heilung« noch einmal zurückkommen.

Im guten wie im bösen –
Vom geteilten Leid und von der
geteilten Schuld

»Geteiltes Leid ist halbes Leid«

Wenn zwei Menschen sich das Jawort geben, versprechen sie sich unter anderem, ihren Lebensweg »im guten wie im bösen« zusammen zu gehen. Dies ist ein großes Versprechen. Im guten ist es einfach, das gemeinsame Gute miteinander zu teilen. Aber im bösen das gemeinsame Böse zu teilen, ist schwer. Wenn das Schicksal uns trifft, wenn wir in Not stehen, wenn der Partner durch Krankheit, Depression oder berufliches Scheitern in Not gerät, ist es schwer, zusammenzustehen.

Es stimmt zwar, daß geteiltes Leid halbes Leid ist und daß uns Not, Schmerz und Arbeit leichter fallen, wenn wir sie gemeinsam tragen. Jedoch kann unsere Geduld, unsere Solidarität und unsere Liebe dabei arg strapaziert werden. Wenn die gemeinsame Anstrengung keine Frucht bringt oder wenn das gemeinsame Unternehmen scheitert, stellt sich bisweilen die Frage: Lohnt sich das? Wir beginnen zu zweifeln. Unsere Liebe beginnt sich wie ein Balken unter einer schweren Last zu biegen.

Hier stellt sich die Frage der Treue aufs neue. Wir sind in der Liebe bestrebt, in der Not einander treu zu sein. Wir wünschen uns vom Partner Beistand und Solidarität, wenn wir in Not sind. Und wir sind in bestimmten Grenzen bereit, auch sein Leid mitzutragen. Aber: Bis zu welcher Grenze sind wir bereit oder fähig, das Leid des Partners mitzutragen? Wie weit sollen wir, wie weit dürfen wir gehen? Was sind die Kriterien, nach denen wir diese Grenze ziehen?

Die Autonomie des Alleinstehenden

Wenn wir unsere Kindheit abstreifen und unserem Elternhaus entwachsen, werden wir erwachsen. Als Erwachsene sind wir für uns selbst verantwortlich. Dies ist ein Privileg des jungen Erwachsenenalters. Als junge Erwachsene sind wir für niemanden außer uns selbst verantwortlich. Wir bestimmen unser Leben und unseren Lebensstil selbst. Wir verdienen unseren Lebensunterhalt, können über das eigene Geld verfügen und sind keinem anderen Menschen Rechenschaft schuldig. »Autonomie« ist das richtige Wort für diese Lebensphase.

Gemeinsames Lebensschicksal als Paar

Wenn ein junger Erwachsener einen Liebespartner findet, beginnt ein neuer Lebensabschnitt. Die Partner brechen auf zu einem gemeinsamen Lebensweg. Dies ist ein entscheidender Schritt, weil wir uns hier zum ersten- und vielleicht einzigenmal *aus freien Stücken und aus eigener Entscheidung* mit einem anderen Menschen aufs innigste verbinden. Mit unseren Eltern sind wir durch Geburt verbunden, genauso mit unseren eigenen Kindern. In der Liebesbeziehung aber können wir selber entscheiden, ob wir uns fürs Leben mit einem Menschen verbinden, der uns nicht blutsverwandt ist und der uns zunächst als Fremder entgegentritt. Uns mit diesem einen Menschen vertraut zu machen und mit ihm zusammenzugehen, ist wohl das größte zwischenmenschliche Abenteuer. Dies macht auch die Einzigartigkeit der Liebesbeziehung aus.

Dazu kommt noch die Verbindung unserer beiden Familienlinien zu einer neuen Familie. Jedes Paar gründet zwar eine neue, separate (Klein-)Familie. Damit setzen die Partner jedoch gleichzeitig die Tradition ihrer beiden (Groß-)Familien fort. Daher ist es verständlich, daß eine Paarbeziehung auf der einen Seite natürlich Privatsache beider Partner ist, daß sie andererseits, wenn es zur Familiengründung kommt, *auch* die Herkunftsfamilien in ihrem Kern berührt.

Wir geben einen Großteil unserer Autonomie und unseres selbstbestimmten Lebens auf, wenn wir mit unserem Partner einen gemeinsamen Lebensweg beschreiten. Wenn wir mit einem Partner, später vielleicht auch noch mit den gemeinsamen Kindern leben, wird es ein anderes Leben sein als jenes, das wir als Alleinstehende geführt haben. Es ist eine Entscheidung fürs Leben. Mit der Autonomie ist es nun zwar nicht ganz vorbei, jedoch wird sie, vor allem, wenn Kinder da sind, stark eingeschränkt und vielen äußeren Bedingungen unterworfen sein. Darüber sollten wir uns keine Illusion machen.

Wir teilen von nun an ein gemeinsames Schicksal, als Paar und vielleicht auch als Familie. Wir ziehen am selben Strang. Damit nehme ich innig Anteil am Schicksal des Partners, wie er auch an meinem. Sein Schicksal kann mir nicht gleichgültig sein, weil es mein Schicksal stark berührt und beeinflußt. Es hat unmittelbar auch Auswirkungen auf mich, wenn es ihm emotional gut- oder schlechtgeht. Wenn es mir finanziell gut- oder schlechtgeht, trifft dies unmittelbar unseren gemeinsamen Haushalt und Lebensstil. Außerdem verlangen gemeinsame Kinder eine gemeinsame Lebens- und Tagesplanung, was wiederum ein äußerst verzahntes Ineinandergreifen unseres Tages- und Lebenslaufs mit sich bringt. Wir sind abhängig voneinander.

Es ist kein Zufall, daß sich langjährige Lebenspartner immer mehr ähneln, sowohl in ihrem Äußeren, in ihrem Verhalten, als auch in ihren inneren Einstellungen. Das ist das Ergebnis ihres gemeinsamen Weges. Darüber brauchen sie sich auch nicht zu schämen.

Miteinander oder Füreinander?

»Im guten wie im bösen« – wir freuen uns mit dem Partner, wenn ihm etwas glückt, und wir leiden mit ihm, wenn ihm etwas zustößt. Seine Beziehung zu seiner Herkunftsfamilie, seine Freundschaften und Feindschaften, sein Beruf, selbstverständlich sein Mit-Elternsein, aber auch seine politische Überzeugung und sein gesellschaftliches Schicksal, all dies wird uns berühren und uns in Mitschwingung bringen. Als Liebes- und Lebenspartner sind wir die engsten persönlichen Ansprechpartner füreinander. Und da vieles, was unser Partner tut oder läßt, auch uns in *unserem* Leben beeinflußt, müssen wir uns auch oft damit auseinandersetzen, darüber streiten und uns absprechen und abstimmen.

Jedoch müssen wir uns immer vor Augen halten: Es ist ein *Miteinander*, kein *Füreinander*. Es macht einen entscheidenden Unterschied, ob ich mit meinem Partner mitleide und mich mit ihm freue, oder ob ich für ihn leide und mich für ihn freue. Beim Mitleiden und Mitfreuen stehe ich sozusagen dicht neben ihm – ich erlebe mit, was in ihm geschieht, aber ich bleibe trotzdem ich, eine separate Person.

Treue zu mir und Treue zum Partner

Zur Treue gehört die Treue sowohl zum Partner als auch die Treue zu mir selbst. Um beides erfüllen zu können, muß ich mich als eigenständige Person wahrnehmen können. Ich muß mich unterscheiden können von meinem Partner. Nur als eigenständiger Mensch kann ich ihm Gegengewicht, Korrektur und Beistand sein. Langfristig kann ich ihn dann eher als klares Gegenüber unterstützen, als wenn ich »in seine Haut« schlüpfe und eins werde mit ihm. Denn ersteres läßt ihm seine Eigenständigkeit und stärkt sein Selbstvertrauen, während eine Symbiose eher beeinträchtigend wirkt.

Hinzu kommt die Tatsache, daß es in einer Partnerschaft immer Bereiche geben wird, in denen ich nicht übereinstimme mit meinem Partner. Hier ist es wichtig, daß wir uns in diesen Punkten auseinandersetzen können. Und weil wir unterschiedlich sind, gibt es in vielen Lebensbereichen keine Einigung, nur Kompromisse. Wir müssen uns dann quasi in der Mitte treffen – zwischen der Treue zu mir selbst und der Treue zum Partner. Manchmal sind solche Kompromisse für einen der Partner oder auch für beide wenig befriedigend. Dann ärgern wir uns, daß wir nicht das bekommen, was wir uns eigentlich wünschen. Dies ist aber der Preis für das Zusammenleben. Wenn wir damit nicht einverstanden sind, müssen wir – zumindest in diesem Bereich – getrennte Wege gehen.

Konfluenz und Kontakt

Wenn ich mich jedoch in allen Bereichen mit meinem Partner identifiziere, wenn ich für ihn leide und mich für ihn freue, dann steige ich in sein Leben ein wie in ein fremdes Haus und gestalte dort aktiv mit. Ich identifiziere mich völlig mit ihm und handle so, als sei ich er und er ich. Dieses Verschmelzen nennen wir in der Gestalttherapie »Konfluenz«, was soviel wie »Zusammenfließen« bedeutet. Die Grenze zwischen dem Ich und dem Du verschwimmt. Statt einem eigenständigen Ich und Du entsteht ein unklares »Wir«, das wie *eine* Person denkt, fühlt und handelt. Damit verlieren beide Partner ihre Identität als Individuen. Diesen Zustand habe ich einmal wie folgt beschrieben:

Das ist Konfluenz: Zusammenfließen, verschmelzen. Das Gefühl, das man dabei hat, ist *verschwommen, unscharf*. Man fühlt sich *irgendwie* wohl, wenn man zusammen ist. Und ist total verängstigt, desorientiert, wenn man mal für sich allein ist. Manchmal fühlt man sich auch zu zweit irgendwie unwohl, aber man weiß nicht, warum. Zweisamkeit als Sucht, Alleinsein bringt Entzugserscheinungen mit sich.

Die andere Art von »Wir« ist der *Kontakt* zwischen zwei Personen, von denen jede für sich ein Individuum bleibt. Ich denke, fühle, tue für mich. Ich weiß, was ich will. (Du denkst, fühlst, tust für Dich. Du weißt, was Du willst. Du bist für Dich verantwortlich.) Wir sind zwei voneinander verschiedene Personen. Ich will für mich leben, ich will auch einen Teil meines Lebens mit Dir verbringen, vielleicht sogar einen wichtigen Teil meines Lebens. Ich sage Dir meine Wünsche: Was ich mit Dir und ohne Dich machen will. Willst Du das auch? Willst Du etwas anderes? Was willst Du? Wo sind wir verschieden? Wo sind wir gleich? Weil wir in bestimmten Bereichen verschieden sind, werden wir einige unterschiedliche Interessen und

Freunde haben. Weil wir in anderen Bereichen uns ähnlich sind, werden wir auch gemeinsame Interessen und Freunde haben. Ich genieße es, allein zu sein. Ich genieße es, bei Dir zu sein. Und wenn ich bei Dir bin, dann nicht aus irgendeinem Verpflichtungsgefühl, sondern weil ich mit Dir zusammen sein will. *Kontakt ist das Wahrnehmen von Verschiedenheiten und Gemeinsamkeiten – dort, wo das Ich auf das Du trifft.*[4]

Das Los mit dem Partner teilen

Diese Unterscheidung von *Konfluenz* und *Kontakt* kann wichtig sein, wenn es um den Umgang mit den Schattenseiten des Partners geht. Der Partner kann beispielsweise unter einer körperlichen oder psychischen Krankheit leiden. Er kann suchtkrank sein. Er trägt möglicherweise an einem ungelösten Problem aus seiner Herkunftsfamilie, oder er hat sich etwas Schlimmes zuschulden kommen lassen. Oder er wird politisch, strafrechtlich oder rassistisch verfolgt.

Sein Lebenspartner wird hier immer einen Teil der Last mitzutragen haben, ob als Zeuge, Mitopfer oder Mittäter. Da er in unmittelbarer Nähe zum betroffenen Partner lebt, wird er unweigerlich Zeuge dessen sein, was sein Partner tut oder erleidet. Er wird zuweilen als Mittäter oder Mitopfer mit einbezogen werden, ob er will oder nicht.[5]

Denken wir beispielsweise an die Partner von Juden und an andere Opfer des Naziregimes im Dritten Reich. Wenn sie nicht zu der verfolgten Gruppe gehörten, wurden sie vom Regime geschont, jedoch oft unter der Bedingung, daß sie ihren verfolgten Partner verleugnen, verleumden, anzeigen, ausliefern oder verlassen mußten. Es wurde also von ihnen der Verrat an ihrer engsten Bezugsperson verlangt. Wie wir an früherer Stelle bereits gesehen haben, stürzte dies die Partner in fast unlösbare Treuekonflikte: Wenn sie zu ihrem Partner standen, wurden sie zu Mitopfern. Wenn sie ihre Partner verleugneten oder auslieferten, um sich selbst zu retten, wurden sie zu Verrätern. Wenn sie nichts taten, wurden sie zu hilflosen Zeugen der Verfolgung und Vernichtung ihres Partners.

An diesem Extrembeispiel können wir sehen, wie existentiell die Bindung zu einem Liebespartner sein kann, wenn es um Leben und Tod geht. Wer mag sich da ein Urteil über die Entscheidung des Partners anmaßen? Moralische Grundsätze sind fehl am Platze, wenn es um eine grundsätzliche Lebensentscheidung geht, die ein Mensch angesichts seines individuellen Gewissens zu fällen hat. Schuld trifft hier nicht den einzelnen, sondern das totalitäre Regime, das solch eine unmenschliche Entscheidung vom einzelnen fordert.

Die Übernahme von Schuld und Sühne für den Partner

Neben solchen Extremsituationen gibt es eine ganze Reihe von Beziehungen, in denen sich die Frage stellt, wie weit man am Los des Partners zu tragen hat. Wie sieht es beispielsweise aus, wenn ich in der Partnerschaft das »Böse« meines Partners übernehme? Wenn ich also seine Schulden, sein Schicksal mittrage? Ist dies Treue? Wann ist dies ein Zeichen für Treue? Wann nicht? Dies sind Fragen, die nicht immer eindeutig zu beantworten sind. Wir müssen immer vom einzelnen Fall ausgehen, und diesen von verschiedenen Positionen beleuchten.

Im allgemeinen könnte man sagen, daß es einen Unterschied macht, ob der Partner, dem das Böse widerfährt, es selbst verschuldet hat oder ob er daran schuldlos ist. Im Falle eines eindeutigen eigenen Verschuldens wäre es eher angebracht, ihn an seine eigene Verantwortlichkeit zu erinnern, so daß er für seine Schuld einsteht, dafür büßt und Wiedergutmachung leistet. In dem Fall, in dem der Partner schuldloses Opfer der Umstände ist (wie etwa im obigen Beispiel aus dem Dritten Reich), ist Solidarität und gemeinsames Bemühen angebracht. Jedoch ist die Verantwortlichkeit in vielen Fällen nicht eindeutig. Die Zusammenhänge können komplex und verwickelt sein. Wenn zum Beispiel der Partner Alkoholiker ist, ist die Frage nach der Verantwortlichkeit kaum zu beantworten. Wenn wir den Partner »alkohol*krank*« nennen und damit meinen, daß er an einer Krankheit leidet, an der er nur wenig aktiven Anteil hat, dann gehen wir eher nachsichtig mit ihm um und versuchen, ihm zu helfen. Geben wir ihm aber die Verantwortlichkeit für sein Suchtverhalten, das Lügen, Verheimlichen, Bagatellisieren usw. mit einschließt, dann ist er in unseren Augen verantwortlich für seine Sucht, und wir selbst stellen uns eher außerhalb der Verantwortung. Beziehen wir eine systemische Sichtweise und betrachten das ganze familiäre und gesellschaftliche Umfeld, werden wir die Interaktionen aller Beteiligten zu verändern suchen. Wir sehen an diesem Beispiel, daß die Frage der Verantwortlichkeit keineswegs eindeutig zu beantworten ist.

Es gibt durchaus Beziehungen, in denen der Partner des Alkoholkranken co-abhängig ist, das heißt, daß er durch sein Verhalten die Sucht seines Partners verstärkt oder aufrechterhält. Häufig handelt es sich dabei um Menschen, die an einer ähnlichen Problematik leiden. Sie versuchen jedoch, das eigene Problem zu verdrängen und projizieren dieses in den Partner. Indem sie im Problem des Partners völlig aufgehen und sich für ihn aufopfern, können sie das eigene Problem leichter vergessen.

Dies ist jedoch nur selten ein Liebesbeweis. Auch Liebe hat ihr Maß. Sich für jemand anderen aufzuopfern, hat etwas Maßloses an sich. Das damit verbundene Heroische kann uns zwar ergreifen und berühren, es ist jedoch kein Zeichen echter Liebe gegenüber dem Partner, wenn man sich seinetwegen umbringt oder umbringen läßt, wenn man depressiv wird oder sich ganz allgemein seinetwegen ins Unglück stürzt.

Schuldübernahme schafft neue Schuld

Derjenige, für den wir büßen, wird sich seinerseits schuldig fühlen, weil wir *sein* Los auf uns genommen haben. Unser Opfer wird den anderen belasten. Das Christentum basiert auf diesem fatalen Mechanismus der stellvertretenden Sühne. Jesus büßte mit seinem Leben für die Sünden der Menschen, also müssen sich alle Menschen fortan schuldig fühlen. Dadurch kommt es leicht zu einem endlosen Kreislauf von Schuld. Jeder büßt stellvertretend für einen anderen. Keiner ist mehr frei. Nur der, der sich am meisten erniedrigt, kann sich ein einigermaßen ruhiges Gewissen leisten. Schuldgefühle haben die Tendenz, sich endlos fortzupflanzen. Es entsteht auf diese Weise eine masochistische Haltung. Und wo Masochismus herrscht, ist Sadismus nicht weit.

Denn Schuldgefühle werden leicht zur Brutstätte von Aggression, wie uns die Gestalttherapie lehrt. Mag jemand uns mit Schuldgefühlen auch gefügig machen, wir werden eine innere Wut auf ihn entwickeln – eine Wut, die wir angesichts unserer Schuldgefühle zwar unterdrücken müssen, die jedoch gefährlicher und destruktiver werden kann, je mehr sie unterdrückt wird. Irgendwann kommt sie zum Ausbruch, und da sie sich nicht gegen denjenigen richten darf, gegenüber dem man sich eigentlich schuldig fühlt, wütet man gegen unschuldige Sündenböcke. Dies erklärt die Grausamkeit in vielen sogenannten Heiligen Kriegen, in denen mit vollem Segen der Kirche gegen die Nichtgläubigen zu Felde gezogen wird. Dieser Mechanismus hat also neben der persönlichen auch eine eminent religiöse und politische Bedeutung.

Angemessener erscheint hier ein Bild von Bert Hellinger:[6] Man kann einem leidenden Partner manchmal nicht weiterhelfen, als bei ihm – wie bei einem Kranken – zu sitzen und zu wachen. Man hält seine Hand und läßt ihn spüren, daß man da ist. Man kann hoffen und beten. All dies sind Zeichen für Solidarität, Liebe und Treue. Mehr können wir manchmal nicht tun. Ein solches Dabeisein gibt dem leidenden Partner das Gefühl, nicht allein leiden zu müssen. Er spürt unseren Beistand auf dem Weg, den er allein gehen muß. Er spürt seine eigene Würde: Im Annehmen und Ertragen von Leid kann viel Würde liegen. (Wenn wir ihm dies nicht zutrauten und ihm alles abnähmen, würden wir ihm seiner Würde berauben.)

Begierde und Hingabe – Zum Unterschied zwischen Beliebigkeit und Treue

Begehren und Hingabe prägen unsere Sexualität, sie sind zwei unserer wesentlichsten sexuellen Empfindungen. Sehr oft sind sie miteinander verschmolzen – wir begehren unseren Liebespartner, und in der sexuellen Vereinigung geben wir uns ihm hin. Aber die Unterscheidung von Begierde und Hingabe macht den Unterschied zwischen Treue in der Liebe und sexueller Beliebigkeit aus. Diese Unterscheidung wird wichtig, wenn wir nach den Gründen für den Widerspruch fragen, weshalb wir einerseits plötzlich in leidenschaftlicher Begierde für einen uns bis dahin unbekannten Menschen entflammen können, weshalb wir aber andererseits stetig und beständig sein können in der Liebe zu unserem Lebenspartner. Dabei begreife ich Begehren und Hingabe weniger als Gegensatzpaar denn als Stufen in der Entwicklung unserer Sexualität und unserer Beziehungsfähigkeit, wobei Begierde mehr am Anfang steht und Hingabe die Vollendung einer Liebesbeziehung darstellt.

Begehren

Das Begehren steht am Anfang jeder Liebesbeziehung. Es ist die Kraft, die uns mit Macht zum »Objekt unserer Begierde« hinzieht. »Attraktion« bedeutet Anziehung – und wie magnetisch zieht es uns zu unserem Angebeteten hin, wir »stehen unter Strom« und sind wie elektrisiert. Wie von der Schwerkraft angezogen fallen wir dem anderen zu Füßen (im Englischen heißt »falling in love« sich verlieben).

Unser Begehren kann sich kraftvoll oder auch leise ankündigen. Manchmal ergreift es wie im Handstreich von uns Besitz.

Wir sind überwältigt von leidenschaftlicher Liebe. Wir haben das Gefühl, nicht mehr leben zu können ohne den anderen. Manchmal tritt das Begehren aber leise und fast unbemerkt auf: Wir empfinden vielleicht ein leises Ziehen am Herzen, wie einen wehen Schmerz, wenn wir uns dem Angebeteten nähern. Wir spüren eine bis dahin unbekannte Unruhe, die uns nicht schlafen läßt. Aber das Grundgefühl bleibt das gleiche: Wenn sich das Begehren in uns regt, haben wir das Gefühl, wir seien nicht mehr Herr unserer selbst – wir fühlen uns einem Gefühl ausgeliefert, das uns in seinen Besitz nimmt. Nein – wir haben das Gefühl, der Angebetete nimmt uns in seinen Besitz, als habe er unser Herz gestohlen, als habe er uns unserer Ruhe beraubt.

Besessensein und Besitzenwollen

Das Begehren steht am Anfang der Beziehung, es ist das vorherrschende Gefühl im Verliebtsein, in der erotischen Anziehung. Wir fühlen uns nicht nur magnetisch zum Angebeteten hingezogen, wir fühlen uns auch von ihm besessen. Aber wir wollen auch ihn unsererseits besitzen. Das Besessenwerden und das Besitzenwollen sind tatsächlich die dominierenden Merkmale des Begehrens. Dabei fühlen wir uns doppelt besessen: Wir haben einerseits das Gefühl, der andere habe uns in seinen Besitz genommen und wir gehörten nicht mehr uns selbst, sondern ganz und gar ihm. Andererseits fühlen wir uns wie *besessen*. So sagen wir: Ein Verrückter ist von einem bösen Geist *besessen*, oder ein Mensch ist von einer irrwitzigen Idee *besessen*. In der Verliebtheit sind wir tatsächlich von einer der heftigsten Leidenschaften besessen, die es gibt: »Die Liebe ist eine Himmelsmacht!« Auf der anderen Seite erleiden wir aber auch Höllenqualen, besonders wenn der Angebetete uns nicht erhört.

Be-»gierde« – Verschlingende Liebe

Umgekehrt wollen wir auch den anderen besitzen: »Er soll ganz *mein* werden!« Hier zeigt sich der Kern der Begierde, hier äußert sich die Gier, die im Wort »Begierde« steckt. Wir haben den begehrten Menschen zum »Auffressen« gern – weil er so »süß« ist. In der leidenschaftlichen Umarmung gehen wir tatsächlich mit Lippen, Zähnen und Zunge an ihn heran.

Aus der Zeit, als wir noch Säuglinge waren, kennen wir dieses mächtige orale Verlangen: Das, was wir begehren, wollen wir mit dem Mund kennen- und liebenlernen, um es schließlich ganz in uns einzuverleiben. Wenn wir den Geliebten »aufgefressen« haben, haben wir ihn in uns, dann sind wir endlich unzertrennbar vereint.

Das Aufessen ist die ursprünglichste Form der Vereinigung – hier liegt die Wurzel von Kannibalismus und blutigen Opferriten. Hier finden wir den Grund für die mächtige Anziehung aller Formen oraler Sexualität, aber auch für unsere Anfälligkeit für Genuß- und Suchtmittel (die uns meist als Liebesersatz dienen).

Die Begierde ist offenbar vorwiegend ein orales Verlangen. Wir wollen den anderen verschlingen (wir »verschlingen« zum Beispiel den Angebeteten mit den Augen), wir wollen ihn mit Haut und Haaren besitzen, wir wollen ihn ganz für uns haben. Dabei ist der Hunger fast grenzenlos. Wir fühlen ein bodenloses Loch in uns, das wir mit unseren überschäumenden Gefühlen für den Geliebten auszufüllen suchen.

Im Begehren steht das Ich im Vordergrund

Im Begehren stehen unser Ich und seine Bedürfnisse eindeutig im Vordergrund: Der Geliebte soll *unser* Verlangen stillen, er soll uns die Wünsche aus den Augen lesen, er soll immer und ewig für uns dasein. Er muß versprechen, uns nie zu verlassen. Es ist wie eine Regression auf eine frühkindliche Stufe, in der wir uns noch symbiotisch vereint fühlten mit der Mutter: Wir fühlen uns einerseits völlig abhängig vom Geliebten wie von einer nährenden Mutter, andererseits fordern wir auch von ihm grenzenlose Zuwendung wie von einer Mutter. Wenn wir die Texte von Liebesliedern genauer betrachten, entdecken wir fast durchgängig Parallelen zur symbiotischen und oralen Kinderwelt – angefangen beim Kosenamen »Baby«.

Für den Säugling steht tatsächlich das eigene Ich im Zentrum seiner Welt. Beim Kind geht es aber um das nackte Überleben, weil es absolut hilflos ausgeliefert und angewiesen ist auf die Umwelt, um seine elementarsten Lebensbedürfnisse befriedigt zu bekommen. Daher ist das Kind so unerbittlich fordernd in seinem Schreien und Weinen, wenn ihm etwas fehlt. Außer seinem Schreien (und seinem Liebreiz) hat es kein Mittel in der Hand, um sein Überleben zu sichern. Der Säugling ist nur bei oberflächlicher Betrachtung ein Egoist, der seine Umwelt für sich »funktionalisiert« und »tyrannisiert«. Wenn sich ihm die Umwelt entzieht, stirbt er.

Wenn wir verliebt sind, haben wir bisweilen auch das Gefühl, wir könnten vor Sehnsucht sterben. Es geht hier aber nicht mehr um das physische Überleben wie beim Baby, sondern um unser psychisches Überleben. Die Sehnsucht zieht uns zum Geliebten hin, mit dem wir uns vereinen wollen und dessen Nähe wir verzweifelt suchen. Wenn er uns verläßt, glauben wir, wir müßten sterben. Ohne ihn erscheint das Leben nicht mehr lebenswert, und wir fühlen uns »mutterseelenallein«.

Das Begehren ist unspezifisch – Austauschbarer Sex

Da beim Begehren das Ich im Vordergrund steht und das Du nur selektiv in seiner Funktion für die Befriedigung der Ich-Wünsche und -Bedürfnisse gesehen wird, sind wir in unserem Verhalten dem Partner gegenüber tatsächlich recht egozentrisch oder auch egoistisch. Im Grunde sind uns seine Bedürfnisse und Wünsche relativ gleichgültig, solange er uns nur unser Verlangen stillt. Darin können Verliebte tatsächlich Babys ähnlich sein.

Noch eine weitere Konsequenz bringt die Ich-Bezogenheit des Begehrens mit sich: Die Person des Geliebten ist im Prinzip relativ beliebig und austauschbar. Wenn wir verliebt sind, haben wir zwar das Gefühl, *dieser* Mensch müsse es sein und sonst keiner! Wir sind glückselig, wenn er uns erhört. Wir »sterben vor Sehnsucht«, wenn er nicht auf uns antwortet. Aber wenn wir auf der Entwicklungsstufe des Begehrens stehenbleiben, geht dieses Gefühl, so heftig es auch sein mag, nicht besonders tief – zumindest nicht tief genug, um Wurzeln in unserem Wesenskern zu schlagen.

Liebe ist die Verbindung zwischen meinem eigenen Wesenskern und dem eines anderen Menschen. Wenn wir wirklich lieben, ist es nicht mehr gleichgültig, wen wir lieben. Solange wir nur begehren, bewerten wir unser Gegenüber hauptsächlich danach, ob er unsere (oralen, symbiotischen und sexuellen) Bedürfnisse befriedigt oder nicht. Wenn er es nicht tut, suchen wir nach jemand neuem. Dadurch werden Liebespartner austauschbar. Menschen, die wir nur begehren, können wir auswechseln. Wahrscheinlich *müssen* wir sie sogar immer wieder austauschen, denn wir verlieren den Appetit selbst am leckersten Essen, wenn immer wieder das gleiche serviert wird. Abwechslung macht Appetit. Dies macht den Reiz von Partnerwechsel, One-night-Stands, Urlaubsbekanntschaften und sexuellen Abenteuern aus.

Dies ist ein Grund für sexuelle Beliebigkeit und suchtartige Promiskuität. Dies ist auch der Grund, weshalb wir immer wieder von sexueller Begierde in Versuchung geführt werden können: Wir werden hier auf einer elementaren und primitiven Stufe unserer Liebesentwicklung angesprochen, die unsere oralen, symbiotischen und sexuellen Bedürfnisse weckt und stimuliert.

Wir sind besonders anfällig für solche Verlockungen, wenn wir in unserer frühen Kindheit wirkliche Entbehrungen erlitten haben. Wenn wir als Kinder in unserem Bedürfnis nach Nähe, Wärme, Fürsorge und Liebe nicht erhört worden sind, entsteht tatsächlich so etwas wie ein Loch in uns, das wir immer wieder zustopfen müssen, egal, von wem, egal, wie. Wir nehmen den erstbesten Partner, gleichgültig, ob er zu uns paßt oder nicht. Wir lassen uns sexuell und seelisch quälen und demütigen, nur um die unendliche Sehnsucht für eine kurze Weile zu betäuben. Aber das sexuelle Abenteuer wirkt wie eine Droge – am nächsten Tag ist seine Wirkung bereits verflogen, und wir gieren nach mehr, ohne je Erfüllung zu finden.

Hier greift auch die Sex-Industrie ein – und nicht nur die Sex-Industrie, sondern mittlerweile jegliche Art von Werbung, da diese damit arbeitet, menschliche Bedürfnisse zu vermarkten: Durch die Stimulierung unserer oralen, symbiotischen und sexuellen Bedürfnisse wird unsere Begierde geweckt – und dann auf das jeweilige Produkt umgelenkt. Auf diese Weise wird Sucht produziert. Wir Konsumenten werden süchtig nach den angepriesenen (aber beliebig austauschbaren) Produkten. Wir werden gleichzeitig sexuell überstimuliert und regelrecht süchtig gemacht nach dem so leicht zugänglichen Sex (mit genauso beliebig austauschbaren Partnern). Liebe wird zur Ware entwertet. Wir ahnen dabei nicht, daß wir von der Werbung mißbraucht werden und daß wir uns selbst und unsere Liebespartner mißbrauchen – und zwar in unserem intimsten Bedürfnis überhaupt, dem Bedürfnis nach Liebe, Nähe, Sexualität und Hingabe.

Hingabe

Es ist ein langer Weg vom Begehren zur Hingabe. Wie wir es im Kapitel »Vom Verliebtsein bis zum Lieben« gesehen haben, lernen wir im Laufe einer Liebesbeziehung unsere Idealisierungen und Projektionen auf unseren Partner aufzugeben – zugunsten eines realistischen Bildes seiner Person. Genauso wichtig ist dabei die Hinbewegung vom Ich zum Du. Je mehr wir wirklich lieben, desto wichtiger wird uns das Wohlergehen unseres Partners, desto bereitwilliger opfern wir unsere eigenen Bedürfnisse.

Opfern

Opfern ist eine »weibliche« Eigenschaft. Es ist dem männlichen Denken fremd, denn dieses hat das Erobern im Sinn, die Vergrößerung des eigenen Einflusses und der eigenen Macht sowie das Durchsetzen eigener Interessen. »Männlich« ist das Individualistisch-Trennende: »Ich bin ich, und du bist du!« Opfern bedeutet aus der männlichen Perspektive Nachgeben, Schwäche, Unterwerfung, und damit Ohnmacht. Das Ich erleidet eine Niederlage. Diese wird als Demütigung des Ich erlebt.

Bewußtes Opfern ist dagegen etwas Würdevolles. Aber seine Größe kommt von innen, sie braucht keine Unterstreichung, sie ist das Gegenteil von der Großartigkeit des Narzißmus. Der sich Aufopfernde erscheint zwar als Dienender, aber sein Opfer beruht auf dem bewußten Verzicht der Durchsetzung eigener Interessen. Dies geschieht aus Liebe zu einem anderen Menschen oder zu einem gemeinsamen Projekt beziehungsweise Ideal. Der Opfernde verzichtet, nicht, weil er muß, sondern weil er will. Wenn wir wirklich lieben, ist es uns ein leichtes, uns hintanzustellen, um dem Du zu dienen.

Ich möchte hier klar unterscheiden zwischen der weiblichen Bescheidenheit, zu der Mädchen und Frauen in unserer Gesellschaft (immer noch) erzogen werden, und der bewußten Hingabe aus Liebe. Die anerzogene Bescheidenheit ist äußerlich und erzwungen, sie demütigt die Frau vor dem Mann und dient der Durchsetzung patriarchalischer Herrschaft. Daher ist es wichtig, daß Frauen lernen, noch selbstbewußter zu werden und Männer in ihre Schranken zu weisen.

Liebevolle Hingabe kommt dagegen von innen. Wir können uns weder dazu »erziehen« noch zwingen, einen anderen Menschen zu lieben. Wir lieben stets spontan, sonst würden wir unseren Gefühlen Gewalt antun. Aber wir können uns auf den Weg aufmachen zum Du hin – dies ist vor allem für Männer besonders wichtig, weil sie gesellschaftlich dazu erzogen werden, ihren männlichen Narzißmus zu pflegen. Wenn sie aber liebes- und beziehungsfähig werden wollen, müssen sie lernen, ihre Ich-Wünsche zu überwinden. (Hierin besteht im übrigen eine wesentliche Aufgabe des Erwachsenwerdens jedes Kindes: die Auseinandersetzung zwischen seinen eigenen Bedürfnissen und den Erfordernisse seiner Umgebung.)

Sexuelle Hingabe und das Sterben des Ich

In letzter Konsequenz bedeutet Hingabe ein »Sterben« unseres Ich. Dieses Sterben erleben wir am deutlichsten bei der sexuellen Hingabe. Sie ist mehr als das Erleben eines Orgasmus. Wenn wir uns sexuell hingeben, dann ist das so, als stürzten wir in einen Abgrund und würden auf wunderbare Weise vom Partner aufgefangen. Wir haben das Gefühl, vor Lust zu vergehen, aber in dieser Wonne ist auch ein tiefer Schmerz eingebettet, der Schmerz, der darin besteht, daß wir uns in diesem Augenblick verlieren. Wir geben unsere Kontrolle, unsere bisherige Selbstsicherheit und unsere Begrenztheit als Individuum auf. Dieses Sich-Verlieren ist der Preis und die Voraussetzung dafür, daß wir mit dem Liebespartner verschmelzen können, um eine größere Einheit zu werden. Hier findet tatsächlich das Wiedereintauchen in eine Symbiose statt. Es ist aber nicht nur die Symbiose zwischen mir und meinem Liebespartner, sondern es ist auch eine (zeitlich begrenzte) Wiedervereinigung mit dem Kosmos, mit Himmel und Erde, mit Gott. Aus dieser transzendierenden Erfahrung entsteht neues Leben. Hingabe hat letztlich stets mit spiritueller Erfahrung zu tun, gleichgültig, ob wir uns darüber bewußt sind oder nicht. Es ist, als würden wir im Sturm der Leidenschaft aus dem sicheren Boot unseres Ich herausgerissen. Wir werden von einer gewaltigen Welle erfaßt, wir bekommen Todesangst, haben Angst zu ertrinken, dann merken wir plötzlich, daß wir vom Meer getragen sind und ein Teil des Ozeans werden. Und wenn wir danach irgendwann wieder ans Land gespült werden, spüren wir, daß wir nicht mehr dieselben sind. Wir sind verwandelt.

Ein solch tiefes Erlebnis bindet. Wem wir uns auf diese Weise hingeben, dem bleiben wir innerlich treu. Um im Bild des

Meeres zu bleiben: Wir finden bei diesem Menschen einen Hafen, in dem wir mit unserer Liebe vor Anker gehen können.

Weil Hingabe ein Hinbewegen auf das Du bedeutet, ist sie immer auf eine bestimmte Person ausgerichtet. Ich kann mich nicht beliebig irgend jemandem hingeben. Hingabe ist äußerst selektiv. Der andere ist ganz persönlich »gemeint«, und er ist nicht austauschbar wie bei der sexuellen Begierde.

Vertrauen

Wenn ich mich hingebe, muß ich sicher sein, daß ich aufgefangen und aufgenommen werde und nicht ins Leere falle. Daher ist Hingabe nur möglich, wenn ich bedingungslos vertrauen kann. Vertrauen kann ich mir aber nicht willentlich aneignen. Genauso wie Liebesfähigkeit wächst Vertrauen aus der Erfahrung, in schlimmen Lebenssituationen von anderen Menschen (und von Gott) gehalten zu werden. Daraus erwächst die innere Sicherheit, mich einem anderen Menschen anvertrauen zu können.

Wesentlich ist dabei, daß es sich nicht um *blindes* Vertrauen handelt, sondern um ein *sehendes* Vertrauen. Ich gebe mich nicht einem x-beliebigen Menschen hin, sondern nur einem, bei dem ich wirklich sicher bin, daß er mich liebt und daß ich ihn liebe. Ich nehme die wirklichen Gefühle bei mir und meinem Partner wahr. Ich bin mir bewußt, welche Risiken ich eingehe, wenn ich mich hingebe.

Der gemeinsame Weg

Wir sehen, Hingabe besteht keineswegs nur aus einem einmaligen orgiastischen Erlebnis (obwohl dieses wesentlich dazugehört!). Sie ist vielmehr eine langsame Hinbewegung vom Ich zum Du. Sie ist kennzeichnend für eine reifere Beziehung und auch für eine reifere Sexualität. Es gibt natürlich Höhepunkte auf diesem Wege, die uns Mut machen und Kraft für die schwierigen Etappen geben. Es gibt aber genauso Krisen und Einbrüche, in denen wir zweifeln und verzweifeln.

Hingabe, anders als Begehren, gibt uns das Gefühl von Zugehörigkeit: Ich gehöre zu dir (ohne daß ich dir gehöre), und du gehörst zu mir. Ich habe bei dir meinen Platz gefunden, meinen Hafen, meinen Ruhepunkt. Manchmal werden wir auch aus dem Hafen fahren, um gemeinsam neue Leidenschaften zu erleben und Abenteuer zu bestehen. In der liebenden Hingabe hat das Begehren immer noch seinen Platz. Die Leidenschaft wird jedoch feiner und nuancierter als die Faszination der Anfangsphase. Wir schlingen nicht mehr in uns hinunter, wir schmecken.

Wenn wir uns hingeben, verlieren wir einen Teil unseres Ich und gewinnen dafür einen unvergleichbar größeren Reichtum. Ich bin treu, weil ich mich reich beschenkt fühle in meiner Liebesbeziehung, und nicht weil ich Angst habe, die Liebe meines Partners zu verlieren.

Sexuelle Erfüllung und Kinderwunsch

Sexuelle Leidenschaft ist die Grundlage jeder intimen Liebesbeziehung

Sexualität ist der konstituierende Faktor einer Liebesbeziehung. Ein Paar mag gefühlsmäßig harmonieren. Die Partner mögen miteinander durch dick und dünn gehen und Freud und Leid miteinander teilen. Sie mögen gute Eltern für ihre Kinder sein. Aber wenn sie sexuell nicht leidenschaftlich verbunden sind, sind sie nicht *ganz* Mann und Frau füreinander. Ihrer Beziehung fehlt das Wesentliche an einer intimen Mann-Frau-Beziehung, wenn sie miteinander keine sexuelle Erfüllung erleben.

Sexualität gehört nicht nur zu den primären Lebensbedürfnissen des Menschen. Sie ist auch das ganzheitlichste Lebensbedürfnis: Wir erleben sie gleichzeitig auf der animalischen, leiblichen, psychischen, geistigen und emotionalen Ebene. Hinzu kommt, daß Sexualität nicht nur ein individuelles Bedürfnis ist, wie Hunger oder Durst, oder die Sehnsucht nach ästhetischem Genuß – alle diese Bedürfnisse können wir auch allein befriedigen. Sexualität ist aber auch ein Triebbedürfnis, das uns aufs Innigste mit einem anderen Menschen verbindet. Sie schlägt somit die Brücke zwischen unserer eigenen Befriedigung und der Befriedigung eines mit uns intim verbundenen Menschen. In der sexuellen Liebesbeziehung erfüllen sich diese beiden Seiten der Sexualität: sowohl die individuelle Triebbefriedigung als auch die Verschmelzung mit dem Liebespartner. Deshalb sehnen sich fast alle Menschen nach Erfüllung in Liebe und Sexualität. Sie gehört zu den höchsten Lebenszielen überhaupt.

In der sexuellen Umarmung vereinigen wir uns nicht nur geschlechtlich, sondern auch in unserer geistigen Energie – die

Chakren beider Partner legen sich direkt aufeinander und kommen in gemeinsame Schwingung. Im Verströmen unserer Liebeskraft tauschen wir uns in unserer männlichen und weiblichen Energie aus. Beide Partner fühlen sich in etwas eingetaucht, das größer ist als sie beide, in einem Gefühl ozeanischer und kosmischer Verbundenheit. In solchen Momenten erleben wir erfüllte Sexualität als etwas Heiliges, als eine tiefe spirituelle Erfahrung, in der wir unser Ich hingeben und aufgeben und in ein gewaltiges Großes eintauchen. In der sexuellen Vereinigung erleben wir uns nicht nur als Individuen, nicht nur als Liebespaar, sondern auch in unserer Verbindung mit Gott, mit der universellen Energie, der Transzendenz. In der Sexualität verbinden sich unsere sogenannten niederen, animalischen Triebe mit unserer göttlichen Erfahrung. Himmel und Erde vereinen sich darin.[7]

Die sexuelle Hingabe schafft die tiefste Bindung

Die Verbindung mit dieser universellen Energie ist der eigentliche Grund dafür, weshalb durch eine erfüllte sexuelle Beziehung die eigentliche Liebesbindung entsteht. Wenn wir eine solch umfassende Erfahrung mit einem bestimmten Menschen machen, sind wir für unser Leben mit ihm aufs engste verbunden.

Dies wollen wir vielleicht gar nicht wahrhaben in unserer sexuell freizügigen Gesellschaft. Gewiß, sexuelle Freiheit ist notwendig, um den für mich bestimmten Liebespartner zu finden. Ich muß ihn suchen und finden können. Ich muß nicht mehr den erstbesten nehmen, sondern darf ausprobieren. Denn ich erkenne den Liebespartner, der sexuell zu mir paßt, nicht daran, daß er gut aussieht, daß ich ihn sympathisch finde, daß er lieb zu mir ist oder daß wir die gleichen Interessen teilen. Ich erkenne ihn nur in der sexuellen Vereinigung, oft nicht beim erstenmal (denn da sind wir häufig zu aufgeregt), aber irgendwann erleben wir diese Hingabe, die ganz umfassend ist und die uns unmißverständlich sagt: »Dies ist mein Mann.«

– »Dies ist meine Frau.« Wenn dabei *beide* Partner den anderen als »meinen Mann« beziehungsweise »meine Frau« erkennen, dann entsteht die Liebesbindung. Sie ist die tiefste Grundlage für Treue.

Und wenn wir dann auch noch das Glück haben, daß die äußeren Lebensumstände es erlauben, daß wir als Paar zusammenkommen können, dann stimmen sämtliche Voraussetzungen: Denn Liebe verwandelt uns in unserem tiefsten Wesen – in unserem Wesenskern. Wenn wir mit jemandem lebenslang zusammenbleiben, mit dem wir durch eine erfüllte Liebesbeziehung verbunden sind, unterziehen wir uns einem tiefgreifenden gemeinsamen Wandlungs- und Wachstumsprozesses.

Der Kinderwunsch in einer erfüllten sexuellen Beziehung

Kinder können in den verschiedensten Beziehungskonstellationen entstehen. Die wohl glücklichste Form der Zeugung geschieht in der vollen sexuellen Hingabe. Bei dieser entsteht Leben durch die vollkommene Verschmelzung der männlichen und der weiblichen Kraft, es entstehen »Kinder der Liebe«.

Hier möchte ich diesen Vorgang einmal energetisch beschreiben (da ich meine, daß die energetische Beschreibung dem subjektiven Erleben des Paares bei der sexuellen Vereinigung und Zeugung am nächsten kommt): Wir nennen im Chinesischen die männliche Kraft *Yang*, die weibliche *Yin*. Wenn ein Mann im Vollbesitz seiner männlichen Kraft ist und wenn er sich in seiner ganzen Männlichkeit *dieser, seiner* Frau hingibt, dann gibt er seine ganze Kraft beziehungsweise Potenz in die sexuelle Vereinigung. Wenn eine Frau im Vollbesitz ihrer weiblichen Kraft ist und wenn sie sich in ihrer ganzen Weiblichkeit *diesem, ihrem* Mann hingibt, dann gibt sie ihre ganze Potenz und ist empfängnisbereit zugleich. Wenn diese beiden elementaren Kräfte aufeinanderprallen und miteinander verschmelzen, entsteht in einem unbegreiflichen Vorgang ein Kind.

Diese Verschmelzung äußert sich auf der psychischen Ebene in Form eines unbewußten oder auch bewußten *Kinderwunsches*: Wenn Frau und Mann sich einander ganz hingeben, also körperlich, emotional und seelisch, entsteht fast immer bei beiden Partnern der spontane Wunsch nach etwas, das aus der sexuellen Beziehung hervorgehen soll – der Wunsch nach einem Kind. Die erfüllte sexuelle Beziehung ist im wörtlichen Sinne kreativ und schöpferisch. Dies ist ein Vorgang, der sich nicht rational vollzieht, sondern instinktiv. Er ist mit dem Schöpferischen der Natur verbunden.

In diesem Sinne sind wir Teil eines größeren schöpferischen Prozesses, über den wir als Individuen nur bedingt Macht und Entscheidungsgewalt haben. Wir wissen nicht im voraus, ob eine bestimmte Frau oder ein bestimmter Mann »meine Frau« oder »mein Mann« werden wird. Wir können nicht willentlich entscheiden: »Sie oder er soll's sein!«

Wir können aber an der emotionalen und sexuellen Erfülltheit einer Beziehung spüren, ob dieser Partner *derjenige* sein könnte oder nicht. Dies ist das erste Indiz. Das zweite ist unser Wunsch nach einem Kind und unsere Reaktion auf eine eventuelle Schwangerschaft: Wenn wir ein Kind zeugen, können wir *auch* an unserer Zustimmung oder Ablehnung zu dieser Schwangerschaft spüren, ob diese Beziehung »stimmt« oder nicht, ob wir mit diesem Partner eine Familie gründen wollen oder nicht.

Auch hier haben wir es mit einer spontanen Reaktion zu tun: Der Wunsch nach einem Kind beziehungsweise die Zustimmung zu einer Schwangerschaft entsteht in uns spontan, genauso wie unser Erleben der Erfülltheit in der Sexualität und in der Emotionalität mit einem bestimmten Partner. Diese spontanen Reaktionen können zwar nachträglich rational begründet werden, aber sie haben von Anfang eine sehr deutliche innere Aussagekraft.

Einschränkungen

Natürlich hängt unsere Zustimmung zu einem Partner oder zu einem Kind noch von vielen anderen wichtigen Faktoren ab, etwa vom Alter des Partners, seiner sozialen Stellung und seinem Akzeptiertsein bei den eigenen Freunden und Verwandten. Diese Zustimmung ist auch abhängig von ideellen, emotionalen und materiellen Gemeinsamkeiten und auch davon, ob wir bereits in einer Beziehung stehen oder ob wir bereits Kinder haben.

Hier möchte ich aber speziell auf den sexuellen Faktor (und den damit eng verbundenen spontan-emotionalen Faktor) bei unserer Partnerwahl eingehen, weil ich glaube, daß diese Aspekte eine weitaus entscheidendere Rolle spielen, als wir es uns gemeinhin eingestehen mögen. Meistens wehren wir uns gegen eine solche Sichtweise, weil sie uns in unserer Entscheidungsgewalt und in unserem Wunsch nach Kontrolle über unser Leben einschränkt. Als aufgeklärte Menschen meinen wir, unsere Partnerwahl nach rationalen Gesichtspunkten treffen zu können. Das Gegenteil könnte jedoch der Fall sein: Wenn wir neben den rationalen Entscheidungskriterien dem sexuellen Faktor einen höheren Stellenwert beimessen, haben wir es möglicherweise *einfacher* in unserer Partnerwahl, als wenn wir uns vorwiegend nach rationalen und sozialen Kriterien richten.

Und noch eine Einschränkung: Wenn ein Paar emotional und sexuell als Liebespartner und (zukünftige) Eltern zusammenpaßt, ist diese Tatsache *allein* noch keine Garantie dafür, daß die Beziehung glücklich sein wird. Hier spielen auch die obenerwähnten soziokulturellen, psychologischen, materiellen, aber auch zeitgeschichtlichen Faktoren eine entscheidende Rolle. Das Schicksal einer Beziehung hängt von der *Gesamtheit aller Lebensfaktoren* ab. Ein Paar kann bis zu seinem Lebensende glücklich zusammenleben, selbst wenn es in sexueller und emotionaler Hinsicht nicht optimal zueinander paßt. Die Bindung kann zum Beispiel auf einem harten, gemeinsam durchstandenen Schicksal beruhen, auf Kindern, die die Partner zusammen großgezogen haben, und auf materiellen Werten, die sie sich gemeinsam erarbeitet haben. Solidarität ist eine hervorragende Säule für eine Lebensbeziehung.

Tragische Liebesbeziehungen

Wir haben oben gesehen, daß das Glück vollkommen ist, wenn beide Partner emotional und sexuell »ja« zueinander sagen können und die Lebensumstände so sind, daß sie ein Liebespaar sein dürfen. Wenn die Lebensumstände aber problematischer sind, beispielsweise, wenn einer oder beide Partner bereits gebunden sind oder gar Kinder mit einem anderen Partner haben, kann es für alle Beteiligten sehr schwierig werden. Dies ist die Grundlage vieler Liebestragödien.

Tragisch ist es ebenfalls, wenn wir nicht erkennen, daß wir unseren eigentlichen Liebespartner vor uns haben, wenn wir auf ihn treffen. Manchmal sind es Vorstellungen im Kopf, die die tiefe Erfahrung, die wir mit diesem Menschen machen, relativieren: »Diese Person kann es doch nicht sein – ich habe doch eine ganz andere Vorstellung von meinem Idealpartner.« Oder es geht gegen die Vorstellung der sexuellen Freiheit: »Ich darf mich doch nicht an einen einzigen Partner binden! Ich will nicht so konservativ leben wie meine Eltern!« Oder: »Ich kann doch nicht bei dem erstbesten bleiben. Ich will noch weitere Erfahrungen mit anderen Männern (Frauen) sammeln.« Es ist dann bitter, wenn wir später, vielleicht zu spät, erkennen, daß diese Person doch die richtige gewesen wäre.

Manchmal kann uns gerade die Tiefe des sexuellen Erlebnisses wie eine unerwartete gewaltige Welle so treffen und überwältigen, daß wir Angst bekommen und weglaufen. Wir haben möglicherweise noch nicht die innere Sicherheit und Standfestigkeit, um solch eine aufwühlende Erfahrung heil durchzustehen. Sexuelle Leidenschaft kann uns tatsächlich wie eine gewaltige Woge überspülen, und wenn wir noch nicht schwimmen können, kann es uns sehr wohl passieren, daß wir in der Welle ertrinken oder wenigstens doch Mühe haben, uns über Wasser zu halten.

Es gibt auch Menschen (vorwiegend Männer), die für eine solch tiefgreifende Erfahrung noch nicht reif genug sind, die aber auch nicht bereit sind, sich einzugestehen, daß sie dafür noch nicht reif sind. Sie schützen sich vor der Macht der Liebeserfahrung, indem sie sich körperlich und psychisch panzern: Sie rauchen »danach« eine Zigarette, um ihrer inneren Erregung wieder Herr zu werden, oder sie stehen gleich wieder auf und gehen. Manchmal müssen sie auch die Partnerin verachten, um sich vor ihrer eigenen Ergriffenheit zu schützen: »Das ist ja eine Hure, wenn sie sich so gehen läßt!« Nicht selten fangen sie an, diese Frau zu erniedrigen und zu quälen, da sie selbst weniger emotional involviert sind. Zu groß ist ihre Angst, sich wirklich in die intime Nähe einzulassen. Sie ahnen, daß sie auf Dauer nicht »cool« bleiben könnten. (Es gibt natürlich auch Frauen, die auf diese Weise reagieren. Aber Männer werden in unserer Gesellschaft in der Regel mehr zu dieser Art coolen Machoverhaltens erzogen.)

In allen diesen mißlungenen Liebesbeziehungen entsteht durchaus eine Liebesbindung zwischen den Partnern. Aber da sie diese nicht als eine bedeutende Beziehung (oder sogar als die bedeutendste Beziehung ihres Lebens) anerkennen und würdigen wollen oder können, entsteht ein Zwiespalt in ihrem Herzen. Diese Ambivalenz zwischen »Ich will dich« und »Ich will dich nicht« zerreißt sie innerlich, sie taucht den Partner in ein ständiges Wechselbad, und nicht selten geht die Beziehung daran zu Bruch. Zurück bleibt oft Bitterkeit, Haß, Enttäuschung – und eine nicht enden wollende Bindung. Nichts bindet fester als die Mischung aus Liebe und Haß.

Ein Paar, das sich nicht findet

Sie haben sich in der Ausbildung kennengelernt und verleben in den ersten Jahren eine schöne Zeit miteinander. Nach einigen Jahren geraten sie in eine Krise. Die persönlichen Unterschiede zwischen beiden werden immer deutlicher. Obwohl sie sich beide um ein Zusammenbleiben bemühen, gibt es doch einige grundsätzliche Dinge, in denen die Differenzen unvereinbar sind. Sie ziehen auseinander und nehmen andere intime Beziehungen auf. Da sie aber merken, daß sie einander immer noch sehr liebhaben, sehen sie sich immer noch als Paar an. Sie treten auch im Freundeskreis weiterhin als Paar auf. Dort gelten sie als »Märchenpaar«, sie passen nach Meinung der Freunde so gut zueinander. Am Schluß haben beide eine feste Nebenbeziehung, in der sie sich sexuell erfüllter fühlen – aber auch zum Nebenpartner können sie nicht »ja« und nicht »nein« sagen.

Durch eine Schwangerschaft, der sie nicht zustimmen können (die Vaterschaft ist wegen der verschiedenen sexuellen Beziehungen auch unklar) und die deshalb abgebrochen wird, merken sie endlich, daß sie nicht mehr zusammenbleiben können. Der Abschied ist für beide sehr schmerzlich, und sie müssen sich von vielen gemeinsamen Plänen und Lebensbezügen verabschieden.

Einige Jahre später haben beide eine glückliche Beziehung mit einem anderen Partner, mit dem sie auch jeweils Kinder bekommen. Sie haben einander immer noch gern und sind gleichzeitig froh darüber, daß sie als Liebespartner nicht zusammengeblieben sind, da sie in entscheidenden Dingen doch nicht zueinander paßten. Aus der Distanz können sie nun sehen, daß sie sich teilweise wie Eltern und Kind (im gegenseitigen Umsorgen) und teilweise wie Geschwister (in der Ähnlichkeit in vielen Dingen) geliebt haben. Die Liebe als Mann und Frau aber – das, was eine Liebesbeziehung wirklich ausmacht –, hatte bei ihnen aufgehört zu existieren, ohne daß sie sich darüber klar waren. Deshalb haben sie es so lange miteinander versucht.

Wir haben im Kapitel »Der Platz im Herzen« festgestellt, daß es äußerst wichtig ist, sich in einer Beziehung klar darüber zu sein, was die Partner wirklich füreinander bedeuten. In diesem Beispiel hat das Paar nicht gemerkt, daß die Liebesbeziehung aufgehört hat zu existieren. Da beide Partner sonst viele Gemeinsamkeiten miteinander teilten, mochten sie nicht auseinandergehen. Aber ihre Sexualität haben sie bereits abgespalten. Sie lebten diese in den Nebenbeziehungen aus.

Die Kriterien der sexuell-emotionalen Erfüllung und des Kinderwunsches sind entscheidend dafür, ob aus einem Paar auch ein *Liebespaar* wird. Im obigen Beispiel haben beide Partner vieles miteinander gemeinsam: die langen Jahre, die sie miteinander gelebt haben, die vielen gemeinsamen Erfahrungen, die gemeinsamen Freunde, das gemeinsame Berufsziel. Aber in den beiden entscheidenden Punkten – in ihrer Sexualität sowie in ihrem Wunsch nach einem gemeinsamen Kind – kamen sie nicht zusammen. Daran merkten sie, daß sie *als Liebespartner* nicht zusammenpaßten.

Sexuelle Frustration in der Partnerschaft und die Suche nach einem »Schuldigen«

Was geschieht nun mit einem Paar, das keine sexuelle Befriedigung findet? Die Partner sind zurecht unbefriedigt und frustriert. Sie spüren: In unserer Beziehung fehlt etwas Elementares und Fundamentales. Sie haben sexuelle *und* partnerschaftliche Erfüllung erwartet und sind nun tief enttäuscht – enttäuscht von sich selbst und vom anderen.

Die Partner stehen nun in Gefahr, nach einem »Schuldigen« zu suchen. Entweder geben sie sich selbst die Schuld für die fehlende Befriedigung oder aber dem Partner. Wenn sie sich selbst beschuldigen, glauben sie, es fehle ihnen etwas Entscheidendes. Sie seien zu häßlich und unansehnlich, zu impotent oder frigide, zu prüde oder zu begehrlich.

Das Gefühl, sexuell nicht dem allgemeinen Standard oder den Wünschen des Partners zu genügen, gehört zu den vernichtendsten Selbstkonzepten, die wir kennen. Es erfüllt uns mit tiefer Scham. Wir schließen uns damit selbst aus der Gemeinschaft der Mit-Männer beziehungsweise Mit-Frauen aus. Deshalb tun wir alles, um dem vermeintlichen sexuellen Ideal zu entsprechen – wir geißeln uns mit Hungerkuren und Diäten, geben ein Vermögen für Kosmetika und Kleidung aus, pilgern zu Fitneß- und Bräunungs-Studios, studieren Berge von Büchern, wie man frau und frau man befriedigt, und beschäftigen ein Heer von Psychotherapeuten.

Genauso fatal ist es, dem Partner die Schuld zu geben: *Er* hat sexuell versagt. *Er* ist zu prüde, zu geil, zu unsensibel, zu sensibel etc. Im Grunde ist dies eine Projektion der eigenen Versagensängste – wenn der Partner schuld ist, dann bin ich selbst entlastet, dann bin ich sexuell in Ordnung – ich brauche nur den richtigen Partner zu finden. In dieser Illusion treibt es uns immer weiter auf der vergeblichen Suche nach dem »richtigen« Partner.

Gleichgültig, ob ich mich selbst als Versager fühle (und mich schamvoll zurückziehe) oder den Partner beschuldige: Sexuelles Unerfülltsein führt sehr leicht zur gegenseitigen Ablehnung und Entfremdung zwischen den Partnern. Wir fühlen uns sowohl in uns selbst defizitär als auch in der Partnerschaft. Denn, wie wir bereits gesehen haben, Sexualität berührt uns stets sowohl als Individuum als auch als Paar. Erfüllte Sexualität läßt uns als Individuen und als Paar aufblühen. Unerfüllte Sexualität läßt uns als Individuen und als Paar verwelken.

Das Gefühl von Scham und Schuld drängt sich zwischen die Partner und trennt sie emotional voneinander. Die Brücke zwischen dem Paar wird schwankender und zerbröckelt. Ungelöste sexuelle Frustration unterhöhlt die Liebesbeziehung, bis sie bei einer Krise (zum Beispiel bei einem Seitensprung) zerbricht (siehe hierzu das Kapitel »Seitensprünge und ihre Gründe«).

Anstatt nach einem Schuldigen zu suchen, ist es wichtiger, miteinander ehrlich, aber auch liebevoll über die Gefühle sexueller Unerfülltheit zu sprechen. Wie wir gesehen haben, kann auch eine sexuell nicht erfüllte Beziehung tragfähig und stabil bleiben, wenn andere Faktoren intakt sind. Manchmal können die Partner Frieden finden im Verzicht. Manchmal entdecken sie andere Möglichkeiten, ihre Sexualität zu leben, ohne daß sie sich trennen müssen. Manchmal entschließen sie sich auch, in Liebe und Würde auseinanderzugehen, um tatsächlich nach einem passenderen Partner zu suchen.

Wenn ein Paar schwanger wird

Schwangerschaft und Schwangerschaftsabbruch sind für eine Beziehung von elementarer Bedeutung. Im vorangegangenen Kapitel bin ich auf den Zusammenhang zwischen »Sexueller Erfüllung und Kinderwunsch« eingegangen. Es ging dort um das Zustandekommen eines positiven Kinderwunsches, wenn sich ein Paar liebt. Hier in diesem Kapitel möchte ich untersuchen, wie sich eine Schwangerschaft auf die Frau und auf den Mann auswirkt. Welche Beziehungsfaktoren tragen zu einer Entscheidung für oder gegen ein Kind bei? Es ist mir insbesondere ein Anliegen, die Verantwortung des Mannes sowohl bei einer Schwangerschaft als auch bei einem Schwangerschaftsabbruch zu beleuchten.

Die Verknüpfung von Sexualität und Empfängnis

Das Wunderbare, zugleich aber auch das Tragische am Thema Schwangerschaft ist die unmittelbare Verbindung zwischen Sexualität und Empfängnis. Eine sexuelle Begegnung zwischen Mann und Frau ist immer mit der Möglichkeit einer Schwangerschaft verbunden. Ist in einer erfüllten sexuellen Beziehung das Kind die erwünschte, ja ersehnte Frucht der Beziehung, so kann in einer unerfüllten, unglücklichen, unbeabsichtigen oder erzwungenen sexuellen Beziehung ein Kind zum Fluch werden.

Alles oder nichts

In den meisten Beziehungen stellt eine Schwangerschaft den Wendepunkt dar, an dem sich entscheidet, ob das Paar zusammenbleibt oder sich trennt. Hier ist der Punkt, an dem es um alles oder nichts geht. Das *Alles* ist die Austragung der Schwangerschaft, das Eingehen in eine Lebensbeziehung, die Gründung einer gemeinsamen Familie und die gemeinsame Sorge um das Kind. Das Alles bedeutet, für alle daraus folgenden Konsequenzen die volle Verantwortung als Mann und als Frau zu übernehmen. Es fordert die Bereitschaft und die Einwilligung, Vater und Mutter zu werden. Das *Nichts* ist die Absage an diese Lebensperspektive. Damit endet vielfach der gemeinsame Weg des Paares. Viele Beziehungen mögen nach einem Schwangerschaftsabbruch noch eine Zeitlang weiterbestehen, aber das Feuer ist verloschen, die verbindende Kraft löst sich auf.

Dieses Alles-oder-Nichts stürzt das Paar, vor allem aber die werdende Mutter, in eine existentielle Krise. Wir werden kaum jemals so plötzlich in die totale Verantwortung für einen anderen Menschen – hier das gezeugte Kind – gestellt. Die Entscheidung für oder gegen eine Schwangerschaft konfrontiert uns mit unserer wundervollen und erschreckenden Fähigkeit, Leben zu schenken und Leben zu nehmen. Wenn die Bedingungen für die Austragung der Schwangerschaft ungünstig sind, kann dies eine fast unmenschliche Entscheidung werden. Wir haben in diesem Buch, in einem ganz anderen Zusammenhang, bereits gesehen, wie schwierig, ja unmenschlich es ist, einen Menschen vor zwei Alternativen zu stellen, bei denen er unweigerlich etwas oder jemand, das oder der ihm lieb und teuer ist, verraten muß (siehe das Kapitel »Der erste und der zweite Verrat«, dort Seite 90 ff.).

Hier, bei der Entscheidung um Austragung oder Abbruch der Schwangerschaft, geht es um das Leben zweier Menschen: das Leben der Mutter und das des ungeborenen Kindes. Das Schlimme und Unmenschliche besteht dabei darin, daß die Mutter in letzter Konsequenz diese Entscheidung allein fällen muß – wie auch immer ihr Mann oder ihre nächste Umgebung darüber denken oder fühlen mag. Dieses Entweder-Oder der Entscheidung macht sie so unmenschlich. Denn die Frau weiß, wenn sie sich gegen das Kind entscheidet, macht sie sich um ein Menschenleben schuldig. Und es ist nicht irgendein Menschenleben. Es ist das Leben ihres Kindes. Entscheidet sie sich aber für die Schwangerschaft, wird ihr eigenes Leben nie mehr dasselbe sein wie bisher. Es ist eine Lebensentscheidung.

Für eine schwangere Frau gibt es keine Möglichkeit, sich vor einem Kind »davonzustehlen«, wie der Vater des Kindes es (zumindest äußerlich) tun kann. Sie kann ihre Elternschaft nicht leugnen, so wie es Männer (zumindest äußerlich) bisweilen tun. Das Kind und sie sind eins, sie bilden eine leibliche und unzertrennbare Einheit.

Wenn die Frau das Kind annimmt und beschließt, es zur Welt zu bringen, weiß sie, daß das Kind auch nach der Geburt innigst mit ihr verbunden sein wird, zumindest für die nächsten Jahre. Es bedeutet für sie, sich einverstanden zu erklären mit einer Symbiose, wie sie zwischen zwei Menschen nicht enger sein kann. Ein Kind fordert eine Mutter unbedingt.

Von welchen Faktoren hängt die Entscheidung für oder gegen das Kind ab?

1. *Die Paarbeziehung:* Sind die Partner bereit, miteinander eine Lebensbeziehung als Mann und Frau sowie als Vater und Mutter einzugehen? Können sie sich vorstellen, ihren Lebensweg gemeinsam fortzusetzen?

2. *Die Unterstützung des Mannes:* Ist der Mann fähig und bereit, für die Zeit der Schwangerschaft, der Geburt und des Stillens für die Frau zu sorgen? Während dieser Zeit wird die Frau elementar angewiesen sein auf die Anwesenheit des Mannes, seine Hilfe und seinen tatkräftigen Beistand. Ist er auch fähig und bereit, in den nächsten Jahren die Aufgabe der Pflege des Kindes einerseits und der materiellen Sicherung der Familie andererseits mit der Frau zu teilen?

3. *Die Unterstützung der Umwelt:* Das Paar wird auch sehr viel Unterstützung von seiner Umwelt brauchen, sowohl von der Verwandtschaft, von Freundinnen und Freunden als auch von der Gesamtgesellschaft in Form von frauen-

und kinderfreundlichen Einrichtungen und materieller Erleichterung für die Familie, aber auch in Form einer familien- und kinderfreundlichen sozialen Atmosphäre.

4. *Gemeinsame Lebensplanung:* Wie läßt sich der weitere Lebensweg mit einem Kind vereinbaren? Wie lassen sich Beruf und Kind realistisch vereinbaren? Bisher konnten beide Partner ihren beruflichen Weg weitgehend selbst bestimmen. Von nun an werden sie ihr Leben gemeinsam planen müssen. Dies bedeutet eine große Umstellung, selbst wenn das Paar vorher zusammengelebt hat.

5. *Vertrauen:* Das Vertrauen in sich selbst, in den Partner und in das Leben bildet die seelische Basis für die Entscheidung für oder gegen das Kind. Wesentlich ist hier die eigene Kindheit und das Verhältnis zu den eigenen Eltern. Wie ist man selbst als Kind von seinen Eltern aufgenommen worden? War man glücklich als Kind? Wieviel Liebe und Fürsorge haben die werdenden Eltern selber in ihrer eigenen Kindheit erfahren, die sie an das eigene Kind weitergeben können?

Von diesen fünf Faktoren möchte ich im folgenden die beiden erstgenannten etwas näher besprechen: die Paarbeziehung und die Rolle des Mannes bei einer Schwangerschaft.

Die geringere Bedeutung einer Schwangerschaft für Männer

Manch eine Frau läßt ihre Schwangerschaft nach reiflicher Überlegung abbrechen, weil sie ihrem Partner nicht zutraut, daß er ihr genügend beistehen wird. Sie traut ihm nicht zu, daß er der zuverlässige Mann an ihrer Seite sein kann, den sie für die Zeit der Schwangerschaft und danach braucht – sei es, daß er in seinem Leben zu unbeständig ist, sei es, daß er sie nicht finanziell und auch sonst nicht tatkräftig unterstützen kann, sei es, daß er zu sehr in seine Arbeit oder seine Hobbys verliebt ist. Sie hat nicht das Gefühl, daß sie sich wirklich auf ihn verlassen kann. Und nicht selten haben Frauen recht mit dieser Einschätzung.

Vater zu werden bedeutet für einen Mann zwar auch viel, aber trotzdem nicht so viel wie für eine Frau. Ein Mann weiß, daß er viele wichtige Bereiche in seinem Leben unverändert beibehalten kann. In unserer Gesellschaft ist Vaterschaft häufig immer noch eine Art Teilzeitarbeit, ein zeitlich beschränkter Job, der auf die Freizeit eines Mannes begrenzt ist. Kinder sind immer noch vorwiegend Frauensache, zwei Jahrzehnte Frauenemanzipation sind eine zu kurze Zeit, um das jahrtausendealte patriarchalische System zu verwandeln.

Nähmen Männer die Frage der Schwangerschaft wirklich ernst, müßten sie eigentlich jedesmal, wenn sie mit einer Frau schlafen, an die Möglichkeit und die Konsequenzen einer Schwangerschaft denken. Sie müßten bereit sein, für all die Konsequenzen geradezustehen. Aber welcher Mann tut es? Frauen wissen um die relative Verantwortungslosigkeit des Mannes (es Gedankenlosigkeit zu nennen, wäre eine Beschönigung). Deshalb fordern sie das Recht auf ihren Bauch, das bedeutet das Recht auf Empfängnisverhütung, Sterilisierung und Schwangerschaftsabbruch. Sie fordern das, weil sie es sind, die die Folgen einer Schwangerschaft hauptsächlich zu tragen haben. Männer, Kirchen und Parteien reden zwar viel, tun aber wenig.

Der größte Verrat

Männer sind sich der Tragweite, die eine Schwangerschaft für eine Frau hat, in den meisten Fällen gar nicht bewußt. In diesem Nichtwissen, Nichtkümmern, Nichteinfühlen oder manchmal auch schlichtweg in der Ignoranz liegt meiner Meinung nach der größte Verrat, den Männer in einer Liebesbeziehung zu einer Frau begehen können. Denn hier lassen sie die Frauen just in einer Angelegenheit im Stich, die von ihnen durch die

Zeugung verursacht wurde, die ihre Partnerschaft zentral betrifft wie keine andere und die eine gemeinsame Lebensaufgabe darstellt. Sie versäumen es, ihren Frauen in einem Augenblick beizustehen, in dem diese sich am hilfsbedürftigsten fühlten, in dem sie die Anwesenheit und den Beistand ihres Partners am dringendsten bräuchten.

Ich spreche hier nicht einmal von Verständnis, von Mitgefühl oder Einfühlung. Dies sind zwar nicht unwichtige Faktoren, aber sie verblassen neben der Notwendigkeit schlichter Präsenz und des Beistandes in ganz praktischen Dingen, wenn ein Kind da ist: den Einkaufskorb schleppen, die Wäsche waschen, den Tisch aufräumen, das Geschirr abwaschen, die Wohnung sauberhalten, die äußeren Dinge des Lebens stellvertretend für die zu Hause angebundene Frau zu erledigen sowie ihr die Kinder abnehmen, sie wickeln und beschäftigen, ihnen bei den Hausaufgaben helfen und sie ins Bett bringen.

Dies zu tun entspricht der Stellung einer *Hilfskraft*. Männer sind hier die Assistenten, nicht die Chefs. Sie haben die Zulieferdienste zu leisten. Das, was die Frauen nicht bewältigen können, haben sie zu übernehmen. Die Männer müssen sie entlasten in der übermenschlichen Aufgabe, mit Kind(ern), Haushalt und Familie fertig zu werden.

Der gekränkte männliche Narzißmus

Dies geht aber gegen den männlichen Narzißmus. Sie fühlen sich zurückgesetzt, und zwar gleich dreifach: Sie werden erstens unwichtig(er) für die Frau, weil das Kind nun die erste Person ist. Sie fühlen sich zweitens zurückgesetzt als Elternteil: Für das Kind rangieren sie als Nummer zwei, weit abgeschlagen hinter der Mutter. Und drittens haben sie Hilfsdienste zu leisten. Nicht sie haben das Kommando, sondern die Frau und Mutter.

Sie sind gekränkt. Sie ziehen sich schmollend zurück. Oder sie greifen rigoros durch, brüllend, prügelnd – Trotzreaktionen eines beleidigten Mann-Kindes.

Die Frau mit zwei »Kindern« – Kind und Mann

Wenn letzteres geschieht, hat es die Frau mit zwei Kindern zu tun: dem Baby und dem Mann. Nicht selten resigniert sie am Schluß, nach endlosen Kämpfen gibt sie auf und trennt sich: »Warum soll ich für zwei Kinder sorgen? Mit meinem Kind allein komme ich besser zurecht als mit einem nörgelnden, fordernden und unzufriedenen Mann, der mir ständig im Wege steht, statt mir zu helfen. Selbst wenn ich neben der Kinderbetreuung arbeiten gehen und mein eigenes Geld verdienen muß, ist das immer noch besser als dieser zermürbende Zweifrontenkrieg.«

Nach der Trennung stellen Frauen nicht selten fest, daß ihr Leben ohne Mann zwar schwerer, dafür aber klarer und eindeutiger geworden ist: »Ich weiß, wofür ich verantwortlich bin und komme nicht dauernd in die Versuchung, auf den Mann zu warten in der illusorischen Hoffnung, daß er irgendwann die Hälfte oder zumindest einen geringen Teil der Verantwortung übernimmt. So ist es klar: Ich bin allein zuständig für das Kind. Er ist Urlaubsvater. Eigentlich ist er das schon immer gewesen, als wir noch zusammen waren. Nur mußte ich damals auch noch für ihn sorgen und mir seine Nörgeleien anhören.«

Eine Frau, die solches sagt, hat meist jahre- oder sogar jahrzehntelang gekämpft in der Hoffnung, daß ihr Mann sich einmal doch als wirklicher Partner erweist. Sie hat dem Mann viel Vertrauensbonus geschenkt, hat ihm immer wieder verziehen und hat seinen Beteuerungen auf Besserung immer wieder geglaubt. Aber wenn sie schließlich resigniert und sich trennt, tut sie den Schnitt um so eindeutiger und entschiedener.

Alle diese Überlegungen bewegen eine Frau, die vor der Entscheidung steht, ihr Kind zu behalten oder abtreiben zu lassen. Hat sie das Gefühl, daß ihr Partner *wirklich* zu ihr steht? Sieht er sie wirklich als *seine* Frau an? Ist er *wirklich* bereit, mit ihr durch dick und dünn zu gehen, ihr in guten wie in schlechten Zeiten beizustehen? Ist er bereit, die Verantwortung und Bürde einer Vaterschaft zu übernehmen? Ist er dazu auch fähig?

Ich übersehe nicht, daß es sehr wohl Frauen gibt, die nicht bereit und/oder fähig sind, eine ausreichend gute Mutter zu sein. Es gibt auch Frauen, die nicht bereit und/oder fähig sind, eine Partnerschaft mit einem Mann aufzubauen und durchzustehen. Worauf ich hier jedoch aufmerksam machen möchte, ist der Umstand, daß wir zu selten auf die Eignung und die Bereitschaft des Mannes, also des zukünftigen Vaters des Kindes schauen bei der Frage, ob eine Schwangerschaft abgebrochen werden soll oder nicht. Wenn die Frau das Kind austrägt, muß sie sich auf ihren Partner verlassen können. Mit einem Kind sind sie zu dritt, eine Familie. Dies verbindet alle drei auf elementare und unlösbare Weise miteinander.

Das gegenseitige Versprechen

Am Ende einer positiven Entscheidung für das Kind steht nichts weniger als das gegenseitige Versprechen: »Ja, ich will dein Mann sein, und du sollst meine Frau sein. Ich will deine Frau sein, und du sollst mein Mann sein. Wir wollen gemeinsam dieses Kind aufziehen und eine Familie gründen.« Hierbei geht es nicht darum, daß beide Partner bei der Bewältigung dieser immensen Aufgabe keine Fehler machen dürfen oder daß sie auf keinen Fall scheitern dürfen. Jedes Elternpaar wird Fehler machen, und viele scheitern. Aber es ist die ernsthafte Bereitschaft, sich miteinander auf den Weg zu machen, was an diesem Scheidepunkt zählt.

Die verschiedenen Aufgaben von Mann und Frau

Auch ein werdender Vater – der sich *nicht* aus der Verantwortung stiehlt – ist einer ungeheuren Last ausgesetzt: Von nun an ist er nicht mehr nur für sich verantwortlich, sondern auch für Frau und Kind. In unserer Gesellschaft hat der Vater die äußere Verantwortung für die Familie zu tragen. Deshalb denkt der werdende Vater sofort (und meist völlig unwillkürlich) daran, ob er genügend Geld verdient, um eine Familie zu ernähren und ihr ein Dach über dem Kopf zu verschaffen. Seine Arbeit rückt automatisch an die erste Stelle seiner Überlegungen. Hier liegt seine Verantwortlichkeit als Mann. An diesem Kriterium mißt er seinen Erfolg oder sein Versagen als Familienvater.

Hierin liegt eine der möglichen Wurzeln des Konflikts zwischen Frau und Mann in dieser Zeit. Der Mann, der seine Vaterpflicht darin sieht, sich um den Lebensunterhalt zu kümmern, stürzt sich Hals über Kopf in seine berufliche Arbeit, er fängt womöglich sogar noch an, ein Haus zu bauen. Dem steht aber das Bedürfnis der Frau nach seiner Anwesenheit und seinem Beistand in dieser für sie beschwerlichen Zeit gegenüber. Sie braucht ihn als Person mehr denn je, und er verschwindet in Arbeit und Bautätigkeit! Sie fühlt sich von ihm total verlassen und verraten. Und er fühlt sich an zwei Fronten gefordert und überfordert. Einerseits hat er ein schlechtes Gewissen gegenüber seiner Frau, wenn er mehr arbeitet und von zu Hause wegbleibt. Er bekommt aber andererseits existentielle Ängste, wenn er seine Arbeit vernachlässigt.

An keiner anderen Stelle einer Beziehung stehen die Bedürfnisse beider Partner so diametral zueinander. Meist wissen die Partner nicht, um welchen grundsätzlichen Konflikt es sich hierbei handelt. Sie fühlen nur die gegenseitige Frustration und verzweifeln über der Unvereinbarkeit ihrer Bedürfnisse.

Erleichternd mag hier die Erkenntnis sein, daß sie beide in dieser Phase ganz unterschiedliche Aufgaben zu erfüllen haben und daß sie hier einer äußerst krassen Arbeitsteilung unterworfen sind, die sie unweigerlich miteinander in Konflikt bringt. Es ist in den meisten Fällen nicht ihre persönliche Schuld, wenn sie in dieser Zeit aneinandergeraten. Ihre Versagensangst ist verständlich, da sie beide unvermittelt in die größte Lebensaufgabe gestellt worden sind, die es für ein Paar gibt.

Für den werdenden Vater mag es erleichternd sein, zu wissen, daß es hier nicht um ein Entweder-Oder geht. Es geht höchstens um ein Mehr-oder-Weniger. Es geht nicht darum, daß er sich zwischen Beruf und Familie entscheiden muß, sondern daß er in den ersten Monaten und Jahren, in denen das Kind dasein wird, mehr anwesend ist. Denn dies ist die anstrengendste Zeit für seine Frau, wenn das Kind noch klein ist. Später wird sich die Situation entspannen. Dann werden sie wieder mehr Zeit für sich und füreinander haben.

Auch ist die finanzielle Situation meist nicht so schlecht, daß der Mann seine Arbeit nicht eine Zeitlang hintanstellen könnte – sofern die berufliche Situation dies erlaubt. Überhaupt wird sich nach den ersten Jahren, in denen das Kind nicht mehr so auf die Mutter angewiesen und fixiert ist, die Frage erheben, welcher der beiden Partner mehr arbeiten geht und wie sich die berufliche und häusliche Belastung verteilt.

Neben diesen zweifellos wichtigen äußeren Aspekten gibt es jedoch auch innere Fragen, die sich einem werdenden Vater stellen. Nur verblassen diese häufig allzu leicht vor den äußeren Verpflichtungen. Es geht hier um sein inneres Verhältnis zum werdenden Kind.

Die Schwangerschaft der Väter

Auch Väter werden in gewisser Weise »schwanger«. Es gibt primitive Kulturen, in denen auch der werdende Vater symbolisch eine Schwangerschaft durchmacht. In unserer Kultur leben wir aber im Glauben, Männer gäben nur die Samen und bräuchten nur zu säen, und die Pflege des Bodens und der jungen heranwachsenden Pflanzen besorgten die Mütter. Dies ist aber eine Illusion.

Es gibt nämlich eine materielle Ebene, und es gibt eine geistige und emotionale Ebene. Auf der materiellen Ebene ist es die Mutter, die das Kind in sich trägt und wachsen läßt. Auf der geistigen sowie auf der emotionalen Ebene tragen jedoch beide Eltern das Kind und lassen es wachsen.

Die emotionale Ebene besteht aus der Liebe, die die Eltern dem Kind gegenüber empfinden und die das Kind ihnen gegenüber empfindet. Diese emotionale Bindung existiert nicht erst nach der Geburt, wenn wir das Kind sehen, sondern bereits während der Schwangerschaft. Für die Mutter ist es keine Frage, daß sie eine emotionale Beziehung entwickelt zu dem Kind – die leibliche Nähe ist so offensichtlich, daß in ihr fast gezwungenermaßen eine wie auch immer geartete emotionale Beziehung zum Kind entsteht.

Für den Vater ist es schwieriger, eine Beziehung zu jemandem herzustellen, der eigentlich unsichtbar ist (zumindest in den ersten Monaten) und der sich nur als Wölbung im Bauch seiner Frau zeigt. Wenn der Vater sich aber an seine Frau schmiegt und ihren Bauch an seinem Bauch beziehungsweise an seinen Händen fühlt, wird er durch die Bauchdecke hindurch das Kind spüren können. Es ist da, es ist sein Kind, und er ist dessen Vater. Er ist die erste und wichtigste männliche Bezugsperson für das Kind. Das Kind ist sein Fleisch und Blut, es ist seine Fortsetzung in der Welt. Es wird in seinem Schatten wie im Schatten eines Baumes aufwachsen, es wird seinen männlichen Körper spüren, riechen, fühlen und sehen – für einen Jungen ist er die erste Quelle seiner männlichen Identität, für ein Mädchen das erste gegengeschlechtliche Gegenüber.

Auf der geistigen Ebene haben wir ebenfalls eine Beziehung zu unseren Kindern: Auf ihr sind alle Menschen gleich, es gibt keinen Größeren und keinen Kleineren, keinen Älteren und keinen Jüngeren. Hier gilt nur die Beziehung zwischen unseren Seelen. Dies ist die Ebene, in der wir uns ehrfürchtig vor dem Geist unseres Gegenübers verneigen, ihm Anerkennung geben und uns von ihm berühren und inspirieren lassen. Auf der geistigen Ebene sind wir also nicht Väter oder Mütter unserer Kinder, sondern Mit-Wesen, Mit-Zeitgenossen und Mit-Bewohner dieser Erde. Durch das innige Miteinander, das das Familienleben mit sich bringt, wirken wir beständig aufeinander ein und beeinflussen einander in unserer geistigen Entwicklung.

In diesem Sinne werden auch Männer schwanger. Auch Väter haben bereits eine emotionale und geistige Beziehung zu ihren Kindern, wenn diese noch im Mutterbauch sind. Es ist eine Beziehung, die die Väter pflegen können. Sie brauchen nur hinzufühlen, hinzuhorchen und zu lauschen auf die inneren

Regungen, die sie zu diesem Kind empfinden und die sie vom Kind empfangen.

Väter sind aufs Innigste mit diesem geheimnisvollen Wesen verbunden. Es ist womöglich eine Verbindung, die noch tiefer in ihnen wurzelt als die Beziehung zu ihrer Frau. Mit ihr haben sie eine frei gewählte Beziehung auf gleicher Ebene. Mit ihren Kindern sind sie aber auf einer Generationslinie verbunden, die von ihren Vorfahren ausgeht und die sich in die Kinder und Kindeskinder fortsetzt.

Wenn wir uns – Väter wie Mütter – dieser Verbindung bewußt und gewahr werden, brauchen wir keinen moralischen Appell, um zu unseren Kindern zu stehen. Denn wir stehen ohnehin in der intimsten aller Beziehungen zu ihnen. Wir müssen nur diese Intimität spüren, wahrnehmen und annehmen.

Der Mann im Hintergrund

Eine junge Familie besucht den Zoo und steht vor dem Affenkäfig. Alle sind entzückt von dem neugeborenen Gorillababy. Es spielt mit seiner Mutter, die völlig entspannt, ja fast lasziv vor der Glasscheibe liegt, ohne sich um das gaffende Publikum zu kümmern. Im Hintergrund steht aber drohend das mächtige Gorillamännchen. Es schaut finster auf die Menschen hinter der Scheibe mit einem Blick, der unmißverständlich sagt: »Kommt ihr meiner Familie bloß nicht zu nahe, sonst habt ihr es mit mir zu tun!«

Die junge Mutter zieht spontan ihren Mann am Ärmel und deutet auf den Gorillamann: »Schau hin. So hätte ich es auch gerne – daß du dastehst und auf mich und das Kind aufpaßt!«

Was braucht eine Frau von ihrem Mann, wenn sie ein Kind bekommt?

Ausgehend von dieser kleinen wahren Begebenheit möchte ich im Anschluß an das vorige Kapitel noch näher auf die Aufgabe eines Mannes eingehen, dessen Frau ein Kind bekommt. Ich glaube, wenn Männer begreifen, was ihre Frauen *speziell in dieser Zeit* von ihnen brauchen, würde sich das Verhältnis zwischen ihnen grundlegend ändern.

Was die Partner miteinander in dieser Phase erleben, prägt sich ganz tief in ihre Beziehung ein. Wenn sie diese Zeit als Paar gut durchstehen, werden sie in ihrer Liebe gefestigt aus dieser schwierigen Zeit hervorgehen. Sie hätten die Verwandlung, die Metamorphose vom Liebespaar zum Elternpaar geschafft. Sie hätten ein entscheidendes Glied in ihrer Treuebindung geschmiedet. Gelingt dies ihnen aber nicht, kann dies ihre Beziehung belasten. Ihre Identität als Elternpaar bleibt brüchig. Sie werden sich schwerer anfreunden können mit ihrer Rolle als Mutter und Vater. Darunter würde ihr Verhältnis zum Kind leiden. Leiden würde aber auch ihre Liebesbeziehung. Diese könnte letztlich sogar daran zerbrechen. Es hat sich statistisch gezeigt, daß Ehen am häufigsten in den ersten Jahren nach der Ankunft des ersten Kindes auseinanderbrechen.

Ich selbst habe sehr lange gebraucht, bis mir klar wurde, was ein Mann zu tun hat, wenn seine Frau schwanger ist und ein Kind bekommt. In diesen Zeiten habe ich oft viel zuviel getan. In meiner Hilflosigkeit habe ich mich kopflos in die diversesten Aktivitäten gestürzt, um meiner Aufgabe als werdender Vater gerecht zu werden. Mein guter Wille hat aber in der Familie statt dessen Unruhe gestiftet und Verwirrung verursacht. Weniger wäre mehr gewesen. Heute weiß ich, daß ein werdender Vater vor allem *da* zu sein hat. Ihm kommt die Funktion des *haltgebenden Hintergrunds* zu. Was bedeutet das?

Ein Kind braucht das Gehaltensein

Aus der Psychologie kennen wir den Begriff der »holding function« – dies bezeichnet den Halt, den ein Kind von seinen Bezugspersonen beziehungsweise seiner Umwelt braucht, um Vertrauen und innere Sicherheit zu entwickeln. Die Bezugspersonen stellen sozusagen den Boden dar, auf dem das Kind sicher steht und von dem aus es ins Leben gehen kann. Wer als Kind diesen Halt verläßlich erfahren hat, hat eine gute Basis für sein weiteres Leben. Wer diesen Halt als Kind dagegen nicht erlebt hat, wird später leichter von den Stürmen des Lebens umgeweht werden, wie eine Pflanze mit flachen Wurzeln. Er hätte keinen guten Stand im Leben.

In unserer Gesellschaft ist es vor allem die Mutter, die dem Kind diesen lebenswichtigen Halt gibt. Selbstverständlich kann der Vater oder eine andere Bezugsperson diese Funktion genauso gut übernehmen. Im Grunde braucht jedes Kind sogar mehrere Bezugspersonen, am besten aus verschiedenen Generationen (zum Beispiel außer den Eltern Geschwister, Großeltern, Nachbarn und Spielkameraden), um seine verschiedenen sozialen und psychischen Bedürfnisse zu befriedigen. Die Mutter nimmt jedoch eine Sonderstellung ein, da sie eine gewachsene Beziehung zum Kind hat. Sie hat das Kind in sich getragen, es zur Welt gebracht und es (in vielen Fällen) gestillt. Deshalb stellt die Mutter normalerweise die primäre Bezugsperson für das Kind dar.

Auch die Mutter braucht das Gehaltensein

Nun fragen wir leider viel zu selten nach, von wem die Mutter ihrerseits Halt bekommt, um ihre Funktion gut erfüllen zu können. Gerade sie braucht sehr viel Hilfe und Unterstützung, denn ihre Aufgabe ist ungeheuer komplex und schwer. Eine Mutter, die von ihrer Umgebung die benötigte Unterstützung erfährt, wird es viel einfacher haben als eine Mutter, die während der Zeit vor und nach der Geburt auf sich allein gestellt ist und keine oder nur ungenügende Unterstützung bekommt.

Das Wohlergehen der Mutter beeinflußt selbstverständlich auch das Wohlbefinden ihres Kindes. Aber nicht nur aus diesem Grund ist es wichtig, daß die Mutter in der Zeit während und nach der Schwangerschaft Halt und Sicherheit erfährt. Diese Tatsache übersehen wir leider zu oft, sowohl in Laien- als auch in Fachkreisen. Wir richten unsere Aufmerksamkeit ausschließlich auf das Kind. Wir starren auf das »Wohl des Kindes« und lassen außer acht, wie es der Mutter geht. Zum Beispiel vergessen wir an Kindergeburtstagen nur allzu leicht, daß auch die Mutter des Kindes ihren »Geburtstag« feiert. An diesem Tag wird sie unweigerlich wieder an die Zeit der Geburt erinnert. Und dieser Tag war nicht nur reine Freude. Sie hatte damals viele Beschwerden, Entbehrungen und Schmerzen zu ertragen. Sie hat damals Schutz, Hilfe, Fürsorge gebraucht.

Die Unterstützung der Mütter in matriarchalisch ausgerichteten Kulturen

In *matriarchalischen Kulturen* ist es die Frauengemeinschaft, die diesen Halt für die schwangere, gebärende und stillende Mutter gibt. Das sich über mehrere Generationen erstreckende System der gegenseitigen Hilfe unter den Frauen (es umfaßt beispielsweise die Großmütter, Mütter, Tanten, Töchter und Freundinnen) gibt der Mutter das Selbstvertrauen und die Kraft, die sie für ihre Familien- und Erwerbsarbeit braucht. In matriarchalischen Gesellschaften sind solche Unterstützungs- und Verbundsysteme unter Frauen fest institutionalisiert und ritualisiert. Umgekehrt sind in solchen Kulturen die Männer nur locker miteinander verbunden. Sie sind weniger organisiert, deshalb besitzen sie auch keine nennenswerte Macht.

In bestimmten indianischen Stämmen des Amazonasgebiets ist dies heute noch so: Die erwachsenen Männer verlassen ihr Heimatdorf und gehen auf Wanderschaft, bis sie Aufnahme in einem anderen Dorf finden, wo sie »einheiraten« und Mitglied der dortigen, von Frauen dominierten Gemeinschaft werden. Die Frauen – Großmütter, Mütter, Tanten, Töchter und Enkelinnen – aber bleiben im Dorf; die ältesten Frauen bestimmen über das Dorfleben.[8]

Die Isolation der Mütter in patriarchalisch ausgerichteten Kulturen

In patriarchalischen Kulturen ist es genau umgekehrt: Hier besitzen die Männer die Macht. Sie sind auf vielerlei Weise untereinander organisiert und miteinander vernetzt – dies finden wir vor allem in den machtvollen Bereichen wie Politik und Wirtschaft, aber auch in den ideologisch bestimmenden Bereichen wie Wissenschaft und Ausbildung sowie im Freizeitbereich (zum Beispiel im Sport). Überall, wo heute die Forderung nach einer »Frauenquote« laut wird, finden wir eine stark strukturierte Organisierung der Männer und damit der männlichen Interessen, dafür aber nur eine spärliche Organisierung der Frauen. Frauen haben so gut wie keine Lobby. Die Frauengemeinschaft ist somit in den Hintergrund und in die Minderheitenposition gedrängt. Die einzelnen Frauen werden quasi in die Isolation verbannt.

Dies ist gerade für Mütter fatal, denn sie sind vital auf die Unterstützung durch ihre Umwelt angewiesen, um ihre Aufgabe bewältigen zu können. Wenn die Mütter im patriarchalischen System systematisch von anderen Frauen isoliert werden, sind sie ihren männlichen Partnern auf Gedeih und Verderb ausgeliefert. *Die Hilflosigkeit der schwangeren Frau beziehungsweise der Mutter mit Kindern macht die Hilflosigkeit der Frau im Patriarchat aus.* Solange Frauen keine Kinder haben, können sie relativ frei und vom Mann unabhängig leben. Dies ist ein Grund dafür, weshalb es heute viele Frauen vorziehen, allein und kinderlos zu leben, obwohl sie sich vielleicht eine Familie wünschen. Aber der Preis ist ihnen zu hoch. Denn sie wissen: Sobald sie Kinder haben, sind sie auf den Mann angewiesen, da die Frauengemeinschaft, das ureigenste weibliche Unterstützungssystem, im Patriarchat entweder zerschlagen, reglementiert oder zumindest verpönt ist.

Die Isolation, unter der viele Frauen leiden, ist also nicht das Ergebnis individuellen Versagens der betreffenden Frau oder ihrer »Neurose«. Sie stellt vielmehr ein typisches Kennzeichen für die patriarchalische Gesellschaft dar. Die weibliche Depression ist mehr die Folge einer systematischen Unterdrückung (»Depression« heißt wörtlich »unterdrückt sein«), Benachteiligung und Isolation der Frau als eine genuine psychische Störung.

Aber selbst in der patriarchalischen Gesellschaft spielt das informelle Netzwerk unter Frauen eine wesentliche Rolle als seelische und soziale Stütze für die einzelne Frau. Fast jede Mutter findet eine Mutter, eine Schwester oder eine Freundin, die ihr mit Rat und Tat zur Seite steht. Hier finden Frauen Trost und Rückenstärkung, gerade wenn sie Konflikte mit ihren Männern haben. Wo ein solches weibliches Unterstützungssystem fehlt, fühlt sich eine Frau »verraten und verkauft«. Sie ist dann tatsächlich in einer von Männern bestimmten Welt isoliert.

Die Entwicklung partnerschaftlicher
Beziehungsformen aus dem patriarchalischen System

Es hat sich aber in den letzten Jahrzehnten bereits viel geändert: Die Periode des Patriarchats geht langsam zu Ende – zumindest in dessen »Reinkultur«. Heute finden wir eine Vielzahl von Lebensformen unter den Geschlechtern. Zwei deutliche Entwicklungslinien sind dabei erkennbar:

Zum einen wird das unabhängige *Single-Dasein* immer häufiger, in der ein (gleich- oder gegengeschlechtlicher) Partner nur für die Sexualität und die Freizeit wichtig ist, nicht jedoch fürs kontinuierliche Zusammenleben, geschweige denn für ein Familienleben mit Kindern. Dies stellt insbesondere für Frauen ein völlig neues Phänomen dar, während es schon immer alleinlebende Männer gegeben hat, die als Junggesellen sozial akzeptiert wurden.

Zum anderen gibt es die Entwicklung hin zu einer *gleichberechtigten Partnerschaft zwischen Mann und Frau.* Im folgenden möchte ich näher auf diesen zweiten Trend eingehen, weil ich der Meinung bin, daß sich eine erfüllte und gleichberechtigte Partnerschaft sowohl für Frauen als auch für Männer lohnt.

Viele Menschen führen ein Leben als Single, nicht weil sie sich bewußt dafür entschieden haben, sondern weil sich ihre Sehnsucht nach einer Partnerschaft nicht erfüllt hat und/oder sie Angst haben vor den negativen Folgen einer Partnerschaft. Vor allem für diese, weniger für die bewußten und glücklichen Singles, sind die folgenden Ausführungen gedacht. Es geht darum, das patriarchalische System hinter uns zu lassen und uns auf den Weg zu *partnerschaftlichen* Beziehungsformen zu machen.

Die sich verändernde männliche Rolle in der partnerschaftlichen Beziehung

In solch einer partnerschaftlichen Beziehung muß der Mann die Aufgabe der *Unterstützung der Frau* übernehmen (statt die der Herrschaft über die Frau). Diese Funktion gibt ihm eine ganz andere Rolle als im patriarchalischen System. Im Patriarchat sah die Frau zum Mann hinauf. Er war der Alleinherrscher in der Familie. Ihr Verhältnis zu ihm war das einer unterworfenen beziehungsweise sich selbst unterwerfenden Dienerin. Er befahl – und sie gehorchte. Es gab eine eindeutige Arbeitsteilung: Er war zuständig für die machtbesetzte Außenwelt (Arbeit, Geld, Status), sie für die relativ machtlose Innenwelt (Haushalt, Kinder, psychisches Wohlbefinden). Bis in die fünfziger Jahre hatte noch jeder Ehemann das Recht, ein Arbeitsverhältnis, das seine Frau eingegangen war, zu kündigen. Die Frau war somit in diesem für sie so wichtigen Lebensbereich nicht vertragsmündig!

Heute ist für die meisten Menschen hierzulande kaum nachvollziehbar, daß Frauen bei der Eheschließung noch in den fünfziger Jahren in Westdeutschland – in der DDR galten andere Gesetze – praktisch ihren eigenen Teilentmündigungsvertrag unterschrieben haben, viele wahrscheinlich … unwissentlich. Erst 1957 wurde vom Gesetzgeber die Befugnis des Mannes beseitigt, ein von der Frau eingegangenes Arbeitsverhältnis zu kündigen. Es blieb aber noch bis 1976 gesetzlich festgelegt, daß eine verheiratete Frau nur dann zur Erwerbstätigkeit berechtigt war, wenn diese sich mit ihren »Pflichten in Ehe und Familie« vereinbaren ließ.[9]

In einer partnerschaftlichen Beziehung muß das Verhältnis ganz anders aussehen: Beide Partner haben die gleichen Rechte und Pflichten, sowohl in der Außen- als auch in der Innenwelt. Beide sind sowohl für Arbeit, Geld und Ansehen als auch für Haushalt, Kinder und psychisches Wohlbefinden zuständig.

Durch Schwangerschaft und Kinder wird die Liebesbeziehung ungleichgewichtig

Nun gibt es jedoch eine kritische Periode im Leben eines Paares, in der diese prinzipielle Gleichheit ihre Gültigkeit verliert: die Zeit der Schwangerschaft, der Geburt und des Stillens. Ein Mann kann nicht schwanger werden, zumindest nicht im herkömmlichen Verständnis, er kann nicht gebären und nicht stillen. Dies kann nur eine Frau. Damit wird die Liebesbeziehung zum erstenmal wirklich asymmetrisch und ungleichgewichtig. Wie löst ein Paar diese Ungleichheit? – Dies ist die entscheidende Frage, an der sich eine partnerschaftliche Beziehung bewährt.

Solange sich keine Kinder ankündigen oder da sind, können Mann und Frau ein prinzipiell gleichberechtigtes Leben führen. Es gibt zwar auch bei solchen Paaren die üblichen Probleme der Abgrenzung, der Nähe und Distanz und natürlich auch der Arbeitsteilung im Haushalt. Aber diese Probleme sind nicht wirklich gravierend. Sie verursachen Ärger, bedrohen aber in den meisten Fällen nicht die Beziehung. Aber wenn sich Kinder ankündigen, kommt die bisher praktizierte Gleichberechtigung ins Schwanken – und zwar zunächst noch gar nicht der verschiedenen Ansichten oder Lebensgewohnheiten von Mann und Frau wegen. Das Ungleichgewicht wird allein ausgelöst durch die Tatsache, daß die Frau das Kind bekommt und der Mann nicht.

Durch Schwangerschaft, Geburt und Stillen gerät die Frau zum erstenmal in eine äußerst schwache und hilfsbedürftige Position. Sie kann viele Dinge des täglichen Lebens nicht mehr so gut oder überhaupt nicht mehr bewältigen. Sie ist körperlich belastet und gebunden durch die Schwangerschaft, später durch das Stillen, durch die intensive Babypflege und auch durch schlaflose Nächte. Unversehens gerät sie in die soziale Isolation, weil sie ständig aufs Kind aufpassen muß und damit ans Haus gebunden ist. Außerdem ist sie mit vielfältigen neuen psychischen Problemen konfrontiert, die sie vorher nicht gekannt hat. Körperlich, sozial und psychisch braucht sie jetzt Hilfe und

Unterstützung. Die vorher unabhängige und selbständige Frau wird plötzlich abhängig und unselbständig.

Der Mann nimmt irgendwann überrascht wahr: Er hat jetzt eine ganz andere Frau vor sich als früher. Diese hier ist nicht mehr die starke, selbständige Frau, die er gekannt und geliebt hat. (Hier finden wir einen häufigen Grund für Untreue oder Trennung von seiten des Mannes: Er möchte weiterhin eine Geliebte oder eine »Mama« für sich haben, aber keine gestreßte Mutter, die kaum noch Zeit mehr für ihn hat.)

Auch die Frau merkt auf einmal: Sie hat plötzlich ganz andere Erwartungen an ihren Mann als früher. Sie braucht nun nicht mehr primär den feurigen Liebhaber, den galanten Kavalier oder den Lebensgenießer an ihrer Seite. Sie braucht jetzt einen handfesten Helfer in der Not. Denn sie ist wirklich in Not. Sie befindet sich in dieser kurzen, aber entscheidenden Phase ihres Lebens, in der sie schwanger beziehungsweise an ein kleines Kind gebunden ist, in einer äußerst hilflosen und abhängigen Lage, wie wir es sonst nur bei Kindern, Behinderten, Kranken oder Alten kennen. Ähnlich wie diese braucht die Frau in dieser schwierigen Zeit ihres Lebens unverhältnismäßig viel Hilfe, Unterstützung und Halt.

Der haltgebende Mann

Seiner Frau diese Hilfe und Unterstützung, diesen Halt zu geben, ist die wichtigste Aufgabe für den Mann in dieser Phase ihrer Beziehung. Diese Aufgabe ist für die Beziehung um ein Vielfaches wichtiger als seine traditionelle Aufgabe als Ernährer, zumindest solange die äußere und finanzielle Existenz nicht bedroht ist (und diese ist in unserem Sozialstaat bei den allermeisten Paaren gesichert). Trotzdem stürzt sich fast jeder werdende Vater wie ein Besessener in seine Arbeit – weil er glaubt, er müsse nun genügend Geld herbeischaffen, er müsse der Familie ein Dach über den Kopf verschaffen, das heißt ein Haus bauen. Dies hat oft zur Folge, daß der Mann fortan mehr und mehr von zu Hause verschwindet.

Diese scheinbar paradoxe Reaktion des Mannes wird verständlich, wenn wir uns an die oben erwähnte Aufgabenteilung im klassischen Patriarchat erinnern: Dort bestand die Aufgabe des Mannes tatsächlich darin, in der Außenwelt seinen Mann zu stehen, um seiner Frau und seiner Familie eine gesicherte Existenz zu gewährleisten. Aber damals gab es noch die vielfältige Unterstützung der schwangeren und erziehenden Frau durch die Großfamilie beziehungsweise durch die traditionelle Frauenwelt. Heute, in der modernen Kleinfamilie, entfallen solche verläßlichen weiblichen Hilfen, so daß die Frau in zunehmendem Maße auf den Mann als einzige verfügbare Bezugsperson angewiesen ist. Der Mann ist immer häufiger der einzige Erwachsene, den eine Mutter mit kleinen Kindern zu Gesicht bekommt.

Die meisten Männer lieben ihre Frauen und wären auch bereit, ihnen zumindest für die Dauer dieser beschwerlichen, für eine lebenslange Beziehung aber relativ kurzen Zeit beizustehen. Doch sie haben dies bisher nicht als ihre wesentlichste und wichtigste Aufgabe dieser Phase erkannt.

Wie sieht ihre Aufgabe nun aus? Diese möchte ich – parallel zu der haltenden Funktion, die eine Mutter in bezug auf ihr Kind ausübt – als *haltgebende Funktion* bezeichnen und wie folgt graphisch darstellen:

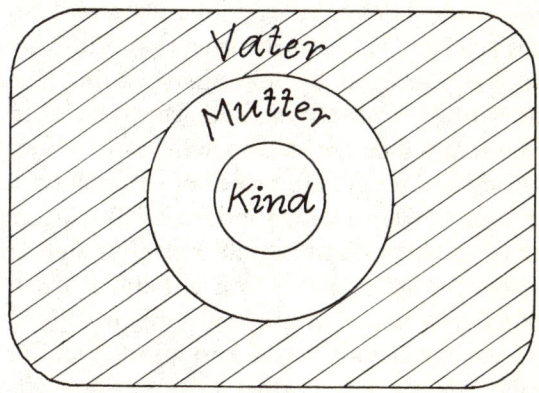

Dabei ist zu betonen, daß die dargestellte Konstellation ausschließlich für die Zeit der Schwangerschaft, der Geburt und des Stillens gilt. Danach geht die Beziehung wieder in ein symmetrisches Verhältnis über, in dem beide Partner prinzipiell die gleichen Pflichten und Rechte innehaben.

Der Mann rückt in den Hintergrund

In dieser Phase rückt der Mann in den Hintergrund, und dies in mehrfacher Hinsicht:

1. Der Mann ist nicht mehr die Hauptbezugsperson für die Frau. Sie muß sich auf ihre Schwangerschaft, auf die Geburt und auf das Kind konzentrieren. Der Mann muß akzeptieren, daß er in dieser Zeit nur die zweite Geige spielt.

2. Auch für das Kind spielt der Vater zunächst nicht die Hauptrolle. Denn das Kind ist im Leib der Mutter aufgewachsen. Sie umgab es wie eine (haltgebende) Hülle. Der mütterliche Leib war seine Umwelt. Auch nach der Geburt besteht diese innige Verbindung und Bindung noch weiter, zumindest für die ersten Lebensjahre. Der Vater tritt dagegen als Teil der Außenwelt an das Kind heran. Beide müssen sich erst langsam vertraut werden.

3. Vor allem wird der Mann zum Hintergrund für die Mutter-Kind-Dyade. Dies habe ich in der obigen Illustration mit dem schraffierten Feld um Mutter und Kind darzustellen versucht. Im Zentrum beziehungsweise im Vordergrund steht die Mutter-Kind-Dyade. Die Mutter widmet sich unmittelbar dem Kind. Der Mann wird zum »Feld«, in dem Mutter und Kind eingebettet sind. Er tritt nicht als markante Figur in den Vordergrund, sondern bleibt – aufmerksam – im Hintergrund. Er ist in Bereitschaft und steht zur Verfügung, wenn es nötig ist. Er nimmt die Bedürfnisse und Wünsche der Mutter wahr. Wie ein guter Kellner eines Restaurants entwickelt er eine innere Sensibilität für die Bedürfnisse seiner Frau und ist da, wenn sie etwas braucht.

Es ist diese Atmosphäre aufmerksamer, aber unauffälliger Anwesenheit, die die haltgebende Funktion des Mannes ausmacht. Was der betreffende Mann im einzelnen für seine Frau tut, ist im Grunde sekundär. Genauso, wie jede Mutter sich anders ihrem Kind gegenüber verhält, genauso, wie jeder Kellner seine Gäste anders bedient, wird jeder aufmerksame Mann seinen eigenen Stil finden, um die haltgebende Funktion in bezug auf seine Frau zu erfüllen. Was er tut, ist zweitrangig gegenüber der Art, wie er es tut. Ähnlich wie ein Kind, das atmosphärisch fühlt, daß es von seiner Mutter »gehalten« ist, spürt die Frau, wenn sie von ihrem Mann umsorgt und »gehalten« ist.

Natürlich, wir könnten diese Aufgabe geringschätzig als die eines Dieners oder Butlers sehen. Männer sind gewohnt, zu herrschen und nicht zu dienen. Sie sind geistig noch immer sehr im patriarchalischen Denken verhaftet. Partnerschaftlich zu empfinden und zu handeln, ist ihnen erst einmal fremd. Es gibt aber meines Erachtens keine vornehmere Aufgabe für einen Mann als diese, keine, in der er seine Liebe zu seiner Frau deutlicher beweisen kann und keine, die der gesamten Beziehung mehr Stärke, Ausdauer und innere Befriedigung schenkt. Ob ein Mann seiner Frau in dieser schwierigen Zeit zur Seite steht oder nicht, entscheidet mitunter über das weitere Schicksal der Beziehung.

Dazu kommt noch die Wirkung auf das Kind. Indem der Mann, wie in der Graphik dargestellt, der Mutter Halt gibt, stützt er automatisch die Mutter-Kind-Dyade. Er hilft damit der Mutter, ihrem gemeinsamen Kind den notwendigen Halt zu geben. Indem der Mann für seine Frau sorgt, leistet er auch seinem Kind einen unschätzbaren Dienst. *Der Mann hält die Mutter, die das Kind hält.*

Die Zeit, in der der Vater als Person für das Kind wichtiger wird, kommt später. Schon im Säuglingsalter ist der Vater zweitwichtigste Bezugsperson (zusammen mit den Geschwistern des Kindes), aber in der ersten Zeit nach der Geburt steht er tatsächlich im Hintergrund. Doch er muß wissen: Seine Anwesenheit im Hintergrund ist außerordentlich wichtig für die Entwicklung des Kindes, der Partnerschaft und der Familie. Der Mann ist keineswegs überflüssig, wie viele Väter meinen, weil sie sich von der glücklichen Mutter-Kind-Symbiose ausgeschlossen fühlen.

Wie können Männer die Aufgabe des Haltgebens gut bewältigen?

1. Männer brauchen einen *beständigen Dialog mit ihrer Partnerin*, damit sie die gravierenden inneren Veränderungen, die in der Frau während der Schwangerschaft, der Geburt und der Zeit danach stattfinden, wahrnehmen und verstehen. Erst auf der Basis des inneren Verstehens können sie ihrer Partnerin den Halt geben, den sie braucht.
2. Männer sollten sich darüber im klaren sein, daß sie allein der Frau nicht alles geben können, was sie braucht. Zwar ist der Mann in einer intakten Liebesbeziehung die erste Bezugsperson für die Frau, aber er kann keine *Frauengemeinschaft* ersetzen. Deshalb ist es gut, wenn der Mann seine Partnerin darin unterstützt, andere Frauen – ihre Mutter, ihre Schwestern, ihre Freundinnen – so oft wie möglich zu sprechen, zu treffen und gemeinsame Pläne zu realisieren. (Viele Männer reagieren unnötigerweise eifersüchtig, wenn ihre Partnerinnen vertraute Beziehungen zu anderen Frauen aufbauen. Sie fühlen sich ausgeschlossen. Sie spüren gleichzeitig, daß ihre Frauen durch die Frauengemeinschaft von ihnen unabhängiger werden. Die Frauen entwickeln dadurch eine Eigenmacht, die die männliche Alleinherrschaft schmälert. Deshalb neigen viele Männer dazu, die Frauenfreundschaften ihrer Partnerinnen zu unterbinden oder unbewußt zu sabotieren.)
3. Gerade angesichts solcher Frauengemeinschaft merken Männer, daß auch sie Unterstützung von Freunden brauchen, denn auch ihre eigene Position ist nicht einfach. Sie müssen tatsächlich eine Art Spagat schaffen – sie müssen für ihre Partnerin die Brücke zur Außenwelt herstellen, sie

müssen für die finanzielle und äußere Sicherheit der Familie sorgen, und sie müssen auf das, was ihre Partnerin und das gemeinsame Kind brauchen, eingehen. In einer partnerschaftlichen Beziehung, in der die traditionellen Geschlechterunterschiede sich verwischen, geraten auch Männer in die Doppelbelastung von Familie und Arbeit. Dabei kommen ihre eigenen Bedürfnisse nach Erholung, Abwechslung, Unbeschwertheit, Zuwendung und Sexualität zu kurz. Daher brauchen auch die Männer ein eigenes, *männliches Unterstützungssystem*. Dies kann in Form traditioneller Männervereine geschehen. Besser sind indes Formen männlichen Zusammenseins, in denen persönliche Freuden und Nöte mit anderen Männern und Vätern ausgetauscht werden können – Männergruppen, Selbsterfahrungsgruppen und Männerfreundschaften.

4. Schließlich ist die *Versöhnung mit dem eigenen Vater* notwendig, um sich mit der neuen Rolle als Vater anzufreunden. Ebenso wichtig ist die *Versöhnung mit der eigenen Mutter*, um etwaige Hindernisse aus dem Weg zu räumen, die aufgrund einer ungelösten Mutterproblematik zwischen den Partnern im Wege stehen könnten. Mit der Gründung der eigenen Familie finden wir uns in unserem Familienverband und unserer Familientradition wieder ein.

Schwangerschaftsabbruch und seine Heilung

Die Bedeutung eines Schwangerschaftsabbruchs für das Paar

Über Schwangerschaftsabbruch nachzudenken und zu sprechen, ist eine der schmerzlichsten und schamvollsten Erfahrungen überhaupt, vor allem für diejenigen unter uns, die sie persönlich durchlebt haben. Denn sie hat mit Tod und Töten zu tun, mit Scham und Schuld. Sie ist Zeichen eines Scheiterns – des Scheiterns einer Beziehung, einer Illusion, eines Entwurfs. Oft markiert sie das Ende einer Wegstrecke, möglicherweise einer Wegstrecke, die schon endet, noch ehe sie richtig begonnen hat. Das ungeborene Kind, das in einer glücklichen Beziehung mit soviel Freude und Hoffnung empfangen wird, wird hier ausgelöscht. Frau und Mann, eben noch werdende Mutter und werdender Vater, stehen wieder allein da. Das Band, das sie eben noch durch das gemeinsame Kind innig verbunden hat, ist jäh durchschnitten. Die Familie, die sie, ob sie es wollten oder nicht, mit der Schwangerschaft geworden sind, löst sich quasi ins Nichts auf.

All dies sind extrem einschneidende Ereignisse im Leben einer Frau, im Leben eines Mannes und auch des Paares. Wenn das Paar bereit ist, sich ihnen zu stellen, kann die Katastrophe, die ein Schwangerschaftsabbruch nicht selten darstellt, zum Beginn eines Reifungsprozesses werden. Dann könnte die Paarbeziehung sogar gestärkt aus der Krise hervorgehen. Oder die Partner erkennen in der Folge der Schwangerschaft, daß sie nicht die idealen Lebenspartner füreinander sind. Dann können sie sich im Guten trennen und wieder frei werden für eine andere Beziehung, eine Beziehung, in der sie erneut die Möglichkeit erhalten, mit einem anderen Partner Kinder zu bekommen.

Wenn die Partner aber die Schwangerschaft als einen unbeabsichtigten Unfall, als eine Bagatelle betrachten, deren Folgen mit dem Abbruch sauber beseitigt werden können und wenn sie außer Erleichterung nichts anderes empfinden, dann blenden sie das Tragische an dem Ereignis aus und übersehen die Tragweite dieses Ereignisses. Dann versuchten sie vergeblich, etwas ungeschehen zu machen, was nicht ungeschehen gemacht werden kann. Darin liegt die eigentliche Tragödie.

Ein Verlust, der betrauert wird, hat die Chance, eines Tages zu heilen. Ein Verlust aber, der negiert wird, der gar nicht als Verlust angesehen wird, hat keine Chance, betrauert zu werden. Das, was wir nicht anschauen und nicht anerkennen wollen, das, was wir draußen zu halten suchen, wird immer wieder an die Tür pochen. Es wird uns verfolgen wie ein Fluch oder wie ein Gespenst, bis wir endlich bereit sind, uns umzudrehen und ihm ins Gesicht zu sehen.

Kehren wir zunächst zurück zur Entscheidung für einen Schwangerschaftsabbruch. Wie wir bereits gesehen haben, ist die Entscheidung gegen den Fortbestand einer Schwangerschaft vor allem von folgenden Faktoren abhängig:

Gründe für einen Schwangerschaftsabbruch

1. Versagen der Partnerschaft
2. Mangelhafte Unterstützung durch den Mann
3. Mangelhafte Unterstützung durch die Umwelt
4. Die eigene Lebensplanung läßt sich mit einem Kind nicht vereinbaren
5. Mangelhaftes Vertrauen in sich selbst, die Partnerschaft und die Zukunft

Auswirkungen eines Schwangerschaftsabbruchs

Ein Schwangerschaftsabbruch kann viele verschiedene Auswirkungen haben. Die folgende Übersicht soll nur einen Überblick geben:

Mögliche Auswirkungen eines Schwangerschaftsabbruchs

positiv: Wiedergewinn der Freiheit
psychische, körperliche, familiäre, materielle Entlastung
Beendigung einer nicht passenden Partnerschaft
Chance eines Neubeginns

negativ: Schuld durch Kindstötung
Verlust des Kindes
Verlust der gemeinsamen Zukunftsperspektive
inneres Ende einer Beziehung

Was hier wie eine nüchterne Bilanz aussieht, ist für die meisten Beteiligten das Ergebnis eines langjährigen, inneren Verarbeitungsprozesses. Während dieser langen Zeit kann sich manchmal der eine Punkt, manchmal der andere in den Vordergrund schieben: In der Zeit unmittelbar nach dem Abbruch dominieren die Gefühle der Erleichterung und Befreiung. Erst später kommen das Bedauern und der Schmerz über den Verlust des Kindes an die Oberfläche. Die Veränderungen in der Partnerschaft machen sich manchmal erst nach Jahren bemerkbar. Daß dieser Verarbeitungsprozeß so lange dauern kann, darf uns nicht verwundern, denn jede Schwangerschaft hat mit einem Kind zu tun, gleichgültig, ob es geboren wurde oder nicht. Und unsere Kinder, ob lebendig oder tot, begleiten uns unser ganzes Leben lang.

Der Verlust

Ein Schwangerschaftsabbruch bedeutet meistens einen vierfachen Verlust. Erstens verlieren die Eltern das *Kind*. Dies ist ein sehr schmerzlicher persönlicher Verlust, der manchmal nicht einmal durch ein späteres Kind aufgewogen werden kann. Zweitens verlieren die Eltern die *natürliche Frucht ihrer Beziehung*. Sie stehen quasi mit leeren Händen da und müssen in ihrer Beziehung wieder von vorn anfangen. Damit hängt der dritte Verlust zusammen: Es ist der Verlust der *gemeinsamen Zukunftsperspektive*. Kinder verkörpern unsere Zukunft. Kinderlosen Paaren fällt die Gestaltung der gemeinsamen Zukunft oft schwerer als Paaren mit Kindern, deren Leben zwangsläufig auf die Kinder, später auch auf die Enkelkinder ausgerichtet ist. Und zuletzt bedeutet ein Schwangerschaftsabbruch für viele Liebespaare auch den Verlust ihrer bisherigen *Unschuld*. Unschuldig waren sie bis dahin in zweifachem Sinne: Sie waren unwissend, rein und naiv. Sie haben sich und ihrer Beziehung vertraut. Sie haben gespielt und darauf vertraut, daß alles gutgehen wird. Nun verlieren sie diese Unschuld: Sie werden wissend, und sie werden mit den Härten der Realität erbarmungslos konfrontiert. Und sie werden schuldig: Sie lassen ihr Kind töten.

Es ist diese Verknüpfung von Verlust und Schuld, die die innere Verarbeitung eines Schwangerschaftsabbruchs so furchtbar erschwert. Wenn wir den Verlust eines Kindes ohne eigenes Verschulden erlitten hätten, könnten wir uns bedauern und uns von anderen bedauern lassen. Dann wären wir eindeutig Opfer. Hätten wir einen Todfeind getötet, dann wären wir zwar schuld, aber wir könnten zu unserer Tat stehen. In diesem Fall aber, in dem wir das eigene Kind töten, sind wir sowohl Opfer als auch Täter. Und wir erleiden einen schrecklichen Verlust: Wir verlieren unser eigenes Kind. Und wir sind es selber, die uns diesen schrecklichen Verlust zufügen. Ich habe im Kapitel »Wenn ein Paar schwanger wird« dies als eine *unmenschliche Entscheidung* bezeichnet: Wie wir uns auch entscheiden, der Preis ist immens hoch.

Wie verkraftet ein Paar die Konsequenzen des Schwangerschaftsabbruchs?

Wie verkraftet ein Paar einen solchen inneren Konflikt? Wie wird es mit der beschriebenen Verknüpfung von Schuld und Verlust fertig?

Manche Paare verkraften einen Schwangerschaftsabbruch nicht. Sie erleben ihn als einschneidendes Ereignis in ihrer Beziehung und erholen sich nicht von diesem Trauma. Andere können den Verlust verarbeiten und finden sich gestärkt in ihrer Liebe und Solidarität zueinander wieder. Ob die Paarbeziehung gestärkt oder geschwächt aus dieser Entscheidung hervorgeht, hängt von vielen verschiedenen Faktoren ab. Sehr entscheidend sind dabei folgende Aspekte:

1. Fällt und trägt das Paar die Entscheidung gemeinsam, oder hat sich die Frau oder der Mann allein entschieden und sich durchgesetzt?
2. Für das Zusammengehörigkeitsgefühl der Partner ist die Art und Weise sehr wesentlich, wie das Paar den konkreten Abbruch erlebt – ob es ihn gemeinsam erlebt oder ob die Frau dabei alleine, ohne ihren Mann ist.
3. Zuletzt ist die Art, wie das Paar dieses einschneidende Ereignis verarbeitet und interpretiert, wichtig für das weitere Schicksal der Beziehung.

Manche Beziehungen zerbrechen bereits beim ersten Punkt, bei der Entscheidung für oder gegen die Fortsetzung der Schwangerschaft: Die Frau fühlt sich während der Schwangerschaft vom Mann ungenügend unterstützt, er hat sich in ihren Augen als unzuverlässig erwiesen und als Partner und Vater versagt. Der Mann kann der Frau nicht verzeihen, daß sie die Entscheidung für den Abbruch gegen seinen Willen gefällt hat oder daß sie ihn gar nicht erst informiert oder gefragt hat. Oder umgekehrt: Die Frau hat sich vom Mann unter Druck gesetzt oder gar gezwungen gefühlt, das Kind abtreiben zu lassen.

Hier stellen sich im Grunde bereits die Weichen für die weitere Beziehung: »Traue ich mir und dem Partner zu, daß wir gemeinsam unser Schicksal als Eltern und als Familie fortsetzen oder nicht?« Neben allen aktuellen Lebensbezügen, die bei der Entscheidung auch eine Rolle spielen (etwa Lebensalter, Lebensphase, Ausbildung beziehungsweise Karriere, bereits vorhandene Kinder), hat die Einschätzung der Liebesbeziehung – in ihrer Stabilität und Tragfähigkeit, in ihrer Liebe und Solidarität – ein besonderes Gewicht. Wenn sich die Partner gegen eine gemeinsame Elternschaft entscheiden, fällen sie häufig (bewußt oder unbewußt) das Todesurteil über ihre eigene Beziehung. Einer oder auch beide Partner erkennen: »Dies ist nicht der Lebenspartner, mit dem ich meine Zukunft teilen möchte.« Und sie werden über kurz oder lang die Beziehung aufkündigen.

So gesehen kann das schmerzliche Ereignis eines Schwangerschaftsabbruchs auch etwas Gutes bewirken: Die Partner erkennen, daß sie nicht die richtigen füreinander sind. Der Preis für diese Erkenntnis ist hoch: Sie kostet dem werdenden Kind das Leben. Aber es ist in manchen Fällen besser, wenn sich Partner, die sich nicht lieben oder nicht zueinander passen, rechtzeitig trennen, als daß sie miteinander (und mit ihren Kindern) ein unglückliches und unerfülltes Leben führen. Und wenn sie danach einen passenderen Partner finden können, war es dieses Opfer vielleicht wert.

Die Verarbeitung des Schwangerschaftsabbruchs

Es kommt beim Schwangerschaftsabbruch, wie bei jedem traumatischen Erlebnis in unserem Leben, auf die Verarbeitung des Erlebten an, ob wir traumatisiert oder gereift daraus hervorgehen. Wenn wir
– unseren Verlust betrauern können,
– zu unserer Schuld stehen,
– dem abgetriebenen Kind einen angemessenen Platz in unserem Herzen geben,

- dem Partner, mit dem wir das Kind hatten, ebenfalls einen angemessenen Platz in unserem Herzen geben und
- dankbar das Geschenk der Freiheit, die uns durch den Abbruch gegeben wird, annehmen, das heißt unseren Verlust als Opfer würdigen,

kann aus dem Trauma etwas Gutes erwachsen.

Den dritten und vierten Aspekt dieser Auflistung möchte ich genauer ausführen:

Trauerarbeit: Dem abgetriebenen Kind einen Platz im Herzen einräumen

Selbst wenn wir ein Kind abtreiben lassen, bleibt es immer unser Kind. Es ist, ob gewollt oder ungewollt, ein Kind aus unserer Beziehung. Wie ich es bereits an früherer Stelle beschrieben habe, sind wir geistig und emotional unser Leben lang mit unseren Kindern verbunden, gleichgültig, ob sie leben oder tot sind. Deshalb sollte auch ein abgetriebenes Kind in unserem Herzen seinen entsprechenden Platz in der Geschwisterreihe bekommen. Sonst laufen wir Gefahr, dieses fehlende Kind in ein anderes Kind hineinzuprojizieren, so daß dieses unbewußt die Rolle des gestorbenen Kindes übernimmt. Das gleiche gilt für Kinder, die durch eine Fehlgeburt abgegangen sind, für Kinder, die in Adoption oder Pflege gegeben worden sind, und auch für früh verstorbene Kinder. Wenn sie ihren (inneren) Platz in der Familie behalten, bleibt die Familie vollständig. Die Schuld und das Trauma brauchen nicht an die nächste Generation weitergegeben zu werden.

Traumatische Erfahrungen, die wir bewußt verarbeiten, lassen uns reifer werden. Werden sie verdrängt, müssen sie häufig von den folgenden Generationen übernommen und verarbeitet werden – auf diese Weise kommt »Kollektivschuld« zustande.

Trauerarbeit: Dem Partner, mit dem man das Kind hatte, einen Platz im Herzen einräumen

Ebenso ist es wichtig, den Stellenwert des Partners, mit dem man das Kind gehabt hat, anzuerkennen. Dies gilt besonders dann, wenn das Paar sich nach der Schwangerschaft beziehungsweise nach dem Schwangerschaftsabbruch trennt. Genauso, wie wir eine lebenslange innere Bindung mit unseren Kindern, ob geboren oder nicht, eingehen, genauso gehen wir eine lebenslange innere Bindung mit dem Partner ein, mit dem wir diese Kinder hatten. *Gemeinsame Elternschaft ist die elementarste Beziehung, die wir mit einem nicht verwandten Menschen eingehen können, gleichgültig, ob wir die Elternschaft gewollt haben oder nicht.*

Verständlicherweise neigen wir dazu, den Partner aus unserem Bewußtsein zu verdrängen, wenn der Schwangerschaftsabbruch schmerzlich war und das Ende der Beziehung markierte. Wir möchten die ganze Affäre einfach vergessen und hinter uns lassen. Aber diese unerledigte Beziehung wirkt nach, selbst wenn wir hinterher einen besser geeigneten Partner finden. Es ist so, als würden wir neu heiraten, bevor wir vom alten Partner geschieden sind. Wir begingen Bigamie. Jeder, der eine Scheidung hinter sich hat, weiß um den inneren Trennungsprozeß, der nötig ist, um mit der alten Beziehung tatsächlich zu einem guten Ende zu kommen. Die Trauerarbeit beinhaltet das innere Erleben der Enttäuschung, der Wut und das Loslassen der Hoffnungen und Sehnsüchte, die wir mit dieser Beziehung verbunden haben. Schließlich finden wir für den alten Partner einen ihm angemessenen Platz in unserem Herzen. Wenn er diesen Platz in uns behalten kann, finden wir unseren inneren Frieden und sind frei für eine neue Beziehung.

Ein Beispiel

Eine ältere Mutter kommt mit ihrem erwachsenen Sohn in die Beratung und beklagt sich darüber, daß dieser ständig Schulden mache. Im Laufe des Gesprächs kommt die Mutter plötzlich – ohne daß sie es vorhatte – auf einen Schwangerschaftsabbruch zu sprechen, den sie vornehmen ließ, als ihr Sohn acht Jahre alt war. Sie hatte niemandem jemals etwas davon erzählt.

Der Sohn fragt interessiert nach, weshalb sie die Schwangerschaft abbrechen ließ. Die Mutter antwortet: Sie war damals mit einem

Mann, der sie nicht liebte, liiert und konnte sich keine gemeinsame Zukunft mit ihm vorstellen. Und allein konnte sie drei Kinder nicht aufziehen (sie hatte neben dem anwesenden noch einen zweiten Sohn). Der Sohn fragt nach dem abgetriebenen Kind. Die Mutter sagt, sie habe für dieses bereits einen Namen gehabt. Sie sei damals ganz traurig gewesen, daß sie es hat abtreiben lassen müssen. Der Sohn scheint erleichtert.

Gemeinsam verbrennen sie einen Zettel, auf den die Mutter den Namen des Kindes geschrieben hat. Sie wickeln die Asche in Silberfolie und begraben sie an einem guten Platz. Die Frage nach der Schuld der Mutter, die der Sohn unbewußt immer gespürt hat und die er durch seine Schulden abzutragen suchte, ist gelöst.

Hoffnung

Abschließend möchte ich die Hypothese wagen, daß die Schuld, die wir durch einen Schwangerschaftsabbruch auf uns geladen haben, durch unser Bewußtsein des Verlusts und des Opfers aufgewogen und gesühnt werden kann. Wenn wir uns sowohl unserer Schuld als auch unseres Verlusts bewußt werden und beides anerkennen und würdigen können, wandelt sich unsere Schuld in ein reiferes, tieferes und menschlicheres Wissen, das die Rache (und die Selbstrache) überflüssig werden läßt und uns anderen gegenüber milder stimmt.

Die Bedeutung der Sexualität der Eltern für die Kinder

Die Sexualität der Eltern – ein Tabu?

In diesem Kapitel möchte ich auf die Bedeutung der sexuellen Beziehung des (Eltern-)Paares für die Kinder eingehen, weil ich der Meinung bin, dieser Faktor wird in familiendynamischen Untersuchungen zu selten berücksichtigt – vielleicht aus einer gewissen Scham vor dem heiklen Thema. Möglicherweise besteht ein Tabu um die Sexualität von Eltern, wie wir es selbst aus unserer eigenen Kindheit her kennen. Es herrschte oft eine gegenseitige Scham zwischen Eltern und Kindern, wenn es um die Sexualität nicht nur der Kinder, sondern auch der Eltern ging. Diese wurde entweder hinter verschlossenen Türen »abgehandelt« (wir standen ahnungsvoll davor, lauschten am Schlüsselloch und rätselten darüber, was hinter der Tür vorging), oder sie existierte überhaupt nicht: Vor den Kindern erschienen die Eltern als sexlose Wesen. Und doch wußten wir: Wir Kinder wären nicht auf der Welt, wenn die Eltern »es« nicht miteinander gemacht hätten …

Welche Tragweite, welchen Einfluß hat nun die Sexualität der Eltern auf die Kinder und auf das Familienleben? Wenn wir uns genauer mit dieser Frage beschäftigen, wird immer klarer, daß die Sexualität eine außerordentliche Bedeutung nicht nur für das Verhältnis zwischen den Eltern, sondern für die ganze Familie hat.

Die Bedeutung der elterlichen Sexualität für die Familie

Die sexuelle Beziehung zwischen den Eltern spielt eine zentrale Rolle für die ganze Familie. Zum einen sind die Kinder dadurch überhaupt entstanden. Insofern ist die Elternsexualität Grundlage der Familie. Zum anderen bildet die Elternsexualität die Grundlage für das Selbstverständnis und die Identität des Kindes. Ein Kind erlebt sich als vollständig, wenn es spürt, daß die Eltern eine erfüllte Liebes- und sexuelle Beziehung miteinander haben.

Zur besseren Anschauung möchte ich dies graphisch darstellen (V = Vater, M = Mutter, K = Kind):

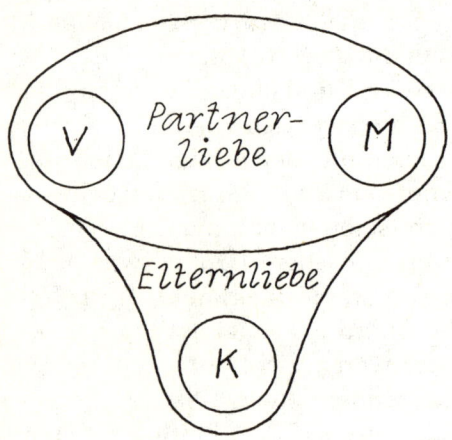

Das ideale Vater-Mutter-Kind-Dreieck

Die ovale Verbindung zwischen Vater (V) und Mutter (M) stellt die Liebesbeziehung der Eltern dar. Sie ist der »tragende Balken« für die Familie. Von diesem Balken hängt das Kind (beziehungsweise die Kinder) wie an einer Schaukel herab. Wie eine starke Schaukel hält die Liebesbeziehung der Eltern das Kind (die Kinder) sicher im Familiendreieck.

Die Beziehung zwischen den Eltern, die Partnerliebe, ist erotisch und sexuell geprägt, während die Beziehung zwischen den Eltern und dem Kind beziehungsweise den Kindern nichtsexueller Natur ist (Elternliebe). Die erotische Liebe zwischen den Eltern hat eine starke Ausstrahlung auf die ganze Familienatmosphäre. Wenn sich die Eltern lieben, erfüllt dies die ganze Familie mit einer Aura von Lebendigkeit, Lebenslust und Lebensfreude. Die Kinder fühlen eine belebende Kraft von ihren Eltern ausgehen. Sie spüren die Freude des Zusammenseins in der ganzen Familie. Sie können darin ihre eigene Lebenskraft freudig entfalten.

Umgekehrt sind Familien, in denen sich die Eltern nicht lieben und keine befriedigende Sexualität leben, entweder aggressiv-gereizt oder depressiv gestimmt. Diese Atmosphäre beeinträchtigt die Lebenskräfte der Kinder. Sie fühlen sich niedergedrückt, gereizt und unglücklich.

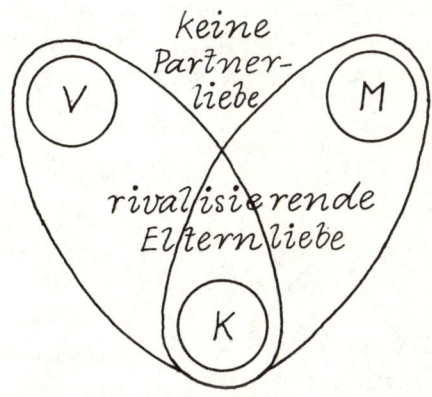

Wenn die Elternliebe fehlt: Beide Eltern unterhalten separate Beziehungen zum Kind und rivalisieren miteinander. Das Kind gerät in die Vermittlerrolle.

Wo die erotische Liebe zwischen den Eltern fehlt, ist die Kommunikation zwischen ihnen beeinträchtigt. Sie unterhalten jeweils eine eigene Beziehung zum Kind: Der Vater hat ebenso eine separate Beziehung zum Kind wie die Mutter (siehe Graphik). Wenn sich die Eltern nicht lieben und achten, können sie dazu tendieren, miteinander um die Gunst des Kindes zu buhlen. Das Kind fühlt sich dann hin- und hergerissen zwischen beiden Eltern. (Vergleiche hierzu das eindrückliche Beispiel Erich Kästners, das im Kapitel »Der Doppelagent – Zur Psyche des Verräters« zitiert ist!)

Da die Eltern nicht oder nur wenig miteinander kommunizieren, bildet das Kind die einzige Verbindung zwischen beiden Eltern. Das Kind kommt zwangsweise in die Vermittlerrolle zwischen den beiden Elternteilen. Es gerät in heftige Loyalitätskonflikte. Es kann nicht dem einen Elternteil nahe sein, ohne den anderen zu verraten. Dadurch erlangt das Kind auch eine zu große Bedeutung im Familiendreieck. Es bekommt zu viel Gewicht in der Familie. Es wird einerseits überlastet und überfordert, andererseits auch eingebildet und überheblich, da es quasi Elternfunktion für die eigenen Eltern übernimmt (Parentifizierung). Sein Narzißmus bläht sich auf. Aber im Grunde wird dem Kind seine Lebenskraft entzogen, die es für sein eigenes Leben, für sein persönliches Wachstum braucht.

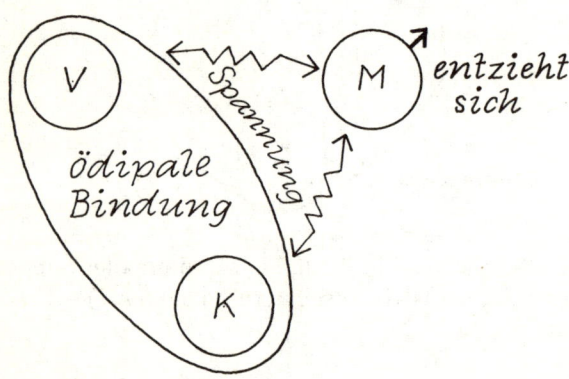

Ödipale Bindung des Kindes an ein Elternteil bei gleichzeitiger Ausstoßung oder Weggang des anderen Elternteils.

Noch fataler ist es, wenn eines der Eltern das Kind an sich bindet und es vor dem anderen Elternteil abschirmt (der gleichzeitig als der Bösewicht oder der untreue Gesell hingestellt und verachtet wird). Dieser Elternteil zieht sich dann zurück. Die gleiche Konstellation kann sich ergeben, wenn ein Elternteil fehlt (durch Krankheit, Trennung, Scheidung, Tod) oder sich der Familie entzieht (indem er sich in die innere Emigration zurückzieht, indem er fremdgeht, ständig arbeitet oder der Sucht verfällt). Dann bindet sich der allein gelassene Elternteil übermäßig stark an das Kind. Meist erhält diese Bindung einen erotischen bis sexuellen Charakter. Das Kind wird somit zum Partnerersatz. Es kann zur emotionalen oder sexuellen Ausbeutung des Kindes durch den bedürftigen Elternteil kommen. Es entsteht eine übermäßige *ödipale Bindung*.

Nun verstehen wir, weshalb eine gute sexuelle Liebesbeziehung der Eltern so wichtig für die Kinder ist. Sie bindet die sexuelle Energie der Eltern. Dadurch ist ihre Liebe zum Kind kindgemäß und frei von erwachsener Sexualität. (Selbstverständlich erleben auch Kinder Lust in Form von Körperlust und umfassender Sinnlichkeit, aber diese hat nicht den zielgerichteten, genitalen Charakter erwachsener Sexualität.)

Wenn die Eltern dagegen keine erfüllte sexuelle Beziehung miteinander leben, werden die Kinder sexualisiert. Die unbefriedigte sexuelle Energie der Eltern richtet sich dann auf die Kinder. Sie werden sexuell stimuliert und überstimuliert. Aus der kleinen Tochter wird die verführerische Lolita, aus dem kleinen Jungen der Sohnemann. Sie werden sexuell ausgebeutet, zuweilen auch sexuell mißbraucht.

Auch in diesem Fall wird dem Kind seine Lebensenergie entzogen. Es hat nicht genug Raum und Zeit, um sein eigenes Leben zu leben und um seine eigene Sexualität nach dem eigenen Wachstumstempo zu entwickeln.

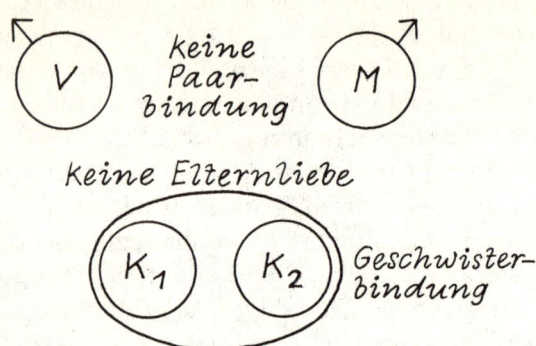

Beide Eltern gehen weg und überlassen die Kinder sich selbst.

Wenn gar *beide* Eltern weggehen oder geistig-emotional abwesend sind (zum Beispiel wenn beide fremdgehen, einer Vollzeitarbeit nachgehen oder wenn beide krank oder suchtkrank sind), sind die Kinder gänzlich auf sich allein gestellt. Vernachlässigt und sich selbst überlassen, verwahrlosen sie. Solche Kinder sind emotional überhaupt nicht mehr an eine Elternperson gebunden, sie sind »verraten und verkauft«. Manchmal landen sie in Heimen oder Pflegefamilien.

Wenn sie zu Hause bleiben, wenden sich die Geschwister in solchen Fällen aneinander, um wenigstens ein Minimum an Liebe und Zuwendung zu bekommen. Dabei kommt es leicht zur Ausbeutung der jüngeren Kinder durch die älteren in Form von Macht- und sexuellem Mißbrauch, da ihnen keine Eltern Einhalt gebieten. Im Gegenteil: Die Eltern sind froh, daß die älteren Geschwister auf die jüngeren aufpassen. Es entstehen inzestuöse, äußerst verstrickte Geschwisterbindungen, voller widersprüchlicher Gefühle von Liebe, Haß, Solidarität und Rivalität, die oft bis ins Erwachsenenalter fortdauern.[10]

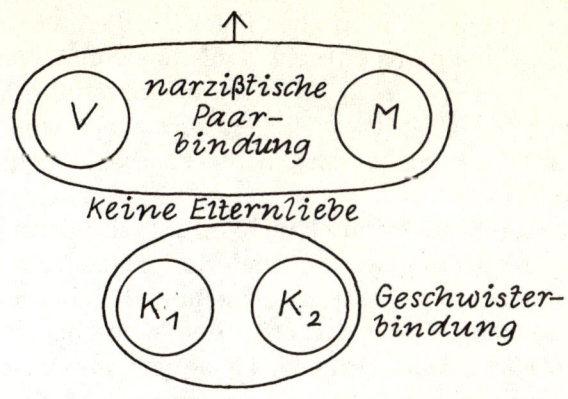

Narzißtische Liebe zwischen den Eltern, die ebenfalls die Kinder sich selbst überläßt

Es gibt eine Variante der eben beschriebenen Konstellation: Die Eltern sind geistig-emotional abwesend, weil sie miteinander weiterhin eine jugendlich-romantische Liebe leben, ohne Rücksicht auf die Tatsache, daß sie nun Eltern sind und Kinder haben, für die sie zu sorgen haben. Sie verreisen oft und viel und überlassen die Kinder sich selbst oder Babysittern. Materiell verwöhnen sie die Kinder, aber sie geben ihnen überhaupt kein Gefühl von Geborgenheit und Zugehörigkeit. Im Grunde sind diese Eltern immer noch Jugendliche, die für die Elternschaft noch nicht reif sind. Auch solche Kinder verwahrlosen innerlich. Sie werden leicht zum Opfer von Mißbrauch. Später, wenn sie Geld und Macht erlangen, werden sie dafür andere mißbrauchen.

»Du bist willkommen«

Im Kapitel über »Sexuelle Erfüllung und Kinderwunsch« haben wir gesehen, daß eine erfüllte Sexualität in beiden Partnern den Wunsch nach einem Kind entstehen läßt. Dieser Wunsch erwächst aus dem schöpferischen Potential, das einer erfüllten sexuellen (und emotionalen) Beziehung innewohnt. Wenn Frau und Mann »sich erkennen« (»Du bist mein Mann« – »Du bist meine Frau«), entsteht die tiefe Sehnsucht nach einer Frucht aus dieser Beziehung, durch die die Paarbeziehung vertieft und erweitert wird.

Dort wo der Kinderwunsch nicht erfüllt wird (zum Beispiel bei gewollter oder ungewollter Kinderlosigkeit oder bei gleichgeschlechtlichen Liebespaaren), entsteht in den meisten Fällen bei beiden Liebespartnern ebenso der Wunsch nach etwas Größerem, nach einem »Dritten«, das sie gemeinsam erschaffen und pflegen möchten. Sie adoptieren beispielsweise ein Kind oder kümmern sich um andere Kinder, engagieren sich in einem gemeinsamen Projekt, arbeiten intensiv beruflich zusammen, pflegen gemeinsame Hobbys usw. Insofern ist das schöpferische Potential in jedem erfüllten Liebespaar zu finden. Kinderlose Paare müssen oft mehr Energie und Phantasie für die gemeinsame Selbstverwirklichung einsetzen als Paare mit Kindern, bei denen die gemeinsame Aufgabe durch die Kinder vorgegeben ist. Dies kann sich aber durchaus als produktiv auswirken.

Den Paaren, die gewollt ein Kind bekommen, geht ein großer Wunsch in Erfüllung. Ihnen ist ein »Kind der Liebe« geschenkt. Die Freude und die Dankbarkeit der Eltern über ihr gemeinsames Kind strahlt auf das Kind. Es fühlt sich willkommen in dieser Welt. Es hat das Gefühl, einen für es bestimmten Platz in der Welt einzunehmen. Dies ist eine sehr wichtige Botschaft für ein Kind: »Wir freuen uns über dich und sind dankbar, daß wir dich bekommen durften. Du bist uns willkommen. Hier bei uns ist dein Platz. Hier bist du sicher und geborgen. Von hier aus kannst du die Welt erobern.«

Das Willkommensein, das Gefühl von Freude und Dankbarkeit für seine Existenz, die Sicherheit über den eigenen Platz im Leben – all diese Botschaften schlagen tiefe Wurzeln im Herzen des Kindes und tragen es auch später durch die Stürme des Lebens. Neben dem uns biologisch gegebenen Lebenswillen ist es dieses Gefühl des sozialen Willkommen- und Aufgenommenseins, das uns selbst in schweren Zeiten am Leben erhält. Depressive und selbstmordgefährdete Menschen leiden häufig darunter, daß sie diese lebensbejahende Botschaft häufig nicht oder nur unzureichend erhalten haben.

Nicht willkommen sein

Es kann viele Gründe dafür geben, weshalb ein Kind die Botschaft des Willkommenseins nicht oder nur unzureichend erhalten hat. Viele Eltern können nichts dafür, daß sie ihre Kinder nicht so willkommen heißen, wie sie es gewünscht hätten. Manchmal lieben sich die Eltern, aber sie können nicht zusammenbleiben, weil sie zum Beispiel an einen anderen Partner gebunden sind. Manchmal sind bereits so viele Kinder da, oder die Lebensumstände sind so schwierig, daß die Eltern nicht genug Kraft und Energie haben, um sich dem Kind intensiv zu widmen. Manchmal sind es auch schlimme äußere Umstände, in die das Kind hineingeboren wird. In Kriegen sterben zum Beispiel viele Väter, aber auch Mütter. Viele Familien werden durch die Kriegswirren auseinandergerissen. Soldaten haben im Ausland Kinder gezeugt und sind dann wieder in ihre Heimat verschwunden.

Ein Paar merkt, es paßt nicht zusammen

Wir möchten hier aber den speziellen Fall genauer anschauen, wie eine nicht erfüllte sexuelle Beziehung zwischen den Eltern sich auf die Kinder auswirkt. Ein solches Paar hat das Gefühl, nicht zusammenzupassen.»Er ist nicht der Richtige für mich.« »Sie ist nicht die Richtige für mich.« Die natürliche Konsequenz daraus wäre, auseinanderzugehen und nach einem Partner zu suchen, mit dem man besser harmoniert. Früher konnten aber Frauen und Männer nicht ausprobieren, ob ein Partner sexuell zu ihnen paßt oder nicht. Sie mußten heiraten, bevor sie miteinander Sexualität erlebten. Wenn sich herausstellte, daß sie sexuell nicht harmonierten, war es zu spät. Sie mußten sich lebenslang mit diesem einen Partner arrangieren. Bei anderen Paaren entstand eine ungewollte Schwangerschaft gleich nach dem ersten Verkehr. Sie »mußten« heiraten. In der traditionellen Gesellschaft hatten sie schwerlich eine andere Wahl. Vor allem Frauen waren materiell und sozial auf die Ehe angewiesen, wenn sie schwanger wurden.

Insofern stellen heute die freie Sexualität, die Möglichkeiten der Geburtenregelung und die soziale und finanzielle Möglichkeit, ein oder auch mehrere Kind(er) allein großzuziehen, einen bedeutenden Fortschritt in der Partnerwahl und Selbstbestimmung (vor allem der Frau) dar. Heute brauchen Partner nicht zusammenzubleiben, wenn sie sexuell und emotional nicht zueinander passen. Eine Frau ist materiell nicht mehr gezwungen, den Vater ihrer Kinder zu heiraten.

Deshalb trennen sich manche Partner bereits vor der Geburt des Kindes, wenn sie merken, daß es sexuell und/oder emotional zwischen ihnen nicht stimmt. Dies ist aus der Perspektive der Partnerwahl ein konsequenter Schritt. So haben Frau und Mann die Möglichkeit, einen anderen Liebespartner zu finden, mit dem sie glücklich sein können. Sie bleiben sich und ihrem Gefühl treu.

Verrat an sich selbst – Treue zum Kind

Oft bleiben die Partner aber zusammen. Sie tun dies entweder aus inneren Schuldgefühlen, oder sie geben dem moralischen Druck aus ihrer Umgebung nach. Dadurch erfüllen sie zwar eine von außen oder innen geforderte Pflicht, aber sie verraten sich selbst. Sie verraten ihr inneres Gefühl, daß der Partner, mit dem sie die Lebensgemeinschaft eingegangen sind, eigentlich nicht der Richtige ist. Dafür sind sie jedoch treu zum Kind. Sie ermöglichen es dem Kind, mit seinen leiblichen Eltern in einer Familie aufzuwachsen.

Es gibt in einer solchen Situation keine »richtige« oder »gute« Entscheidung. Die Partner stehen fast immer in einem Dilemma zwischen zwei Alternativen, die beide einen sehr hohen Preis fordern. Und es ist eine schwere Entscheidung, weil ihr ganzes weiteres Leben davon beeinflußt wird. Deshalb brauchen sie Sympathie und Unterstützung von ihrer Umgebung, vor allem von ihren nächsten Angehörigen. Häufig genug werden sie jedoch verstoßen, verachtet und allein gelassen, gerade zu einer Zeit, in der sie nichts dringender bräuchten als Beistand und Mitgefühl.

Sympathie, Solidarität und Respekt können leidenschaftliche Liebe ersetzen

Wenn ein Paar zusammenbleibt, obwohl beide das Gefühl haben, nicht den optimalen Partner gefunden zu haben, braucht dies zu keiner Katastrophe führen. Wenn beide Partner sich innerlich mit dem Gegebenen einverstanden erklären und bereit sind, das Beste aus ihrer Verbindung zu machen, können sie miteinander (und mit den Kindern) durchaus glücklich und zufrieden werden. Sympathie, Solidarität und gegenseitiger Respekt können auf lange Sicht leidenschaftliche Liebe als tragenden Pfeiler der Beziehung ersetzen. Sie sind genauso wertvoll.

Ein solches Paar bejaht trotz unerfüllter Sexualität seine Verbindung. Die Partner respektieren einander, selbst oder gerade in dem Wissen, nicht die Wunschpartner füreinander zu sein. Dieses Wissen läßt ihre Achtung füreinander wachsen, da sie sich des Wertes des Verzichts bewußt sind. Sie verzichten auf Erfüllung ihrer erotischen Sehnsucht und ersetzen dies durch Solidarität und gemeinsame Arbeit. Die Eltern nehmen ihre Kinder an und geben ihnen ein gutes Zuhause. Dabei ist es den Eltern gleichgültig, ob ihre Kinder »Kinder der Liebe« sind oder nicht. Sie lieben ihre Kinder. Die Kinder fühlen sich erwünscht und willkommen. Der Stolz auf die gemeinsamen Kinder kann auch ein Paar näher zusammenbringen.

Widerwillige Elternschaft – Schuldbeladene Kinder

Die eben beschriebene Paarkonstellation verlangt jedoch ein hohes Maß an persönlicher Reife, die nicht jedes Paar erbringt. Es gibt Paare, die nur widerwillig oder zumindest mit innerem Vorbehalt zusammenbleiben. Sie bedauern es vielleicht, sich überhaupt kennengelernt zu haben, und wünschten, es wäre nie passiert. Im Grunde ihres Herzens hegen sie einen tiefen Groll gegen den Partner beziehungsweise die Beziehung, und sie verachten sich selbst, weil sie ihrer Meinung nach zu feige gewesen sind, um »nein« zu dieser Verbindung zu sagen.

Die Kinder aus einer solchen Verbindung fühlen sich meist unwillkommen. Sie haben das Gefühl, ständig fehl am Platz zu sein, als seien sie in die falsche Familie hineingeboren. (Manche Kinder glauben sogar, daß sie als Säuglinge vertauscht worden seien, so fremd fühlen sie sich in ihrer Familie.)

Bewußt oder unbewußt geben die Eltern dem Kind die *Schuld* für die unglückliche oder unerfüllte Partnerbeziehung. Die Kinder bekommen oft zu hören oder zu spüren, daß sie am Unglück ihrer Eltern schuld seien. Sie seien dafür verantwortlich, daß das Leben der Eltern »verpfuscht« sei. In den Augen der Eltern sind die Kinder das sichtbarste Zeichen für das Scheitern ihrer Lebenspläne, weil sie jene ständig an ihren Fehltritt und ihre Mesalliance erinnern. Dieses Schuldgefühl ist eine ungemein belastende Lebenshypothek für ein Kind.

Ein solches Kind wird ein tiefes Gefühl der Schuld und Scham in sich spüren, das es nie loswerden kann, weil seine Existenz unmittelbar mit Schuld verbunden ist. Geboren worden zu sein, ist seine Schuld. Es kann diese Lebensschuld nur dadurch sühnen, indem es büßend und selbstbestrafend durch sein Leben geht. Dieses Bedürfnis nach Sühne kann so weit gehen, daß das Kind sich umbringt (entweder aktiv durch Selbstmord oder passiv durch Alkohol, Drogen oder körperliche beziehungsweise psychische Krankheit), um die Schuld zu tilgen, um die Rachesucht der Eltern zu befriedigen.

Spätere Folgen der sexuellen Beziehung
der Eltern fürs Kind

Die sexuelle Beziehung der Eltern bildet den Kern der Identität des Kindes

Kehren wir zunächst zu einer Familie zurück, in der die Eltern eine erfüllte sexuelle Beziehung haben. Wenn ein Kind spürt, daß sich die Eltern lieben (zum Beispiel wenn es sieht, daß die Eltern zärtlich zueinander sind, oder wenn es hört, wie die Eltern liebevoll zueinander sprechen), fühlt es sich als Kind dieser Eltern bestätigt. Das Kind hat das Gefühl: »Aus dieser zärtlichen und liebevollen Beziehung bin ich hervorgegangen. Ich bin ein Kind der Liebe.« Die Wahrnehmung einer erfüllten sexuellen Beziehung wirkt identitätsstiftend und identitätsstärkend für das Kind. Außerdem wird das Kind ein natürliches Gefühl für Liebe und Sexualität entwickeln. Es lernt am eigenen Leib, wie gut es ist, wenn Kinder aus einer erfüllten sexuellen Beziehung hervorgehen.

Eine erfüllte Elternsexualität begrenzt den ödipalen Konflikt auf ein natürliches Maß

Zwar wird jedes Kind beim Anblick der Eltern, die zärtlich zueinander sind, gelegentlich Eifersuchtsgefühle empfinden, weil es sich ausgeschlossen fühlt. Die Eltern können das Kind aber beruhigend in ihre Mitte nehmen. Dabei ist es aber ebenso wichtig, daß sie ihre sexuelle Intimsphäre vor den Kindern schützen. Dies ist Ausdruck der Achtung ihrer eigenen Schamgrenze sowie der Schamgrenze der Kinder. Wenn das Kind dies erfährt, wird es lernen, die Intimsphäre der Eltern zu respektieren. Es wird es als etwas Natürliches empfinden, daß die Eltern eine eigenständige Liebesbeziehung haben.

Noch mehr: Das Kind wird sich entlastet fühlen, da es keine Ersatzfunktion als Liebesobjekt der Eltern zu erfüllen hat. Gerade dadurch werden die in der natürlichen Entwicklung des Kindes auftretenden ödipalen Wünsche (wenn ein Junge die Mutter heiraten und den Vater als Nebenbuhler beiseite schieben will; wenn ein Mädchen den Vater heiraten und die Mutter beiseite schieben will) nur begrenzt und vorübergehend erlebt. Viel ausschlaggebender fürs Kind ist das positive Vorbild der Eltern für seine späteren Liebesbeziehungen.

Außerdem kommt es sehr auf die Reaktion des gleichgeschlechtlichen Elternteils auf die ödipalen Regungen im Kind an: Wenn der Vater selbst ein gutes Verhältnis zum Sohn hat, wird auch er die zärtliche Liebe seines Sohnes zur Mutter akzeptieren. Er wird nicht übermäßig eifersüchtig werden. Das Kind braucht keine Schuldgefühle und keine Angst gegenüber dem Vater zu empfinden. Es braucht keine Angst zu haben, vom Vater »kastriert« zu werden, wie Freud den ödipalen Konflikt beschrieb.

Hier bleibt es wichtig, festzuhalten: Wenn ein Kind spürt, daß sich die Eltern lieben (nicht nur emotional, sondern auch sexuell), dann trägt dies entscheidend zu einem positiven Identitätsgefühl und einer natürlichen Einstellung zur Sexualität bei. Ein Kind erlebt sich als vollständig, wenn es spürt, daß die Eltern eine erfüllte Liebes- und sexuelle Beziehung zueinander haben. Und umgekehrt: Das Kind erlebt sich als unvollständig, bruchstückhaft, auseinandergerissen, entsexualisiert oder übersexualisiert, wenn es spürt, daß seine Eltern sich nicht lieben und/oder einander nicht als Frau und Mann begehren.

Zusammenfassung

Die sexuelle Beziehung zwischen den Eltern ist also keineswegs deren Privatsache. Sie spielt eine zentrale Rolle für die ganze Familie. Wo die Elternsexualität gut ist, bildet sie einen tragenden Pfeiler für die Familie. Sie macht die Generationsgrenze – die Trennlinie zwischen Eltern und Kindern – deutlich. Sie gibt allen Familienmitgliedern das Gefühl, am »richtigen« Platz zu sein. Außerdem gibt eine erfüllte elterliche Sexualität den Kindern ein gutes Vorbild für die Entwicklung ihrer eigenen Sexualität.

Wenn die sexuelle Beziehung zwischen den Eltern schlecht ist, kann dies folgende Auswirkungen haben:

1. Die Familie fällt leichter auseinander – das verbindende Element (die Liebe und Sexualität der Eltern) fehlt.
2. Eines der Elternteile oder beide Eltern neigen dazu, innerlich oder äußerlich die Familie zu verlassen.
3. Die dadurch entstehende Lücke macht nicht nur die Kinder einsamer, sie läßt vor allem auch Raum für Mißbrauch (Machtmißbrauch und sexuellen Mißbrauch) der Kinder durch den zurückbleibenden Elternteil, durch die älteren Geschwister oder andere Erwachsene.
4. Die Generationsgrenze, die Grenze zwischen Eltern- und Kindergeneration, verschwimmt.
5. Dadurch werden Kinder oft parentifiziert – sie übernehmen Elternfunktionen für ihre eigenen Eltern oder für ihre Geschwister.
6. Andere Kinder werden infantilisiert – sie werden bewußt auf der kindlichen Ebene gehalten.
7. Die Kinder haben kein gutes Vorbild für die Entwicklung ihrer Sexualität.

Ödipale Treue

Für eine Liebesbeziehung müssen wir im Herzen frei sein

Die ödipale Bindung zu einem Elternteil stellt eine der wesentlichsten Ursachen für Untreue dar. Wir haben dies im vorigen Kapitel bereits kurz angedeutet. Hier wollen wir auf ihre innere Dynamik genauer eingehen.

Wir haben im Kapitel »Treue zur Geschichte unserer Beziehungen« gesehen: Wenn wir an der Erinnerung und dem Andenken an eine frühere Beziehung so festhalten, daß dies unser ganzes Herz ausfüllt, dann haben die heutigen Beziehungen keinen Platz mehr in unserem Herzen. Sie haben keine Chance, Wurzel zu fassen. Dies ist vor allem in der ödipalen Bindung der Fall. Diese ist deshalb so tragisch, weil die Treue zu einem Elternteil, die im Grunde etwas Gutes ist, die späteren, eigenständigen Liebesbeziehungen der Kinder im Erwachsenenalter sehr erschwert, wenn nicht sogar völlig unmöglich macht.

Gerade für das Eingehen von Liebesbeziehungen ist es von eminenter Bedeutung, daß sich die Partner seelisch von ihren Eltern lösen. Dies ist schon in einer normalen Eltern-Kind-Beziehung nicht einfach, da der Vater der erste Mann im Leben eines Mädchens und die Mutter die erste Frau im Leben eines Jungen ist.

Ödipale Bindung

Besonders schwer fällt diese Loslösung jenen Kindern, deren Eltern sich nicht gut verstehen. Dann nehmen häufig die Eltern die jeweils gegengeschlechtlichen Kinder, also die Mutter den Sohn und der Vater die Tochter, zum Partnerersatz. Diese ödipale Bindung kann völlig unbewußt geschehen. Die Mutter ist zärtlicher zum Sohn als zu ihrem Mann, der Vater schenkt seiner heranwachsenden Tochter mehr Aufmerksamkeit als seiner Frau. Die Tochter und der Sohn fühlen sich deutlich aufgewertet, weit über ihren normalen Status als Kind hinaus. Sie blicken, ohne es zu wollen, auf ihren gleichgeschlechtlichen Elternteil herab (den sie wie einen Rivalen beziehungsweise eine Rivalin betrachten) und fühlen sich besser als dieser. Unmerklich tritt der Sohn näher zur Mutter und die Tochter näher zum Vater, während sich die Eltern voneinander distanzieren.

Zur Veranschaulichung möchte ich hier mit zwei Abbildungen, die wir bereits in gleicher oder ähnlicher Form im letzten Kapitel kennengelernt haben, eine normale Eltern-Kind-Beziehung dem ödipalen Dreieck gegenüberstellen:

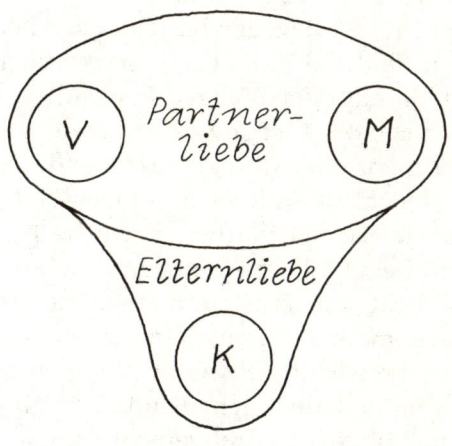

Das ideale Vater-Mutter-Kind-Dreieck

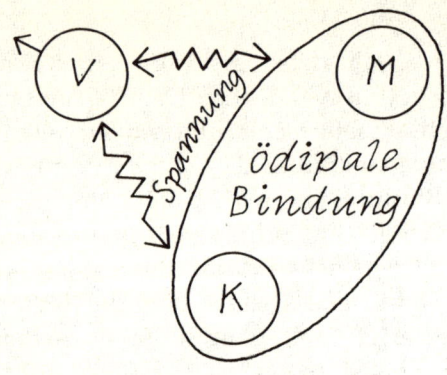

Das ödipale Dreieck

An den Bildern erkennen wir, daß im idealen Vater-Mutter-Kind-Dreieck die Liebesbeziehung der Eltern den »tragenden Balken« für die Beziehung zum Kind darstellt. Die erotische Liebe ist für die Liebesbeziehung zwischen den Eltern reserviert. Zum Kind empfinden beide Eltern eine kindgemäße Liebe, die frei von erwachsener Sexualität ist. Das Kind hat eine innige Beziehung zu beiden Eltern.

Im ödipalen Dreieck dagegen besteht keine liebende Beziehung zwischen den Eltern. Es herrscht zwischen ihnen eine aggressive Spannung oder völlige »Funkstille«. Der eine Elternteil – hier der Vater – ist entweder aus der Familie ausgeschlossen oder mehr oder weniger abwesend. Der andere Elternteil wendet sich nun mit seinem Liebesbedürfnis an das Kind und baut zu ihm eine partnerschaftliche, oft sexualisierte Beziehung auf. Beide bilden eine enge, symbiotische Einheit (der das Kind nicht, wie üblich, mit zunehmendem Alter entwächst), die den anderen Elternteil immer stärker ausschließt. Es besteht eine eifersüchtige Rivalität zwischen diesem ausgeschlossenen Elternteil und dem Kind. Das Kind fühlt sich diesem Elternteil überlegen und verachtet ihn.

Verlust der eigenen Geschlechtsidentität
Aber das Kind zahlt einen hohen Preis für seine Machtstellung: Es verliert seine eigene Geschlechtsidentität. Diese ist ja direkt mit seinem gleichgeschlechtlichen Elternteil verbunden, den es aber verachten und auf Distanz halten muß, um dem anderen Elternteil gefällig zu sein. Wenn zum Beispiel eine Mutter ihren Mann verachtet, den Sohn aber vergöttert, kann dieser nie sicher sein, daß die Mutter nicht doch irgendwann den Mann in ihm verachtet. Sie liebt ihn nämlich nur so lange, wie er ihr zu Willen ist, das heißt so lange, wie er ein Teil von ihr ist (also ein erweiterter Teil ihres narzißtischen Selbst). Sobald er sich aber von ihr unabhängig macht und zum Mann wird, wird sie ihn mit der gleichen Verachtung strafen wie einst seinen Vater.

Das ödipal gebundene Kind fühlt sich als Verräter, wenn es sich einen eigenen Liebespartner nimmt
Hervorzuheben ist, daß die Bindung zum gegengeschlechtlichen Elternteil hier einen eindeutig erotischen und sexuellen Charakter hat. Sie beinhaltet also nicht nur die natürliche Zärtlichkeit, die Eltern und Kinder füreinander empfinden. Es tritt, manchmal auch ohne inzestuöse Phantasien oder Handlungen, zusätzlich eine erotische Komponente in die Gefühlsbindung zwischen Mutter und Sohn, zwischen Tochter und Vater. Diese erotische Bindung ist es, die es dem erwachsenen Kind in vielen Fällen unmöglich macht, eine Liebesbeziehung zu einem gleichaltrigen Sexualpartner aufzunehmen.

Das ödipal gebundene Kind fühlt sich als *Verräter* gegenüber dem Elternteil, an den es gebunden ist, wenn es sich einen eigenen Liebespartner nimmt. Es steht in dem unlöslichen Zwiespalt, zwischen seinem Vater beziehungsweise seiner Mutter einerseits und seinem Liebespartner andererseits entscheiden zu müssen. Dabei hat es ständig das Gefühl, daß beide Seiten Zuwendung und Treuebeweise von ihm fordern, ohne daß es ihnen je genügen könnte. Und es ist tatsächlich ein unlösbares Unterfangen, zwei Liebespartnern gleichermaßen treu sein zu wollen. Das Kind fühlt sich nicht fähig, sich von seinen Eltern zu lösen und die eigene Frau oder den eigenen Mann ganz zu nehmen. Warum?

Meist fordert der ödipal besetzte Elternteil immer noch, wie in der Kindheit, im Herzen des längst erwachsenen Kindes an erster Stelle zu stehen. Gleichzeitig verlangt er Unterordnung beziehungsweise Unterwerfung von seiten des Schwiegersohns oder der Schwiegertochter. Oft wird das junge Paar gedrängt, zu den Eltern zu ziehen. Gründe dafür gibt es genug – entweder gibt es dort eine günstige Wohnung oder einen günstigen Bauplatz, oder die Eltern locken damit, auf die Enkelkinder aufzupassen, oder sie sind krank und pflegebedürftig usw.

Solange aber die Eltern ihre Beziehung zueinander nicht bereinigen und sich versöhnen, solange der ödipal gebundene Elternteil nicht bereit ist, das Kind freizugeben (um dies zu tun, müßten sich die Eltern entweder versöhnen oder der ödipal gebundene Elternteil müßte auf das Kind als Partnerersatz verzichten und sich mit der eigenen Einsamkeit und der eigenen gescheiterten Paarbeziehung konfrontieren), und solange das ödipal besetzte Kind sich nicht innerlich befreit aus der Treuebindung zum Elternteil, ist die Liebesbeziehung des jüngeren Paares zum Scheitern verurteilt oder zumindest gefährdet. Irgendwann kommt dann der Zeitpunkt, an dem der Schwiegersohn beziehungsweise die Schwiegertochter den Kampf um den Partner aufgibt. Er beziehungsweise sie geht und wendet sich dem eigenen Kind zu, um von diesem die unerfüllte erotische Liebe zu fordern – und der ödipale Teufelskreis beginnt von neuem, das unglückliche Erbe wird an die nächste Generation weitergereicht. Eine unbefriedigende Elternbeziehung hat fast immer eine ödipale Bindung zur Folge.

Doppelbeziehungen und Dreiecksbeziehungen

Dreiecksbeziehungen liegt meist eine ungelöste ödipale Bindung zugrunde. Hier ein Beispiel:

Ein Mann hat neben seiner Ehefrau eine Geliebte, die er regelmäßig besucht, mit der er eine eigene Wohnung hat, ja ein richtiges zweites Leben führt. Er führt also ein Doppelleben. Anfangs genießt er die scheinbar verdoppelte Zuwendung. Er sonnt sich in seinen beiden Lieben. Irgendwie ergänzen sich beide Frauen: In der Ehefrau hat er seine vertraute Heimatbasis, mit ihr kann er alles teilen – alles außer seiner Sexualität und seinem Geheimnis. Mit seiner Geliebten genießt er die ungezügelte Sexualität und das ungebundene Leben, aber auch anregende intellektuelle Gespräche. Er besucht mit ihr Messen und Museen, etwas, wofür sich seine Frau nicht interessiert. Aber mit der Zeit fühlt er sich immer gehetzter. Seine Geliebte beginnt Forderungen nach mehr Zeit und mehr Verläßlichkeit zu stellen. Seine Frau fühlt sich sexuell und emotional unerfüllt und beginnt mißtrauisch zu werden.

Der Mann hat, ohne es zu wollen, eine ähnliche Konstellation geschaffen wie in seiner Pubertät. Die Ehefrau spielt die Rolle seiner Mutter, die für ihn sorgt und für den geregelten Alltag zuständig ist. Die Geliebte entspricht der heimlichen Schülerliebe, von der die eifersüchtige Mutter nichts erfahren darf, mit der er sich deshalb heimlich trifft. Aber er muß bis zehn Uhr zu Hause sein!
Wie sieht die Situation seiner Geliebten aus?

Sie ist eine Frau, die keine gleichaltrigen Männer mag. Diese sind in ihren Augen viel zu naiv und unreif. Sie fühlt sich zu älteren, reiferen, intelligenten Männern hingezogen, zu Männern in Führungspositionen, zu Männern, die etwas zu sagen haben. Sie geht immer wieder Bindungen mit Lehrern, Chefs, Ärzten oder Therapeuten ein, die sie verführt oder von denen sie sich verführen läßt.
In der ersten Zeit sind die Beziehungen immer himmlisch. Der Mann trägt sie auf Händen, er liest ihr die Wünsche von den Augen ab und gibt ihr eine nie gekannte Geborgenheit. Irgendwann möchte sie aber gleichberechtigt sein. Sie möchte sich neben dem Mann profilieren. Und sie möchte die gleichen Rechte haben wie seine Frau.

Sie stellt Ansprüche an ihn als Frau und Partnerin. Dann gehen die Beziehungen regelmäßig zu Bruch.

Auch hier befindet sich die Frau in einer ödipalen Dreiecksbeziehung. Nur findet sie sich in der Rolle der Tochter, die um die Gunst des Vaters buhlt. Instinktiv findet sie in der ersten Begegnung mit dem älteren Mann die Lücke heraus, wo er mit seiner Ehefrau unzufrieden ist, und stößt dort hinein. Was seine Frau nicht leisten kann, leistet sie. Sie wird seine anregende Diskussionspartnerin, seine Inspiration, seine Muße. Begeistert begleitet sie ihn auf seinen beruflichen Reisen. Und sie bestätigt ihn in seiner sexuellen Potenz.

Erst mit der Zeit merkt sie, daß sie eigentlich nur eine Funktion erfüllt. Sie ist so lange begehrenswert, wie sie auf die Bedürfnisse und Wünsche des Mannes eingeht. Aber sie darf selbst keine eigenen Bedürfnisse und Wünsche äußern. Sonst kommt sie in die Nähe der nörgelnden Ehefrau, und das mag er nicht. In diesem Beispiel finden wir die charakteristische Paarung zwischen narzißtischem Mann und hysterischer Frau.

Und die getäuschte, verratene Ehefrau?

Sie ist, zumindest anfangs, unbewußt die Dritte im Bunde. Selbstverständlich merkt sie, daß sich seit einiger Zeit etwas verändert hat in der Beziehung zu ihrem Mann. Er ist fahriger, unaufmerksamer geworden. Er muß so viel arbeiten und bleibt länger weg. Selbst an Feiertagen muß er ins Büro. Er ist manchmal geistig abwesend, aber sie schreibt dies seiner beruflichen Überlastung zu. Außerdem kommt er langsam in seine Midlife-crisis, deshalb muß sie ihn mehr schonen und nicht so viel von ihm fordern.

Sie vermißt natürlich die gewohnten Zärtlichkeiten, aber für eine Frau in ihrem Alter sollte Sex nicht mehr an erster Stelle stehen. Sie fand es nie besonders schön. Wenn sie ehrlich ist, ist sie eigentlich ganz zufrieden, daß er nicht so viel da ist und von ihr fordert. Sie kann sich ihren Hobbys und ihren Freundinnen widmen. Und die Kinder beanspruchen sowieso ihre ganze Aufmerksamkeit. Sie ist eigentlich ganz froh, daß sie eine so klare Arbeitsteilung haben – sie zu Hause und er im Lebenskampf draußen, vor dem er sie abschirmt. Manchmal schöpft sie schon Verdacht, ob er nicht bei einer anderen Frau gewesen ist. Er riecht dann anders. Aber dann beruhigt sie sich wieder: Sie haben beide ein solch gutes Vertrauensverhältnis. Er würde es ihr doch sagen, wenn etwas nicht stimmt. Und, wenn sie genauer hinspürt, würde sie ihm ein Abenteuer nicht einmal mißgönnen. Dann würde er sexuell zufriedener sein und sie nicht so belästigen. Sie kommt zum Schluß: Wenn sie nicht so genau hinschaut und nicht nachbohrt, wird er immer wieder zu ihr, seiner treuen Ehefrau, zurückkehren.

Auch die Ehefrau befindet sich im ödipalen Dreieck. Sie ist eigentlich sexuell desinteressiert an ihrem Mann. Sie hat, ohne es zu wollen, die Rolle der Mutter für ihn übernommen, mit ihrem Überverständnis, ihrer Überfürsorge und mit der Zurückstellung ihrer eigenen Bedürfnisse. Wie bei einem pubertierenden Sohn, der seine ersten Schritte ins Leben geht, begleitet sie ihn mit Sympathie und leiblicher Fürsorge. (»Zieh dich warm an, es ist kalt draußen!« »Ruf gleich an, wenn du angekommen bist!«) Aber ebenso wie bei einem Sohn möchte sie nicht so genau von dessen Sexualleben wissen. Es ist, als ginge es sie nichts an. Sie begibt sich auf innere Distanz.

Die Unfähigkeit
zur Hingabe und Beziehungsunfähigkeit

In einer ödipalen Konstellation fühlen sich alle Beteiligten irgendwie »falsch«, und zwar im doppelten Sinne: falsch als *unrichtig*, und falsch als *verlogen*. Der ödipal besetzte Sohn ist nicht der richtige Partner für seine Mutter, er kann nicht die Generationsgrenze überspringen und seinen Vater ersetzen. Deshalb fühlt er sich nicht wohl in seiner Haut. Im Grunde seines Herzens schämt er sich seines narzißtischen Größenwahns. Er schämt sich seiner anmaßenden Überheblichkeit gegenüber seinem Vater und anderen Autoritäten. Und er fühlt sich nicht »richtig« in seiner Haut. Seine äußerlich zur Schau gestellte Größe entspricht nicht seinem inneren Gefühl von klein sein, von Kind sein. Er geht wie auf Wolken und hat nicht das Gefühl, festen Boden unter den Füßen zu haben.

Besonders in seiner Sexualität und in seinen intimen Beziehungen fühlt er sich unfähig und »falsch«. Er hat Potenzschwierigkeiten und möchte eher schmusen denn aggressiv erobern. Er empfindet den sexuellen Akt eher als einen überfordernden Leistungsbeweis, der von der Partnerin (in der Übertragung: von der Mutter) gefordert wird und dem er nachzukommen sich müht.

Aber das Schlimmste für ihn ist, daß er sich in seinen intimsten Beziehungen nicht nahe fühlt. Er geht in eine seltsame Distanz zur Partnerin (so, wie er zur fordernden Mutter in Distanz gegangen ist). Er kann sie nicht wirklich lieben (so, wie er die Mutter nicht richtig als Mutter lieben konnte). Er fühlt sich gefesselt an die Beziehung zu seiner Partnerin und wagt nicht, wegzugehen (so wie ein Sohn, der sich seiner bedürftigen Mutter zu Hause widmen muß, anstatt auszugehen).

An diesem Beispiel können wir sehen: Die Unfähigkeit zur Hingabe, zur emotionalen und sexuellen Verschmelzung und dem Einswerden mit dem Liebespartner ist das schlimmste Erbe einer ödipalen Bindung. Aus falsch verstandener Treue zur Mutter kann es sich der Sohn nicht leisten, die Frau ganz zu nehmen, die er sich zum Lebenspartner gewählt hat. Das gleiche gilt natürlich für die ödipal gebundene Tochter.

Lösung der ödipalen Bindung

Sich die Eltern mit einem glücklichen Partner vorstellen
Die Ursache für ödipale Bindung besteht, wie wir gesehen haben, in der fehlenden oder schlechten Liebesbeziehung zwischen den Eltern. Hier muß zunächst eine Veränderung eintreten. Entweder gelingt es den Eltern tatsächlich, sich zu versöhnen, so daß das ödipal gebundene Kind frei werden kann. Oder der Elternteil, an den es gebunden ist, trauert um seine unglückliche Liebesbeziehung, nimmt seine Einsamkeit an und verzichtet auf eine Erfüllung seiner Sehnsucht. Dann kann er das Kind ebenfalls loslassen.

Wenn die Eltern dem Kind aber diesen Gefallen nicht tun, muß das (erwachsene) Kind die Sache selbst in die Hand nehmen. Es kann sich zum Beispiel in der Phantasie vorstellen, daß die Eltern als Paar zusammenstehen, während es selbst aber in einer gewissen Distanz steht. Wenn es das Gefühl hat, daß die Eltern wirklich nicht zueinander passen, könnte es sich vorstellen, daß jedes seiner Eltern einen anderen Partner findet, der besser zu ihm paßt. Auch diese Vorstellung lockert die innere ödipale Bindung des Kindes.

Sich mit dem gleichgeschlechtlichen Elternteil versöhnen
Jeder Sohn möchte primär stolz sein auf seinen Vater. Die Würde seines Vaters strahlt auf den Sohn zurück. Wenn es dem Sohn gelingt, dem Vater die ihm gebührende Würde und Achtung zurückzugeben, dann versöhnt er sich auch mit dem männlichen Teil in sich selbst.

Umgekehrt sieht nur ein ödipal denkender und fühlender Vater den Sohn als (potentiellen oder tatsächlichen) Rivalen an. Dann stellt er den Sohn auf die gleiche Generationsebene wie sich selbst. Er buhlt und rivalisiert mit seinem Sohn wie mit einem ebenbürtigen Bruder.

Ein nicht ödipal fühlender Vater wird stolz auf seinen Sohn sein. Er wird dem Sohn alles geben, was er selbst hat. Er wird sein Bestes dem Sohn geben, weil er im Sohn weiterlebt. Ein gesunder, nicht in seiner Wahrnehmung ödipal verzerrter Vater weiß, daß sein Sohn ihn beerben wird, daß also der Sohn sein Leben fortsetzen wird, seine Linie und sein Streben – genauso, wie er selbst *seinen* Vater beerbt hat und ihn fortsetzt.

Deshalb rivalisiert der Vater auch nicht. Er geizt nicht mit seinen Gaben an den Sohn, sondern wird im Gegenteil seinem Sohn alles geben, was er hat. Er wird dem Sohn alles beibringen, was er kann. Er wird mit Freude das Aufwachsen und die Entwicklung seines Sohnes verfolgen. Daß er selbst dabei älter, kleiner, schwächer und geringer wird, diese narzißtische Zurücksetzung wird mehr als wiedergutgemacht durch seinen Stolz auf seinen Sohn, der größer, stärker, klüger und reicher wird.

Und der Sohn wird dem Vater dafür danken. Die Dankbarkeit seitens des Sohnes und der Stolz seitens des Vaters sind die Kräfte, die beide Generationen miteinander verbinden. Der Vater gibt, der Sohn nimmt. Der Vater verströmt sich und schaut stolz auf den Sohn, der seinen Weg fortsetzt, während der alternde Vater zurückbleibt. Der Sohn nimmt die Gaben und das Erbe des Vaters dankbar an und macht das Beste daraus, *auf seine Weise*, er prägt dem Ererbten und Gelernten *sein* Siegel auf und setzt den Weg, den sein Vater und dessen Vorfahren beschritten haben, fort. Er kann den alternden und sterbenden Vater hinter sich lassen, weil er weiß, daß er den Vater in sich selbst weiterträgt.

(Ich habe diesen Prozeß für Vater und Sohn beschrieben, weil ich dies als Mann so kenne. Die Leserinnen bitte ich nachzuprüfen, ob dies auch für sie in dieser Weise zutrifft.)

Die ödipale Bindung eines alleinstehenden Elternteils zu seinem Kind

Es gibt noch eine weitere Form der Treue, die der ödipalen Treue nahekommt. Manche alleinerziehende Eltern bleiben allein, bis ihre Kinder ganz erwachsen geworden sind, bevor sie selbst nach einem neuen Partner Ausschau halten. (Sie hatten vorher zwar vielleicht einen Freund oder eine Freundin, aber sie zogen nicht mit diesem oder dieser zusammen beziehungsweise heirateten nicht.) Diese Eltern sind nicht nur ihrem alten Partner, sondern vor allem ihren Kindern treu, weil sie wissen, daß sie ihren Kindern die alte Familie wegnehmen würden, wenn sie eine neue Liebesverbindung eingehen. Denn eine Familie mit *einem* Elternteil ist immer noch eine Familie, in der die ursprüngliche Familienidentität vor allem für die Kinder erhalten bleibt.

In Familien mit einem alleinstehenden Elternteil entsteht eine ödipale Bindung fast zwangsläufig, da der Elternteil das Kind allein als Lebenspartner hat. Die Bindung zwischen beiden ist eine besonders enge, selbst wenn sie nicht erotischer Natur ist.

Diese Tatsache ist zu berücksichtigen, wenn der betreffende Elternteil beschließen sollte, sich einen neuen Liebespartner zu nehmen. Denn dann tritt tatsächlich ein Rivale beziehungsweise eine Rivalin für das Kind auf.

Stieffamilien

Wenn ein alleinstehender Elternteil nach dem Tod oder der Trennung vom alten Partner wieder heiratet, gründet er eine neue Familie, bevor sich die alte vollendet hat. Eine Familie vollendet sich erst durch das Erwachsenwerden der Kinder. Wenn der alleinstehende Elternteil wieder heiratet, überlappen sich die alte und die neue Familie.

Der überlappende Teil ist das Kind aus der ersten Verbindung. Dieses erlebt die neue Familie als Stieffamilie. Es bekommt einen Stiefvater beziehungsweise eine Stiefmutter, später vielleicht auch Stiefgeschwister dazu. Die eigene Mutter beziehungsweise der eigene Vater ist aus der Perspektive des Kindes auch Teil der Stieffamilie geworden, sie oder er gehört nicht mehr zur ursprünglichen Familie. Nur das Kind bleibt psychisch allein in der alten Familie und bleibt innerlich meist dem verstorbenen oder getrennt lebenden Elternteil treu – aber dieser ist abwesend. Von der anwesenden Mutter beziehungsweise dem anwesenden Vater fühlt es sich häufig im Stich gelassen. Es fühlt sich oft völlig allein auf der ganzen Welt. Diese Situation ist besonders schlimm für Einzelkinder. Geschwister haben wenigstens noch sich als Angehörige der alten Familie, sie bilden zusammen quasi die Restfamilie. Sie können ihre Identität eher beibehalten als Einzelkinder.

Es bedarf viel Liebe und Verständnis von allen Seiten, um diesen schwierigen Konflikt zu lösen. Besonders der Stiefelternteil hat keine einfache Rolle, da er häufig verteufelt wird. (Dies war auch schon immer in unseren Märchen der Fall). Wenn der Stiefelternteil weise ist, wird er
– akzeptieren, daß vor ihm bereits ein anderer Partner da war. Er muß also akzeptieren, daß er einen Vorgänger hat und

daß er selbst ein Nachfolger ist. Dies bedeutet, daß er seinem neuen Lebenspartner zugesteht, daß dieser einen früheren Lebenspartner hatte und ihn im Herzen behalten darf. Es bedeutet auch, daß er dem Stiefkind zugesteht, daß dieses einen (verstorbenen oder nicht anwesenden) leiblichen Elternteil hat, dem es innerlich treu bleibt.

– Er wird akzeptieren, daß die alte Familie nach wie vor existiert, daß also sein Partner und dessen Kind nicht nur in der neuen Familie, sondern *auch* in einer alten Familie beheimatet sind und bleiben.

– Er wird akzeptieren, daß das Stiefkind eine besondere Stellung an der Seite seines anwesenden leiblichen Elternteils behält. Denn die Bindung zwischen dem Kind und seinem leiblichen Elternteil existierte bereits vor der Bindung zum neuen Partner.

– Er wird dieses Stiefkind »seelisch adoptieren«, das heißt als sein eigenes Kind annehmen und in die neue Familie mit aufnehmen.

Wenn dies gelingt, kann eine glückliche neue Familie entstehen. Wenn dies nicht gelingt, hat das Stiefkind keinen richtigen Platz in der neuen Familie. Spätestens mit der Geburt des nächsten Kindes wird sich die neue Familie mit Macht formieren und das Kind aus der ersten Bindung ausschließen. Entweder kann dieses vereinzelte Kind einen zweitrangigen Nischenplatz in der Stieffamilie finden, zum Beispiel als dienstbares Mädchen für alles oder als Knecht im eigenen Haus (wir kennen dieses Motiv aus dem Märchen »Aschenputtel«), oder es wird ganz ausgestoßen, indem es ins Internat geschickt wird, zu Verwandten in Pflege gegeben oder ganz zur Adoption »frei«gegeben wird.

Warum eignet sich Sexualität so gut als Medium für Treue und Verrat?

Trieb und Liebe – Die zwei Gesichter der Sexualität

Warum denkt fast jeder, wenn er von »Treue und Verrat« hört oder spricht, automatisch an sexuelle Treue und Untreue? Dies hat zum einen damit zu tun, daß die Sexualität nach der Selbsterhaltung den stärksten Trieb darstellt, den wir kennen. Zum anderen berührt uns Sexualität in unserem tiefsten Wesen, sie ist die Wurzel der Liebe. Damit überwindet sie unsere Begrenztheit als Einzelwesen.

Die Vereinigung beider Kräfte, des animalischen Sexualtriebes und der uns transzendierende Liebe, macht Sexualität zu einer Quelle ungeheurer Kraft. Sie kann deshalb in uns das Wunderbarste hervorbringen, sie kann uns aber auch zu Bestien machen. Ich werde zunächst auf die Sexualität als Trieb eingehen, danach auf die Sexualität als Quelle der Liebe.

Sexualität als Trieb

In der Sexualität schlummert unsere gewaltigste Triebkraft
Außer der Sexualität gibt es eigentlich nur noch den Bereich der Macht, in dem sich die Dramen von Verrat und Treue abspielen: Machtstreben und Machtgier sind klassische Motive des Verrats. (Wir sind im zweiten Teil dieses Buchs, »Das Phänomen Verrat«, auf diesen Aspekt näher eingegangen.)

Sexualität und Macht scheinen für Treue und Verrat prädestiniert zu sein, weil sie uns in unserer tiefsten Sehnsucht und unserem stärksten Verlangen berühren. In beiden Bereichen zieht es uns »mit Macht« zu einem anderen Menschen hin. Wir möchten den anderen Menschen sexuell, geistig, emotional oder körperlich besitzen, gleichzeitig fühlen wir uns selbst von ihm mit Haut und Haaren besessen. Nirgendwo sonst wird unsere Leidenschaft so stark angesprochen, nirgendwo sonst verlieren wir so leicht unsere Selbstbeherrschung und die Kontrolle über uns selbst und werden so hemmungslos wie in sexuellen und Machtbeziehungen. Sowohl das Göttliche als auch das Dämonische an der menschlichen Leidenschaft werden in Sexualität und Machtstreben am deutlichsten sichtbar. Nicht zufällig befaßte sich Sigmund Freud mit der Libido und dem Todestrieb – seine Triebtheorie war im Grunde eine Psychologie der Leidenschaft.

Triebe sind die stärksten aller Kräfte. Sie können von unserem Verstand und unserem Willen nur begrenzt im Zaum gehalten werden. Wenn unsere Triebkräfte entfesselt werden, ist es, als würde ein Damm brechen. Die Wassermassen stürzen befreit ins Tal und überfluten alles, was ihnen im Wege steht.

In unseren Leidenschaften sind wir grenzenlos. Wir werden auch gewissenlos. Bestürzt nehmen wir in solchen Momenten wahr, daß unsere Moralvorstellungen und unsere sozialen Konventionen wie eine dünne, brüchige Decke nur notdürftig über unsere Alltagsfassade gelegt sind, kaum geeignet, unsere tiefsten unbewußten Motive zu verschleiern, und kaum fähig, unsere animalische Natur zu zähmen. Dies wird uns im Greuel eines jeden sinnlosen Krieges schmerzlich bewußt.

Sexualität als aggressive und grenzüberschreitende Kraft
In diesem Sinne ist auch Sexualität eine aggressive Kraft. Hier verstehe ich Aggression zunächst wertneutral – als zupackende und zielgerichtete Kraft. Wenn wir sexuell stimuliert sind, zieht es uns zum Objekt unserer Begierde hin. In unserer Leidenschaft überwinden wir zuerst unsere inneren Hemmungen: unser moralisches Bedenken, unsere sozialen Verpflichtungen, aber auch unsere Angst. Dann setzen wir uns über äußere Hindernisse hinweg – über gesellschaftliche Konventionen und ethische Verhaltensregeln, das heißt über die Grenzen und Barrieren, die durch unsere normalen menschlichen Beziehun-

gen gezogen sind. Wir sind bereit, eheliche Grenzen zu durchbrechen, Generationsgrenzen zu mißachten sowie religiöse und sittliche Verbote zu überschreiten.

In unserer Leidenschaft sind wir schamlos. Wir sind bereit, unser Ansehen zu riskieren, unsere Familie in Schande zu stürzen und, wenn es sein muß, unsere berufliche und leibliche Existenz aufs Spiel zu setzen. In letzter Konsequenz schrecken wir nicht einmal davor zurück, einen Rivalen oder jemand, der sich uns in den Weg stellt, zu beseitigen. Es ist tatsächlich ein Spiel mit hohem und höchstem Einsatz. Denn wir glauben, unser Glück und unser Schicksal hängen von der Erfüllung unseres Verlangens ab. Shakespeares *Romeo und Julia* stellt ein solches leidenschaftliches Drama dar. Hier sind Romanze, leidenschaftliche Liebe, gesellschaftliche Barrieren, Mord und Selbstmord in fast unerträglicher Konzentration miteinander vereint.

Sexualität als Ausdruck von Macht, Potenz und Gewalt
Nun wird auch die Nähe der Sexualität zur Gewalt unmittelbar spürbar. Im positiven ist Sexualität der stärkste Ausdruck unserer Potenz und unseres Potentials. Unsere körperlichen, geistigen und emotionalen Kräfte vereinigen sich dabei zu einem gewaltigen Lebensstrom. Wir spüren in uns die Entfaltung eines ungeahnten Kraft- und Machtgefühls. Diese unermeßliche Kraft kommt in unseren sexuellen Beziehungen voll zur Geltung. Der »Kampf der Geschlechter« wird nur zu einem geringen Teil intellektuell ausgekämpft. Er findet vielmehr physisch, erotisch und sexuell statt, dort wo die Domäne der Leidenschaften liegt. Deshalb kann er auch so irrational, so hemmungslos, ja brutal sein. Gewalt in sexuellen Beziehungen ist nur die Spitze eines Eisbergs, der in sich explosiv und unergründlich ist.

Sexualität als Ausdruck der Rivalität
So wie der Kampf der Geschlechter zwischen Mann und Frau stattfindet, so entbrennt auch der Abgrenzungskampf zwischen Mitgliedern des gleichen Geschlechts. Wenn Mann gegen

Mann und Frau gegen Frau um das begehrte Sexualobjekt kämpft, lodert der animalische Revierkampf noch einmal auf. Auch hier ist es ein Kampf auf Leben und Tod. Es geht nicht nur um die Liebe und das Erwähltsein, sondern auch, auf einer elementareren Ebene, um das Überleben, das Überleben in der Fortpflanzung. Einen Sexualpartner zu »erbeuten« bedeutet, sich sexuell fortpflanzen zu können.

Wenn solche elementaren Instinkte in uns wachgerufen werden, wen wundert dann noch die Unerbittlichkeit, die Finesse und die Rücksichtslosigkeit, in der der Geschlechterkampf ausgetragen wird? Verführung, Vergewaltigung, Entführung, Täuschung, Vergiften, Verraten – alles ist hier möglich.

Sexualität ist polymorph

Polymorph heißt »vielgestaltig«. In keinem anderen menschlichen Bereich sind wir so erfinderisch und so grenzenlos wie in der Sexualität, im guten wie im schlechten Sinne. Sigmund Freud hat den Ausdruck der »polymorph perversen Sexualität« des Kindes geprägt. Ich möchte hier nicht über die Sexualität des Kindes diskutieren, sondern einen anderen Gesichtspunkt hervorheben: Sexualität ist in ihrem Wesen unabhängig vom Geschlecht, vom Alter, von der Schicht, der Rasse, der Herkunft. Sie ist nicht einmal abhängig von der Gattung. Wir können praktisch mit jedem menschlichen (und einigen tierischen) Wesen sexuell zusammensein. Unserer Phantasie sind keine Grenzen gesetzt. Dies macht Sexualität so faszinierend, aber auch erschreckend und abstoßend. Sexualität ist auch in diesem Sinne entgrenzend. Wenn wir uns ungehemmt in unsere Sexualität fallen lassen, können wir ohne weiteres soziale, traditionelle, eheliche oder generationsbedingte Grenzen durcheinanderbringen. In unseren sexuellen Beziehungen können wir für äußerste Verwirrung sorgen. Und deshalb ist Sexualität (gerade in ihrer Kombination mit Macht) tatsächlich prädestiniert für den Widerstreit zwischen Verrat und Treue, wie wir es schon eingangs dieses Kapitels vermutet haben.

Sexualität als Quelle der Liebe

Im Kapitel »Sexuelle Erfüllung und Kinderwunsch« haben wir bereits die Bedeutung der Sexualität in der Entstehung einer Liebesbeziehung gewürdigt. Hier möchte ich auf die Auswirkungen eines Seitensprungs beziehungsweise einer sexuellen Nebenbeziehung eingehen: Ich möchte untersuchen, weshalb Seitensprünge und Nebenbeziehungen die eigentliche Beziehung (die ich hier »Primärbeziehung« nenne) gefährden.

Es dürfte uns nicht verwundern, daß ein sexuelles Abenteuer die Primärbeziehung gefährdet, wenn wir bedenken, daß es die sexuelle Beziehung ist, die eine intime Beziehung zwischen Mann und Frau begründet. Wir nennen zwei Menschen dann ein Paar, wenn wir wissen, daß sie eine dauerhafte sexuelle Beziehung miteinander haben. Die sexuelle Beziehung ist somit der konstituierende, definierende und tragende Faktor für eine dauerhafte intime Beziehung.

Deshalb stellt eine sexuelle Beziehung zu einer zweiten Person die Primärbeziehung immer grundsätzlich in Frage. Sie gefährdet diese, indem sie erotische, sexuelle und geistige Energien des Partners von der Primärbeziehung abzieht. Damit besteht die Gefahr, daß der Primärbeziehung ihre Grundlage entzogen wird. Ihre Existenzberechtigung ist nicht mehr gesichert, die Liebesgefühle drohen auszutrocknen.

Neben diesem rational verständlichen Grund gibt es jedoch noch tiefere Aspekte, weshalb eine sexuelle Begegnung mit einem anderen Partner eine weitreichende Wirkung auf die Primärbeziehung haben kann. Sie haben mit der Natur einer sexuellen Liebesbeziehung zu tun: Eine Liebesbeziehung gibt uns eine der wunderbarsten Selbstbestätigungen, die es gibt. Wir fühlen uns geliebt, geborgen und aufgehoben. Wir fühlen uns als Mann und als Frau begehrt und begehrenswert; wir fühlen uns in unserer Männlichkeit und Weiblichkeit gesehen und geschätzt. In einer erfüllten sexuellen Beziehung fühlen wir uns sowohl in unserer Kraft und Potenz bestätigt als auch in unserer Sinnlichkeit und Zärtlichkeit.

Die Liebe, die wir durch einen Sexualpartner erfahren, ist eine, die wir »hautnah« spüren, ja, sie geht uns bis »unter die Haut«. Dieses Erleben durch die Haut ist deshalb so einzigartig, weil die Haut unsere leibliche Grenze zur Umwelt darstellt. Über die Haut fühlen wir uns auf das Intimste mit einer anderen Person verbunden. Die Kommunikation über unsere Haut wird in der intimen Begegnung vervollständigt durch Geschmack und Geruch. Diese drei »nahen« Sinneswahrnehmungen bilden den Kern einer intimen Begegnung, sie werden ergänzt durch unsere beiden »Fernsinne«, das Sehen (der Gestalt des Geliebten) und das Hören (seiner Stimme).

Da sexuelle Intimität uns bis unter die Haut reicht und erreicht, können wir sie nicht einfach willentlich abstreifen. Die erotische und sexuelle Energie aus einer Begegnung kann noch lange in uns weitervibrieren. Sie kann an uns haften bleiben wie ein intensiver Duft. Die Erinnerung an eine Liebesnacht kann uns lange verfolgen, bis in unsere Träume, bis in unsere Tagphantasien.

Wenn wir uns diese umfassenden körperlichen, emotionalen und geistigen Auswirkungen sexueller Liebe vergegenwärtigen, wird uns klar, welche Bedeutung ein sexuelles Abenteuer haben kann. Es kann ein solch intensives Erlebnis sein, daß wir es fortan nicht mehr missen möchten. Deshalb kann bereits ein einmaliges sexuelles Erlebnis eine tiefe *Bindung* an den betreffenden Sexualpartner bewirken. Wir merken plötzlich, wie dieser Mensch uns plötzlich bis »unter die Haut« erreicht. Wir fühlen uns von ihm in einer intimen Zone berührt, in die wir sonst kaum jemanden hereinlassen. Ohne daß wir es mit dem Abenteuer intendiert haben, haben wir möglicherweise eine neue intime Beziehung geschaffen. Über diese Kräfte haben wir keine Gewalt. Deshalb sind sexuelle Affären unkalkulierbar in ihrer Auswirkung auf unsere Emotionalität. Deshalb können sie gefährlich werden für unsere Primärbeziehung.

Sexualität verwandelt uns

Das, was die meisten von uns in der Sexualität – mehr als vieles andere – suchen, ist eine *Verwandlung* der Person. Da sie so umfassend ist, hat Sexualität das Potential, uns von Grund auf zu verwandeln – in unserer Persönlichkeit, in unserem Selbstgefühl und unserer Wahrnehmung der Welt. Wir werden »sehend«. Wir verlieren unsere kindliche Unschuld und werden zum Mann beziehungsweise zur Frau. Das ist es, was Sigmund Freud meinte, als er sagte, die genitale Sexualität integriere und transzendiere alle früheren Liebeserfahrungen, die der Mensch in seiner Kindheit und Jugend gemacht hat. Mit der reifen Sexualität erreichen wir eine Dimension des Erlebens, die wir vorher nicht gekannt haben.

Diese Verwandlung ist Ziel jeder sexuellen Partnerschaft. Dies ist, glaube ich, auch der Grund, weshalb wir von innen heraus letztlich doch ein Bedürfnis haben, treu zu sein. Die Erfahrung der Verwandlung durch die sexuelle Liebe ist für uns so einzigartig und so kostbar, daß wir sie nur mit einem einzigen Liebespartner teilen möchten. Durch die Begrenzung auf diese eine Person entsteht eine einzigartige Intimität – eine Intimität, die wir in dieser Intensität nicht erleben können, wenn wir sexuelle Beziehungen zu mehreren Personen gleichzeitig pflegen. Die Begrenzung auf einen Partner bedeutet zwar eine Einschränkung unserer sonst vielfältigen Möglichkeiten, gleichzeitig hebt sie aber die Beziehung gerade durch ihre Einmaligkeit und Unwiederholbarkeit einzigartig hervor.

Wenn dies für alle Liebespartner zutreffen würde, gäbe es nur glückliche Beziehungen mit treuen Partnern. Wenn beide Partner miteinander eine erfüllte Sexualität leben, weshalb sollten sie dann nach sexuellen Erlebnissen mit anderen Menschen suchen? Dieser Frage werden wir nun im abschließenden Kapitel nachgehen.

Seitensprünge und ihre Gründe

Es gibt kein brisanteres Thema in einer Paarbeziehung als Seitensprünge und Nebenbeziehungen, gleichzeitig gibt es kein stärker tabuisierteres. Kaum ein Paar wagt es, offen miteinander darüber zu sprechen – über ihre sexuellen Wünsche und Phantasien, die sich auf andere beziehen, oder über ihre erotischen Begegnungen mit anderen Menschen, gleichgültig, ob es explizit zum sexuellen Kontakt gekommen ist oder nicht.

Seitensprünge stellen, wie wir schon im vorigen Kapitel gesehen haben, jede Beziehung in Frage, zumindest aber auf eine harte Probe. Wir fühlen uns bedroht, wenn wir erfahren, daß unser Partner einen anderen liebt. Nicht nur unsere Zuneigung zum Partner, sondern auch unsere eigene Identität, unser Selbstwertgefühl, unsere Basis für Sicherheit und Geborgenheit werden nachhaltig erschüttert. Daher fordern wir oder wünschen uns zumindest Treue von unserem Partner.

Es ist jedoch ein Widerspruch, von sich und dem Partner sexuelle Treue zu fordern, gleichzeitig sich aber sexuelle Affären zu erlauben. Die meisten von uns leben aber in solch einem Widerspruch: Rund 80 Prozent aller Männer und Frauen erwarten von ihren Partnern »unbedingte Treue«. Trotzdem geben in einer amerikanischen Untersuchung 69 Prozent aller Frauen und 66 Prozent aller Männer zu, mindestens einmal fremdgegangen zu sein. Die Tendenz ist vor allem bei jungen Frauen steigend.[11] Diese Zahlen belegen das Auseinanderdriften von Anspruch und Wirklichkeit. Dadurch entsteht eine Art Doppelmoral.

Seitensprünge und Nebenbeziehungen können bei manchen Paaren die Beziehung zerstören. Bei anderen wirken sie stabilisierend – die Partner scheinen ausgeglichener und zufriedener. Sie sind manchmal sogar mit einer sexuellen Beziehung des Partners mit einem anderen Menschen einverstanden. Weshalb zerbricht die eine Beziehung an einem Seitensprung, während die andere dadurch stabilisiert wird? Dies hängt mit den verschiedenartigen Motiven für Seitensprünge zusammen:

Motive für Seitensprünge

Motive aus der Beziehung
1. Motiv: Eine sexuell unbefriedigende Beziehung
2. Motiv: Monotonie und Langeweile in einer längeren Beziehung, Sehnsucht nach Romantik und Ekstase
3. Motiv: Angst vor der Nähe einer intimen Beziehung
4. Motiv: Das Verwechseln von Sex mit Intimität
5. Motiv: Flucht aus dem Streß der Familie
6. Motiv: Der Reiz des Verbotenen und das Bewahren einer »geheimen Ecke« im Herzen
7. Motiv: Beschämung, Machtkampf und Rache in der Paarbeziehung
8. Motiv: Der Seitensprung als Alarmzeichen für eine Beziehungskrise

Motive aus dem Selbst
9. Motiv: Narzißtische Bestätigung des Selbst
10. Motiv: Versuch einer Verwirklichung von ungelebten Seiten des Selbst

---

Motive aus der Beziehung

Erstes Motiv: Eine sexuell unbefriedigende Beziehung

Viele Beziehungen sind leider unbefriedigend, entweder für beide oder zumindest für einen der Partner. Ob ein Paar sexuell zueinander paßt, ob die Partner miteinander sexuelle Erfüllung finden, ist etwas, was nicht erzwungen werden kann. Selbst mit unserem heute umfangreichen Wissen über die sexuellen Reaktionen von Mann und Frau können wir nicht vorhersagen, ob ein Mann und eine Frau sexuell so harmonieren, daß sie miteinander glücklich werden. Wir können zwar viele verschiedene Liebestechniken ausprobieren, wir können auch die äußeren Bedingungen einer Liebesbegegnung variieren, aber meistens reichen diese äußeren Manipulationen nicht aus, um aus einer prinzipiell unerfüllten sexuellen Beziehung eine befriedigende zu machen.

Manche beschreiben das Phänomen der sexuellen Harmonie zwischen zwei Menschen mit Begriffen wie »Chemie« oder »Schwingung«. Dies besagt aber nur, daß Sexualität auf einer sehr feinen und subtilen Ebene funktioniert. Erotische Anziehung oder Abstoßung zu einer bestimmten Person spüren wir meist spontan und instinktiv. Sie ist nicht dem Einfluß unseres Willens unterworfen und damit ebensowenig modifizierbar wie unsere sexuelle Präferenz, beispielsweise in bezug auf Heterosexualität und Homosexualität. Wir müssen es akzeptieren, wenn zwei Menschen sich sexuell verstehen und zwei andere nicht.

Früher wurden Ehen von den Eltern oder den Sippen geschlossen. Damals war, abgesehen von der Frage nach der Nachkommenschaft, die tatsächliche sexuelle Beziehung der Ehepartner vergleichsweise irrelevant. Wenn das »Eheleben« unbefriedigend war, konnte sich der Mann eine Mätresse oder eine Konkubine leisten. Die Frau mußte dagegen bedingungslos treu sein. Ihr blieb meistens nur die Erfüllung ihrer »ehelichen Pflicht« – im schlimmsten Fall war dies nichts anderes als die lebenslange Erduldung unfreiwilligen Geschlechtsverkehrs, verbunden mit Gefühlen von Ekel, Demütigung und Scham. Nur wenige Frauen hatten das Glück, einen liebevollen Ehemann zu bekommen, mit dem sie ein harmonisches Eheleben führen konnten. Die meisten mußten ihre sexuellen Wünsche und Bedürfnisse lebenslang verdrängen. Wenn eine Frau, wie es selten genug der Fall war, außerhalb der Ehe doch einen Liebhaber fand, mit dem sie Erotik und Sexualität teilen konnte, riskierte sie ihre Existenz, denn Ehebruch von seiten einer Frau wurde in den meisten Ländern strafrechtlich verfolgt, später zumindest immer noch sozial geächtet. Wenn ein betrogener Ehemann dagegen seine Frau tötete, galt dies oftmals als verständliche und verzeihliche Wiedergutmachung für die Kränkung seiner männlichen Ehre.

Glücklicherweise hat sich in den letzten Jahrzehnten die sexuelle Moral so liberalisiert, daß voreheliche Sexualität für beide Geschlechter akzeptabel und wünschenswert geworden ist. Somit haben Mann und Frau die Möglichkeit, nach einem Partner zu suchen, der wirklich zu ihnen paßt, und zwar in emotionaler, geistiger und sexueller Hinsicht. Gerade das Ausprobieren in der Sexualität ist besonders wichtig. Denn zwei Menschen können zwar ihre geistige und emotionale Übereinstimmung leicht überprüfen, ohne daß sie miteinander intim werden müssen. Die sexuelle Übereinstimmung können sie jedoch nicht vorhersagen. Es gibt kein verläßliches Instrument, mit dem sie vorher überprüfen und vorhersagen können, ob sie sexuell miteinander harmonieren. Sie können sich emotional und geistig hervorragend verstehen, ohne daß sie gemeinsam sexuelle Befriedigung finden.

Auch heute gehen Menschen noch Zweierbeziehungen ein, obwohl sie keine befriedigende sexuelle Beziehung miteinander haben. Manche sind gleich mit ihrer ersten Liebe zusammengeblieben, andere sind sehr schnell schwanger geworden, und wieder andere gehen aus anderen, für sie gewichtigen Gründen eine Bindung mit dem betreffenden Partner ein.

Glücklich sind diejenigen Paare, die neben der emotionalen und geistigen Übereinstimmung auch in ihrer Sexualität harmonieren. Sie sind gegen die Gefahr sexueller Untreue besser gefeit als diejenigen, die keine sexuelle Erfüllung in ihrer Partnerschaft finden. Solche Paare können trotzdem eine zufriedenstellende Beziehung leben. Sie finden ihre gemeinsame Basis auf einem anderen Gebiet – sei es in einem harmonischen Familienleben, sei es in der Freude über die gemeinsamen Kinder oder sei es in der Verfolgung eines für beide wichtigen Lebenszieles im künstlerischen, sozialen, politischen oder wirtschaftlichen Bereich. Wahrscheinlich werden sie der Befriedigung ihrer sexuellen Wünsche nicht sehr viel Gewicht beimessen. Aber selbst dann werden sie hin und wieder einen gewissen Mangel verspüren. Außerdem müssen sie ihre erotische und sexuelle Energie verdrängen, indem sie ihre Sehnsüchte zum Beispiel in die Musik verlagern, in Liebesromane und -filme, in Hobbys oder soziale Aktivitäten. Vor allem Männer werden möglicherweise zur Pornographie greifen oder Prostituierte aufsuchen. (Dies kann bereits als Vorstufe sexueller Untreue angesehen werden.) So kann die ungestillte Sehnsucht länger ausgehalten werden, bis es irgendwann doch zu einer sexuellen Begegnung mit einem anderen Menschen kommt.

Sollte diese Begegnung mit einem Dritten befriedigender sein als die Sexualität in der Primärbeziehung, dann ist diese gefährdet. Denn dann hat der Partner, der »fremdgeht«, plötzlich eine attraktive Alternative zur bisherigen Beziehung. Und da eine erfüllte Sexualität aus den beschriebenen Gründen eine solch starke Wirkung auf einen Menschen haben kann, kommt dieser Partner in die ernsthafte Versuchung, die bisherige Beziehung aufzugeben zugunsten einer potentiell neuen.

Wenn er den bisherigen Partner liebt, wird er womöglich versuchen, die sexuelle Beziehung zu diesem zu verbessern, weil er durch die Beziehung zu dem Dritten entdeckt hat, daß ihm in der Primärbeziehung etwas Entscheidendes gefehlt hat und noch immer fehlt. Wenn sein Partner bereit ist, ihm zu verzeihen und einen neuen Anfang zu machen, können beide zu einer befriedigenden Lösung kommen, vor allem wenn sie in ihren anderen Lebensbereichen gut harmonieren und wenn sie sich lieben.

Wenn jedoch ihre Liebe brüchig ist und wenn auch in anderen Bereichen ihres Zusammenlebens wenig Übereinstimmung herrscht, kann die Beziehung an der Frage der Sexualität zerbrechen. Dann wird der Partner, der eine andere, sexuell befriedigendere Beziehung gefunden hat, ernsthaft überlegen, weshalb er überhaupt beim ersten Partner bleiben sollte, wenn zwischen ihnen ständig Streit herrscht oder wenn ihre Gefühle füreinander gestorben oder nie sehr stark gewesen sind. Hier kann sich selbst das Band der gemeinsamen Kinder als zu schwach erweisen, um die brüchig gewordene Partnerschaft zusammenzuhalten.

Oft ist es in solchen Fällen die Frau, die dann den Schlußstrich zieht. Frauen ertragen sehr lange die Frustrationen einer unbefriedigenden Beziehung, weil sie seit Kindesbeinen dazu erzogen worden sind, die Bedürfnisse anderer vor die eigenen zu stellen. Deshalb mühen sie sich oft jahrelang mit einem schlecht gelaunten oder geistig abwesenden Ehemann ab, in der Hoffnung, er werde sich irgendwann doch noch ändern. Wenn dies nicht eintritt, werden sie mit der Zeit innerlich resignieren. Und wenn die Kinder selbständiger werden, so daß sie die Mutter nicht mehr so sehr brauchen, und die Frau merkt, daß sie viele Jahre ihres Lebens vergeudet hat in der Warteposition auf einen Mann, der sie nicht liebt, dann reift in ihr allmählich der Entschluß zu gehen. Bei der nächstbesten Gelegenheit ergreift sie die Flucht: Vielleicht hat sie einen liebevolleren Mann kennengelernt, oder/und sie geht wieder in den Beruf und steht ihre eigene Frau. Dann erst merkt der Mann, daß er zu lange auf Kosten seiner Frau gelebt hat. Doch nun ist es meistens zu spät.

Zweites Motiv: Monotonie und Langeweile in einer längeren Beziehung, Sehnsucht nach Romantik und Ekstase

Selbst in Beziehungen, in denen die Partner eine befriedigende Sexualität leben, kann es zu Seitensprüngen kommen. Der anfängliche Reiz einer neuen Beziehung verblaßt mit den Jahren. Die sexuelle Beziehung wird zum Alltag, man mißt ihr weniger Bedeutung bei und widmet ihr weniger Aufmerksamkeit. Das sexuelle Zusammensein ist zwar immer noch schön, aber es wird auch bekannter, automatisierter und damit oft langweiliger.

Leidenschaft lebt jedoch vom Feuer der Begeisterung, und dieses lodert immer am Anfang besonders stark. In einer langen Beziehung bedarf es viel Liebe und Einsatz, um das Feuer am Brennen zu halten. Die Qualität der Sexualität wandelt sich, die Spitzen werden moderater, dafür vertieft sich die Intensität der Hingabe. Die Befriedigung drängender Ich-Bedürfnisse tritt allmählich zurück zugunsten der Verschmelzung mit dem Du. Es ist eine reifere Sexualität, die jetzt zur Entfaltung gelangt. Daneben bleibt jedoch unsere »jugendliche« Leidenschaftlichkeit bestehen. Die Sehnsucht nach Romantik, Faszination und Ekstase schlummert in uns weiter. Sie lebt in unseren Tag- und Nachtträumen, in unseren sexuellen Phantasien, die wir uns in den intimen Stunden, in denen wir mit uns allein sind, ausmalen. Die meisten Menschen, die in einer glücklichen Partnerschaft leben, können solche Phantasien neben ihrer gelebten sexuellen Beziehung existieren lassen. Beides kann sich auch gegenseitig befruchten und beleben.

Jedoch kann es vorkommen, daß ein fremder Mann oder eine fremde Frau plötzlich auftaucht und die romantischen und leidenschaftlichen Wünsche wieder wachruft. Im Alltag entstehen und vergehen solche Wünsche rasch. Sie werden dann gefährlich, wenn das Paar für längere Zeit getrennt ist (ein Ergebnis unserer modernen Mobilität), wenn einer der Partner in eine fremde Umgebung kommt und dort eine intime Atmosphäre mit anderen Menschen entsteht. Dies kann beispielsweise auf Festen, Tagungen, während eines Urlaubs oder auch in einer Psychogruppe passieren. Dann fühlt man sich auf einmal wieder »jung«, man flirtet, spielt mit dem Feuer, und manchmal springt man auch hinein.

Wenn die eigentliche Partnerschaft intakt ist, vergehen solche Leidenschaften so schnell, wie der Anlaß gekommen ist. Der betreffende Partner kehrt wieder in die vertraute Beziehung zurück, vielleicht mit schlechtem Gewissen, vielleicht aber auch bereichert um neue Erlebnisweisen, die er in die eigene Beziehung einbringen kann. Eine solche Affäre muß keine negativen Folgen für die Primärbeziehung haben. Das heißt, so lange nicht weitere Motive hinzukommen ...

Drittes Motiv: Angst vor der Nähe einer intimen Beziehung

Eine lebenslange Liebesbeziehung ist die intimste freiwillige Beziehung, die wir eingehen können. Unsere Blutsverwandtschaft können wir uns nicht aussuchen, den Liebes- und Lebenspartner dagegen schon.

Mit unserem Partner erleben wir alle Höhen und Tiefen des Lebens, sowohl die gemeinsamen Freuden als auch Leid, Schmerz und Trauer. Mit ihm gehen wir den Lebenszyklus von der Geburt bis zum Tod durch: von der Geburt der Kinder, deren Aufwachsen und Fortgehen, über den Tod der eigenen Eltern und dem eigenen Älterwerden bis zum eigenen Tod. Es ist, wie zusammen in einem Boot den Strom des Lebens hinunterzusegeln, mal die idyllischen Stellen genießend, mal durch Stromschnellen ums Überleben kämpfend.

In der Intimität erleben wir die besten und die schlimmsten Seiten des Partners, aber auch von uns selbst, und das aus nächster Nähe. Es gibt kein Entrinnen aus der Konfrontation mit dem anderen und mit uns selbst. Natürlich sind es die negativen Seiten in unserer Persönlichkeit und der des Partners, vor denen wir uns am meisten fürchten. Leider haben viele von uns Probleme damit, solche intimen Konflikte auszutragen und durchzustehen. Eine Zweierbeziehung ist im Grunde wie ein lebenslanger Selbsterfahrungsprozeß. Sie verlangt von uns die Bereitschaft, uns auf einem Gebiet, auf dem wir keine oder nur wenig Vorerfahrung besitzen, immer neu zu erfahren. Dies bedeutet, daß wir uns zugestehen, immer wieder Fehler zu machen, sie zu verstehen und zu korrigieren. Immer wieder werden wir erinnert an vergangene Erfahrungen aus Kindheit und Jugend. Wir werden erinnert an unsere Eltern, wie sie in ihrer Beziehung waren, denn unsere Elternbeziehung war die erste Paarbeziehung, die wir kennengelernt haben. Sie ist in vielem unser bewußtes oder unbewußtes Vorbild, vor allem für unsere eigene intime Zweierbeziehung.

Gerade dann, wenn wir die Beziehung unserer Eltern nicht gut fanden und deshalb es anders machen wollen wie sie, stoßen wir in unserer eigenen Beziehung immer wieder auf Situationen, in denen wir uns genauso wie sie verhalten. Viele von uns haben Eltern erlebt, die einander nicht geliebt haben, Väter, die nie da waren, Mütter, die depressiv waren. Sie waren keine guten Vorbilder für eine intime Partnerschaft. In diesen Fällen haben wir nicht nur unsere aktuellen Konflikte mit unserem Partner zu verarbeiten, sondern werden auch noch konfrontiert mit den Problemen aus der Vergangenheit.

Es ist daher wenig verwunderlich, daß viele auf dem steinigen Weg in eine intime Beziehung verzagen. Eigentlich brauchen die meisten von uns Hilfe und Beistand, um ein Paar zu werden und um eine Lebensbeziehung aufzubauen. In der Isolation unserer Kleinfamilien sind wir jedoch auf uns allein gestellt. Deshalb scheitern viele Beziehungen schon am Anfang, trotz bestem Willen. Es wäre zu oberflächlich, wenn wir dieses Phänomen nur als Angst vor Nähe oder als Zeichen für den allgemeinen Narzißmus und die Ich-Bezogenheit unserer Zeit ansehen. Denn dies schiebt die Verantwortung für das Scheitern einzig dem einzelnen Individuum oder dem einzelnen Paar zu und beschämt sie auch noch dazu. Wir übergehen damit unsere gesamtgesellschaftliche Verantwortung. Treue in Paarbeziehungen und Familien kann es nur geben, wenn auch die Gemeinschaft die einzelnen Paare und ihre Familien darin unterstützt.

Nun aber wieder zurück zum Seitensprung: Seitensprünge und Nebenbeziehungen sind häufig Versuche, Distanz in eine intime Beziehung zu bringen, wenn die Nähe zum Partner schwierig geworden ist. Wenn wir uns in eine andere Person verlieben, lenkt das von unseren bedrückenden Problemen zu Hause ab und verschafft uns eine Verschnaufpause. Die Gefahr ist dabei jedoch die *Spaltung unserer Gefühle*: Die schönen Stunden erleben wir mit dem Geliebten, daheim setzen wir unsere mißmutige Miene wieder auf. Wir werden zu emotionalen Pendlern – und Pendler sind nirgendwo ganz zu Hause. Manche schlechte Ehen halten sich dadurch, daß jeder der beiden Partner seine geheime, private Liebesbeziehung pflegt. Daher gestatten manche Partner nicht nur sich selbst solche »Freiheiten«, sondern gestehen sie sich gegenseitig zu. Dieses Einverständnis existiert meist unausgesprochen und verdeckt. Diskret hört man weg, wenn der Partner bis tief in die Nacht mit irgendeinem Fremden telefoniert. Man übergeht den fremden Duft, der an der Kleidung des Partners haftet. Man erträgt es, daß der Partner kein sexuelles Interesse mehr an einem selbst zeigt ...

Viertes Motiv: Das Verwechseln von Sex mit Intimität

Wie wir oben gesehen haben, gibt es nichts Intimeres als Sexualität. Es gibt natürlich auch oberflächliche Sexualität, das, was wir in der Abkürzung mit »Sex« bezeichnen. Sex läßt sich abhandeln wie ein normales körperliches Bedürfnis, wie Essen und Trinken und Schlafen. Ein Mann hat einmal gesagt, er brauche alle drei Tage eine Frau, weil es ihm nach dieser Periode »danach« sei. Welche Frau, sei ihm im Grunde egal. Er mißbrauchte seine Sekretärin und zog sie in eine demütigende Affäre. Als er eine bessere Stelle fand, verließ er sie.

Menschen wie dieser, die zu einer intimen Beziehung nicht fähig sind, verwechseln Intimität mit Sex. Im Gegensatz zur echten Intimität, die zu einer stetigen Auseinandersetzung mit sich und dem Partner herausfordert und uns damit in einen lebenslangen Reifungsprozeß einbezieht, ist der Vollzug von Sex einfach und technisch erlernbar. Es gibt Bücher, Videos und Kurse für Verführung und sexuelles »Anmachen«, ebenso für das Erlernen diversester Liebesstellungen und -techniken. Dies entspricht einer typisch männlichen Betrachtungsweise: Liebe als Sex, Sex als Technik. Derart auf Lust reduziert, läßt sich Liebe ohne Reue und ohne Komplikationen genießen (besser: konsumieren). Der Reiz eines Liebespartners reicht nur aus für eine Nacht. Dann wirft man ihn weg wie einen alten Kaugummi und wandert weiter. Daß dies eher eine männliche Haltung darstellt, beweist die Tatsache, daß rund drei von vier Frauen One-night-Stands (Affären nur für eine Nacht) als erniedrigend empfinden. Dieser Meinung schließt sich aber nur jeder zweite Mann an.[12]

Häufig haben solche Männer eine Ehefrau zu Hause, die für das »Gemütliche«, für die Geborgenheit und für die Familie zuständig ist, die eigentlich eine »Mama« für das »Kind« im Manne ist. Die Welt draußen ist die freie Wildbahn, auf der sie sich die »Weiber« angeln. Hier finden wir die perfekte Spaltung der Frau in die Mama und die Hure. Eine Vereinigung von Ehefrau, Lebenspartnerin, Mutter, Geliebten und Prostituierten in *einer* Frau wäre zu umständlich und zu intim, das heißt zu gefährlich für einen »richtigen« Mann.

Fünftes Motiv: Flucht aus dem Streß der Familie

Sehr deutlich werden die Probleme, vor die wir in einer intimen Beziehung gestellt sind, an den Konflikten, denen sich eine junge Familie mit dem ersten Kind ausgesetzt sieht. Dies ist nämlich die Zeit, in der die meisten Zweierbeziehungen scheitern, denn sie ist eine der streßbeladensten Phasen einer jungen Familie. Wenn der hilflose Säugling alles von den Eltern fordert, was sie geben können (und manchmal mehr, als sie zu geben imstande sind), geraten die gestreßten Eltern immer wieder aneinander, auch wegen Belanglosigkeiten. Sie sind oft so sehr am Ende ihrer Nerven, daß sie aus schierem Überlebenwollen aus der Familie ausbrechen. Manchmal ist es nur ein freier Tag, den sie sich nehmen. Manchmal stürzen sie sich in eine Affäre, die sich zufällig ergibt.

Wenn die Partner solche Affären als Entlastungsausbrüche verstehen, die aus der aktuellen Belastungssituation resultieren und deshalb wieder vorbeigehen werden, sobald der akute Streß vorüber ist, können solche Affären ohne erkennbare Spuren bleiben. Die Gefahr solcher Affären liegt jedoch gerade in ihrer Entlastungsfunktion. Der gestreßte Partner findet bei dem oder der Geliebten die Liebe, Geborgenheit und Zuwendung, die er zuvor, in der Zeit vor dem Kind, vom eigenen Partner erfahren hat. Nun wird er zornig auf den Partner, weil sich dieser so zum »Schlechteren« entwickelt hat, seit sie zu dritt sind. Dadurch, daß er die gegenwärtige Disharmonie in der Paarbeziehung nicht der Lebenssituation, sondern dem Partner zuschreibt, meint er, es läge alles an diesem. Er glaubt, daß er den falschen Partner ausgesucht hat und wendet sich dem oder der Geliebten zu.

Dabei gerät gerade ein Mann leicht in eine ödipale Übertragung: Er beginnt seine Frau als »Mama« anzusehen, die auf ihn abgeschafft und völlig unattraktiv wirkt. Zudem wendet sie sich die meiste Zeit dem Kind zu und hat kein Auge mehr für ihn übrig. Er fühlt sich zurückversetzt in die Rolle eines vernachlässigten Kindes und wird eifersüchtig auf das eigene Kind, das soviel Zuwendung von der Mutter bekommt. (Das Kind kommt in einer solchen Übertragung, so paradox es klingen mag, in die Rolle des Vaters des Mannes, auf den er nun seine ödipale Eifersucht, die er einst als Junge gegenüber dem eigenen Vater gefühlt hat, überträgt. Seine Frau sieht er in der Rolle seiner einstigen Mutter, die mit dem Kind eine exklusive Beziehung lebt, die ihn ausschließt.)

Ein Mann kommt um so mehr in die Gefahr einer solchen Übertragung, je weniger er sich gelöst hat von der eigenen Mutter und vom eigenen ödipalen Konflikt, und je mehr seine Beziehung zu seiner Frau in der Zeit vor dem Kind dadurch gekennzeichnet war, daß er der Umsorgte und Bewunderte war und die Frau die Sorgende und Liebende. In einer solchen Beziehungskonstellation ist der Mann im Grunde Kind geblieben, und die Frau ist von Anfang an der mütterliche Pol für ihn gewesen. Nun wendet sie sich mit ihrer Mütterlichkeit (zurecht) an das eigene Kind, und der Mann fühlt sich als »Sohne-Mann« im Stich gelassen.

Deshalb wird er wütend und wendet sich seinerseits einer Geliebten zu. Von ihr fühlt er sich endlich wieder als »Mann« gesehen und bestätigt. Die meist kinderlose Geliebte kann ihm ja ihre ungeteilte Zuwendung und Liebe schenken. Er merkt nicht, daß er dabei wieder in die Rolle des narzißtisch umhegten Sohne-Manns rutscht. Er merkt nicht, daß er damit seine *jetzige* Lebensaufgabe – als Mann seiner Frau und als Vater seines

Kindes – verfehlt. Als Mann seiner Frau hat er diese in ihrer schweren Aufgabe zu stützen und zu schützen, als Vater hat er sein Kind aufzunehmen (das heißt wörtlich, in den Arm zu nehmen) und für dieses zu sorgen. Statt dessen läuft er weg zu einer anderen Frau, bei der er wieder von vorn beginnt, als strahlender Apoll, als jugendlicher Liebhaber. Er verpaßt somit die Chance, wirklich zum Mann und zum Vater heranzureifen. Der Weg dahin ist zwar steinig, aber lohnenswert.

Selbstverständlich kommt im Streß des ersten Kindes auch die Frau in Versuchung, sich in eine andere Beziehung zu flüchten. Jedoch ist sie meist innerlich so verbunden mit dem Kind (und sozial so auf die Familie konditioniert), daß sie die Affäre mit einem anderen Mann in den meisten Fällen nur als kurzzeitige Entlastung erlebt, nach der sie – oft mit erheblichem schlechten Gewissen – zu Heim und Herd zurückkehrt. Nur in den seltensten Fällen, wenn es zu Hause wirklich unerträglich geworden ist, wird sie tatsächlich gehen. Aber selbst dann wird sie fast immer das Kind mitnehmen. Selbst in einer unglücklichen Beziehung nimmt eine Mutter ihre Elternpflicht in der Regel ernster als ein Vater.

Sechstes Motiv: Der Reiz des Verbotenen und das Bewahren einer »geheimen Ecke« im Herzen

Dieses Motiv hängt mit der Angst vor Nähe und dem ödipalen Konflikt zusammen. Seitensprünge bergen in sich meist etwas von einem kindlichen Reiz, den Reiz des Geheimnisses. Geheimnisse haben den Geschmack des Verbotenen, sie schmekken nach »den Kirschen in Nachbars Garten …«

Dieser Reiz des Heimlichen und Verbotenen erhöht für manche den Wert einer Affäre. Auch ein Liebesabenteuer ist ein Abenteuer voller Wagnisse und Gefahren. Die Gefahr des Entdecktwerdens, die verschlüsselten Botschaften des Geliebten, die geheimen Briefe und Treffen, all dies läßt den Puls der Liebhaber höher schlagen und regt ihre Phantasie über alle Maßen an. Alles, was sie tun, fügt sich zu einem raffinierten

Versteckspiel zusammen – vor dem getäuschten Ehepartner und vor der ganzen Welt. In ihrer Verschwörung fühlen sich die Liebespartner aufs engste miteinander verbündet. Dies ist es, was sie neben der sexuellen Leidenschaft zusammenschmiedet. Für einen Menschen, der das Abenteuer sucht, ist ein Liebhaber tausendmal erregender als derselbe Mensch in der Gestalt eines Ehemanns oder einer Ehefrau. Darum scheitern manche Liebschaften, sobald sie legalisiert sind. Sie werden normal und damit reizlos.

Der Gegenspieler zum Liebhaber oder zur Geliebten ist der betrogene Ehepartner. Ihm gegenüber hat der untreue Partner zwar ein schlechtes Gewissen (das er mit manchen Schmeicheleien und Aufmerksamkeiten zu besänftigen sucht), aber tief in sich spürt er diesem gegenüber auch Schadenfreude über dessen Ahnungslosigkeit und Arglosigkeit. Es ist diese Schadenfreude, die auf die aggressive Komponente des Seitensprungs hinweist. Wir werden noch sehen, daß dies viel mit Machtkampf und Rache in der Partnerschaft zu tun hat.

Nicht nur in den äußeren Dingen muß der untreue Partner sich verstecken, auch in sich selbst hält er eine Ecke seines Herzens vor seinem Partner verborgen. Er bewahrt eine Art Geheimfach in seinem Herzen, das er vor seinem Partner verschlossen hält. Hier kommt seine Angst vor Nähe zum Ausdruck. Er gibt sich seinem Partner nicht ganz hin. Einen Teil seines Wesens hält er versteckt, der für sich selbst oder für den Geliebten reserviert ist.

Nicht selten finden wir auch eine Portion Elternübertragung in seiner Beziehung zum Partner. In seinen Augen erscheint der Partner wie ein übermächtiger, kontrollierender Elternteil, der ihn in allen Lebenslagen überwacht und vor dem er sich verstecken muß wie vor einem allzu strengen Über-Ich. Seine Einstellung diesem gegenüber besteht daher aus einer Mischung aus (falscher) Rücksichtnahme, schlechtem Gewissen und innerem Groll.

Falls der oder die Geliebte seinerseits einen Partner hat, empfindet er diesem gegenüber bohrende Eifersucht. Er sieht in diesem den Rivalen, den es auszustechen gilt. Sowohl bei untreuen Männern als auch bei untreuen Frauen spielt dieses spezielle Motiv der Rivalität keine geringe Rolle. Hier wiederholt sich ein ungelöster ödipaler Konflikt, in dem das Kind versucht, den Vater beziehungsweise die Mutter als Liebespartner zu erobern und den gleichgeschlechtlichen Elternteil zu übertrumpfen. Wenn eine solche Übertragung zum Hauptmotiv für Seitensprünge wird, spielt der Betreffende ein Katz-und-Maus-Spiel mit den falschen Personen: Sein Lebenspartner und sein Rivale sind nicht seine Eltern, und er ist nicht mehr Pubertierender.

Siebtes Motiv: Beschämung, Machtkampf und Rache in der Paarbeziehung

Mit sexueller Untreue können wir unseren Partner am empfindlichsten treffen. Wir erschüttern ihn existentiell in seinem Selbstwert, in seinem Grundgefühl von Sicherheit und Sich-auf-uns-Verlassenkönnen, aber auch in seinem Selbstverständnis als Mann oder Frau. Vom Partner verlassen zu werden, ist an sich schon schlimm genug. Vom Partner aber zugunsten eines anderen Liebhabers verlassen zu werden, ist vernichtend. Dies ist eines der beschämendsten Erlebnisse, die wir kennen.

Die meisten von uns wissen, daß wir unseren Partner tief verletzen würden, wenn wir fremdgehen. Wenn wir es dennoch tun, ist darin stets ein Akt von Aggression gegen den Partner zu sehen, gleichgültig, welche anderen Motive sonst noch wirksam sein mögen. Es ist eine indirekte, zugleich aber eine äußerst massive Form der Aggression innerhalb einer Paarbeziehung.

In den Fällen, in denen Aggression das Hauptmotiv für die Untreue darstellt, ist der Seitensprung meistens ein Akt der Rache für Verletzungen, die der untreue Partner im Laufe der Beziehung erlitten hat. Es kann eine Demütigung gewesen sein, die er seinem Partner nicht verzeihen konnte. Oder er fühlte sich vom Partner in einem Augenblick im Stich gelassen, als er ihn dringend gebraucht hätte. Oft sind es viele kleine Verletzungen, die ihm der Partner während einer langen Beziehung wissentlich oder unwissentlich zugefügt hat, die er in sich angesammelt hat und die nun an die Oberfläche kommen. Manchmal sind es seelische Wunden, die er jahrelang ertragen hat, ohne dagegen zu protestieren. Wenn ein Ehemann seine Frau jahrelang abends allein läßt, weil er angeblich bis spät in die Nacht hinein arbeiten muß, oder wenn eine Frau jede Lust an Zärtlichkeit und Sexualität verloren zu haben scheint und überhaupt nicht mehr auf den Partner reagiert, baut sich im enttäuschten Partner langsam ein tiefer Groll auf, der unbewußt nach einer Gelegenheit sucht, sich auszudrücken.

Vor allem wenn sich ein Partner vernachlässigt fühlt, kann die Werbung durch einen anderen Mann oder die Aufmerksamkeit von einer anderen Frau eine mehrfache Wirkung haben: Erstens fühlt sich der vernachlässigte Partner endlich wieder als Frau oder als Mann richtig wahrgenommen. Er fühlt sich wieder interessant, attraktiv und begehrenswert. Er saugt die Werbung und die Zuwendung förmlich in sich auf, wie ein Verdurstender. Zweitens sieht er nun eine Möglichkeit, dem eigenen Partner zu zeigen, daß er selbst noch begehrenswert und attraktiv ist. Drittens kann er sich rächen. Jetzt ist er es, der es sich leisten kann, dem Partner die kalte Schulter zu zeigen und ihm für die jahrelange Demütigung, Verachtung und Mißachtung mit gleicher Münze heimzuzahlen.

Das Gefühl der Rache gibt uns jene Rechtfertigung, den Partner nun genauso verletzen zu dürfen, wie er uns einst verletzt hat. Wir fühlen uns gerecht, auch selbstgerecht. Denn der Partner bekommt nur die Strafe, die er verdient. Er ist eigentlich der Schuldige, nicht wir selbst.

In diesem Stadium der Auseinandersetzung befinden wir uns im Krieg mit dem Partner. Wir kämpfen ohne Bandagen, mit offenem Visier und fügen uns blutige Wunden zu. Alle früher erlittenen Verletzungen kommen nun auf den Tisch und werden schonungslos als Waffe gegen den Partner eingesetzt.

Ein solch offener Ehekrieg kann eine kathartische Wirkung haben. Vor allem wenn vorher die Konflikte in der Beziehung im Namen der Harmonie unter den Teppich gekehrt worden

sind, kann eine offen ausgetragene Auseinandersetzung berei-
nigend wirken. Die angestaute Wut kann endlich abfließen. Die
drückende Schwüle entlädt sich in einem reinigenden Gewitter.

Dabei wird natürlich auch viel Porzellan zerschlagen. Vieles,
was vorher in der Beziehung als wertvoll angesehen wurde,
kann dabei kaputtgehen. Heilige Kühe werden geschlachtet,
wir machen Inventur. Was ist von all den Wünschen und
Idealen, die wir am Anfang der Beziehung gehabt haben,
Wirklichkeit geworden? Welche sind auf der Strecke geblieben?
Wo haben wir uns getäuscht? Gibt es noch etwas, was uns als
Partner wirklich verbindet? Wollen wir wirklich zusammenbleiben? Wenn ja, wozu? Wenn nicht, wie gehen wir auseinander?

Wenn ein Seitensprung solch eine ehrliche »Auseinander-
Setzung« bewirkt, bringt er trotz allem auch etwas Gutes. Er
gibt dem Paar die Chance für einen neuen Start oder ein klares
Ende. (Wir haben diesen Prozeß bereits im ersten Teil, »Treue
und Verrat als Entwicklungsprozeß«, genauer beleuchtet.)
Wenn eine solche Auseinandersetzung aber nicht stattfindet,
besteht die Gefahr, daß sich beide Partner in einem endlosen,
sich eskalierenden Machtkampf verlieren, bis die ganze Beziehung förmlich explodiert. Eine Verletzung folgt dann der
anderen. Dem einen Seitensprung folgt die nächste Eskapade.
Wut führt dann nicht zur Einsicht, sondern zur Rache. Keiner
der Partner ist imstande, innezuhalten und das, was ihn
innerlich berührt und beschämt, bewegt und verzweifelt, zu
äußern. Statt dessen schlägt jeder der beiden noch gnadenloser
auf den anderen ein, damit *dieser* sich endlich in seinen wahren
Gefühlen zeigen möge. Eine solche Folge von Beschämung
und Gegenbeschämung schraubt sich in eine Spirale von Gewalt so lange hoch, bis sie gewaltsam, manchmal sogar tödlich
endet.[13]

Achtes Motiv: Der Seitensprung als Alarmzeichen für eine Beziehungskrise

Ein Beispiel: Eine »ganz normale Ehe«: liebe Frau, treuer Mann, brave Kinder. Auf einmal werden alle wie aus einem Dornröschenschlaf gerissen. Der Mann, von dem keiner es je vermutet hätte, hat eine Freundin! Plötzlich ist die Krise da, die alles in Frage stellt. Erst in den therapeutischen Paargesprächen stellt sich heraus: Die Partner haben in wesentlichen Punkten ihrer Beziehung, über die sie schon immer miteinander uneins gewesen sind, den Kopf in den Sand gesteckt, weil sie beide unter allen Umständen eine harmonische Ehe führen wollten. Er kam aus einer zerbrochenen Familie, ihr Vater war Alkoholiker. Mit ihrer vorbildlichen Ehe wollten sie einen Schlußstrich unter die traumatische Vergangenheit ziehen. Nun hat sie die Vergangenheit eingeholt.

Wiederholte Seitensprünge, vor allem länger dauernde Nebenbeziehungen, weisen fast immer auf unverarbeitete Konflikte in der Primärbeziehung hin. Die Partner haben bislang die kritischen Punkte in ihrer Beziehung umschifft, oder sie haben sich zwar auseinandergesetzt, aber dabei die Konflikte nur unvollständig gelöst. Mit dem Eklat, den der Ehe»bruch« verursacht, wird offen auf die Bruchstelle der Beziehung hingewiesen. Der Bruch der bisherigen Einheit soll die Partner wachrütteln, damit sie nicht länger vor den anstehenden Problemen weglaufen.

Motive aus dem Selbst

Bisher habe ich acht Motive für Seitensprünge erläutert. Sie haben ihren Ursprung alle in der Beziehung selbst. Es gibt daneben noch zwei weitere Motive, die weniger mit der konkreten Beziehung, sondern mehr mit der Person des untreuen Partners zu tun haben. Sie weisen auf Konflikte in seinem Selbst hin.

Neuntes Motiv: Narzißtische Bestätigung des Selbst

Wie wir an früherer Stelle gesehen haben, erfüllt Sexualität zwei wesentliche Funktionen: die Begegnung mit dem »Du« und die Bestätigung des »Ich«. Wir haben ausgeführt, daß wir uns als Mann oder als Frau liebens- und begehrenswert fühlen, wenn wir Liebe erfahren. Im Liebesakt spüren wir unsere Vitalität und unsere Körperlichkeit jedesmal aufs neue. Schließlich werden wir durch Liebe und Fortpflanzung in unserer Fähigkeit bestätigt, neues Leben zu zeugen, was einer Überwindung unserer Sterblichkeit gleichkommt (als Einzelwesen sind wir sterblich, als Glied in der menschlichen Familie setzen wir aber etwas Größeres fort). Liebe bedeutet auf der existentiellen Ebene Leben, sie ist damit Gegenspieler des Todes.

Daher kann sich der Wunsch nach Sexualität gerade in denjenigen Zeiten unseres Lebens verstärken, in denen es uns *nicht* gutgeht! Sexualität ist eben nicht nur Bestätigung unseres Wohlgefühls, sondern dient auch der Linderung unseres Elends. Sexualität kann uns befreien aus dem Würgegriff von Zweifel und Verzweiflung. Sie zeigt uns, daß es trotz tiefsten Elends auch etwas Wunderbares gibt, das sowohl unbezahlbar als auch unentgeltlich zu haben ist.

Liebe überwindet die Angst. Es gibt Zeugnisse aus den Aufständen in den jüdischen Ghettos im Zweiten Weltkrieg, in denen junge Menschen, fast noch Kinder, am Tag gegen den Feind kämpften und in der Nacht sich liebten. Angesichts des Todes spielen in solchen existentiellen Momenten gesellschaftliche Konventionen wie Alter, Ehe und Religion keine Rolle mehr. Hier dominiert nur noch die lebenserhaltende Funktion der Liebe.

Auch im individuellen Leben kann uns Liebe und Sexualität aus tiefster Not herausreißen. Es ist nicht ungewöhnlich, daß ein unheilbar Kranker sich noch einmal unsterblich (sic!) verliebt, daß eine Trauernde durch die Macht der Liebe aus ihrer Depression gerettet wird oder daß ein Behinderter durch die Liebe wieder Mut schöpft zum Weitermachen. Auch die Männer und Frauen in der Midlife-crisis (oder auch im Alter), die sich an diesem Wendepunkt ihres Lebens noch einmal verlieben und sich wie törichte Jünglinge oder Backfische benehmen, gehören zu den Menschen, die gerade ein tiefe Identitätskrise durchleben und durch die Liebe neuen Schwung und Lebenssinn erfahren.

Zehntes Motiv: Versuch einer Verwirklichung ungelebter Seiten des Selbst

Liebe, sowohl geistige wie körperliche, steht stets in einem dynamischen Spannungsverhältnis zwischen dem Innen und Außen, zwischen dem Ich und Du. Das, was wir im Du lieben, spiegelt zugleich auch eine Seite in uns selbst wider, die wir bisher nicht gesehen oder übersehen haben, die durch die Liebe lebendig und erlebbar wird. Sie verschafft uns Zugang zu einer neuen Tür, zu einem neuen Raum in unserer Seele. Dies ist auch der Grund, weshalb wir durch eine lebenslange Liebesbeziehung in unserem Selbst so bereichert werden. Und dies ist auch der Grund, weshalb durch die Trennung von einer geliebten Person soviel in uns mitstirbt.

Nun kann uns kein einzelner Liebespartner all das geben und widerspiegeln, was wir an Reichtum in unserer Seele besitzen. Wenn wir Glück haben, finden wir einen Lebenspartner, der einige wesentliche Seiten in uns abdecken kann. Mit ihm können wir diese Seiten in unserem Leben leben. Jedoch gibt es immer auch Bereiche unseres Selbst, die nicht in der Beziehung angesprochen werden und weiter auf ihre Entfaltung warten.

Durch Aktivitäten außerhalb der Partnerschaft, sei es durch Studium, Arbeit oder durch unsere Freundschaften und Hobbys, versuchen wir diese Seiten zum Leben zu erwecken. Wenn eine Beziehung gut ist, verstehen beide Partner, daß jeder von ihnen einen separaten Lebensbereich braucht, in den der andere keinen oder nur wenig Zutritt hat. Wir akzeptieren es, daß jeder zwar seinen Lebenspartner im Zentrum seines Herzens trägt, daß es im selben Herzen aber andere Bereiche gibt, die nicht durch den Partner besetzt werden können.

In diesen Räumen befinden sich die anderen »Lieben«: andere Menschen und andere Lebensbereiche, die für den einzelnen von großer Bedeutung waren oder sind. Dies ist wie ein Haus, das aus vielen Räumen besteht. Manche Räume sind dem allgemeinen Publikum zugänglich, andere sind privat und für den Intimpartner reserviert. Es gibt weitere Räume, in denen die betreffende Person spezielle Gäste zu speziellen Anlässen einlädt. Einige betritt sie nur allein, ohne jeden Zeugen. Und schließlich gibt es innerste Kammern, die nicht einmal sie selbst kennt, deren Türen bisher verschlossen geblieben sind.

Manchmal öffnet sich eine solche Tür ganz unvermittelt. Es können Grenzsituationen sein, in die wir geraten, manchmal ist es eine persönliche Krise, eine ernste Krankheit, ein Verlust, manchmal ist es auch eine unverhoffte Liebe. Manchmal verlieben wir uns in jemanden, in dem wir einen seelischen Verwandten finden, und es geht solch eine verschlossene Tür in uns auf. Eine versiegte Quelle beginnt wieder zu sprudeln, eine lange verloren geglaubte Sehnsucht tut sich auf. Erinnerungen aus tiefster Vergangenheit werden wieder wach, Visionen bis weit in unsere Zukunft werden sichtbar. Es ist, als würde das Schicksal (oder unsere innere Führung) uns durch die neue Liebe an einen Strom führen, der uns näher an unser Selbst und an unsere Bestimmung bringt.

Wenn wir fähig sind, dieses Geschenk wahrzunehmen und anzunehmen, dann ist es nicht tragisch, wenn diese neue Liebe keine letzte Erfüllung findet, wie wir es in unserer Beziehung mit unserem Lebenspartner erfahren dürfen. Wenn wir den Platz im Herzen orten können, an dem uns die neue Liebe berührt hat, wenn wir den Zugang zu dieser inneren Kammer finden, zu der sie uns geführt hat, haben wir etwas Unschätzbares gewonnen.

Was können die Partner tun, wenn sie entdecken, daß einer von ihnen untreu ist?

Wenn wir alle die genannten Motive von Seitensprüngen betrachten, stellen wir fest, daß es sich in den meisten Fällen um äußerst komplexe persönliche Probleme und zwischenmenschliche Konflikte handelt, wenn ein Partner fremdgeht. Wir machten es uns zu einfach, wenn wir behaupten, jemand gehe aus purer Bosheit fremd oder habe ganz einfach einen schlechten Charakter.

Fragen nach den tieferen Gründen für einen Seitensprung

Wenn einer der Partner in einer Liebesbeziehung untreu ist, sollten sich *beide Partner* fragen: Was sind die tieferen Gründe für die Untreue?

1. Wie ist die Grundlage der Beziehung? Lieben sie sich wirklich? Achten sie sich wirklich? Oder ist der Partner nur »zweite Wahl«? Gab es bereits früher andere Beziehungen, zu denen sie immer noch eine Treuebindung fühlen oder die sie nicht wirklich losgelassen haben?
2. Wie ist ihre sexuelle Beziehung? Ist sie für beide erfüllend und befriedigend? Sprechen sie miteinander darüber? Welche sexuellen Wünsche und Sehnsüchte haben sie?
3. Langweilen sie sich (besonders in einer längeren Beziehung) sexuell, haben sie Lust auf Abwechslung, auf Romantik, auf Ekstase? Wie gehen sie mit diesen Wünschen um?
4. Sind sie sich in ihrer Beziehung und ihrer Sexualität wirklich nahe? Oder haben sie eine gewisse Distanz zueinander behalten? Warum? Haben sie Angst vor wirklicher Intimität?

---

5. Was könnte durch die Intimität in ihnen berührt werden? Schämen sie sich vor dem Partner? Wofür? Oder fühlen sie sich schuldig? Wofür?

6. Fühlen sich die Partner miteinander »verschmolzen«? Kommen sie als Einzelpersonen überhaupt noch vor? Hegen sie Fluchtgedanken oder »geheime Ecken« in ihrem Herzen, um sich vom Partner abzugrenzen?

7. Was hat den fremdgehenden Partner am Seitensprung gereizt? Wie ist er damit innerlich umgegangen? Wie hat er den Seitensprung für sich interpretiert? Wie hat er sich seinem eigentlichen Partner gegenüber verhalten?

8. Gab es Verletzungen, die sich die Partner zugefügt haben und die nicht verheilt sind? Gab es heimliche Rachegedanken? Befinden sich die Partner in einem Machtkampf? Möchte jeder den Partner verändern? Gibt es wesentliche Bereiche in ihrer Beziehung, über die sie sich uneinig sind? Worum kämpfen sie wirklich?

9. Ist ihre Beziehung wirklich in Gefahr? Ist der Seitensprung Symptom für eine tiefe Störung in der Partnerschaft?

10. Wie sieht es mit der Selbstverwirklichung eines jeden Partners aus? Fühlt jeder sich in sich selbst glücklich und erfüllt? Hat das eigene Leben einen Sinn? Vermißt jeder für sich etwas Wichtiges im Leben, möchte jeder noch etwas Wichtiges im Leben erreichen? Was ist die jeweils tiefste Sehnsucht? Ist diese Sehnsucht in die Beziehung eingebettet, oder hat sie keinen Platz darin?

11. Ist das Familienleben ausgeglichen? Gibt es Streß, gibt es Streit? Haben die Partner Fluchtphantasien?

12. Wie möchten die Partner von nun an weitergehen, nachdem sich der Seitensprung offenbart hat? Wohin soll ihre Beziehung gehen? Gibt es ein gemeinsames Ziel, das sich lohnt? Müssen sie Altvertrautes loslassen und betrauern? Müssen sie sich neu kennenlernen?

Anhang

Anmerkungen

1 Vgl. dazu die Kapitel »Die Scham des Täters« und »Die Scham des Opfers«, in: Victor Chu u. Brigitta de las Heras: *Scham und Leidenschaft*, Kreuz Verlag, Zürich 1994.

2 Der frühe Freud meinte, seinen analytischen Blick wie ein chirurgisches Messer handhaben zu können. Eine solche Haltung bringt Psychotherapeuten den Ruf ein, ihr Gegenüber ausziehen zu können, so daß sie sich vor ihm fürchten müßten.

3 Dies ist das, was Bert Hellinger »lieber ich als du« nennt. Das Kind übernimmt anstelle des geliebten Elternteils dessen Schuld, dessen Krankheit oder dessen Leid.

4 Victor Chu: »Gestalt-Therapie«, in: Hans Wolfgang Linster u. Helmut Wetzel (Hrsg.): *Veränderung und Entwicklung der Person*, Verlag Hoffmann und Campe, Hamburg 1980. Diesen Artikel hat der Autor vor 15 Jahren geschrieben, bevor er Kinder hatte. In dieser Form gilt er deshalb vor allem für Paare ohne Kinder. Für Paarbeziehungen mit Kindern gibt es einige Einschränkungen, auf die später noch im Buch eingegangen wird.

5 Zur Rolle von Täter, Opfer und Zeuge siehe Victor Chu u. Brigitta de las Heras: *Scham und Leidenschaft*.

6 Bert Hellinger: *Finden, was wirkt. Therapeutische Briefe*, Kösel-Verlag, München 1993.

7 Die katholische Kirche hat die Bedeutung der Sexualität für den Glauben sehr wohl erkannt. Da sie jedoch ihren eigenen Priestern diesen Erfahrungsbereich dogmatisch vorenthält, entzieht sie sich gerade dieser wesentlichen Kraftquelle des Glaubens. (Es wäre etwas völlig anderes, wenn sexuelle Enthaltsamkeit dem einzelnen Priester freigestellt wäre.) Und sie beraubt sich selbst der Legitimation, irgendein gewichtiges Wort zum Thema Sexualität aus-

sprechen zu dürfen. Das Sekundärwissen eines zölibatär lebenden kirchlichen Würdenträgers kommt nicht gegen das Primärwissen der Gläubigen an. Ein sexuell nicht erfahrener Laie kann nicht über das Sexualleben sexuell Erfahrener bestimmen.

8 Siehe dazu: Marie-Claude Deffarge u. Gordian Troeller: *Frauen der Welt*, Zweitausendeins Versand, Frankfurt/M. 1984.

9 Gunhild Gutschmidt: »Frauen sind genügsamer, zum Problem ›Vereinbarkeit von Familie und Beruf‹«, in: *Frankfurter Rundschau* vom 18.2.1995.

10 Stephen P. Bank und Michael D. Kahn haben in ihrem Buch *Geschwister-Bindung* (Junfermann Verlag, Paderborn 1989 u. dtv Verlag, München 1994) solche Beziehungen zwischen Geschwistern eindrücklich beschrieben.

11 Aus: *Cosmopolitan*, Heft 12/1994.

12 Janus Report, 1993, in: *Cosmopolitan*, Heft 12/1994.

13 Vgl. dazu das Kapitel »Beschämung und Gewalt in der intimen Partnerschaft«, in: Victor Chu u. Brigitta de las Heras: *Scham und Leidenschaft*.

Empfohlene Literatur

Allendy, René: *Die Liebe*, Kindler Verlag, München 1975

Bank, Stephen P., u. Kahn, Michael D.: *Geschwister-Bindung*, Junfermann Verlag, Paderborn 1989 u. dtv Verlag, München 1994

Botwin, Carol: *Sex nach der Heirat? Für eine lust- und liebevollere Partnerschaft*, Albert Müller Verlag, Cham 1986

Chu, Victor: »Gestalt-Therapie«, in: Linster, Hans Wolfgang u. Wetzel, Helmut (Hrsg.): *Veränderung und Entwicklung der Person*, Verlag Hoffmann und Campe, Hamburg 1980 (vergriffen, Text beim Autor erhältlich)

Chu, Victor: *Krisenzeit. Nach Tschernobyl: Meditationen eines Psychotherapeuten*, Edition Humanistische Psychologie, Köln 1991

Chu, Victor, u. de las Heras, Brigitta: *Scham und Leidenschaft*, Kreuz Verlag, Zürich 1994

Deffarge, Marie-Claude, u. Troeller, Gordian: *Frauen der Welt*, Zweitausendeins Versand, Frankfurt/M. 1984

Friday, Nancy: *Die sexuellen Phantasien der Frauen*, Rowohlt-TB, Reinbek 1980

Friday, Nancy: *Die sexuellen Phantasien der Männer*, Rowohlt-TB, Reinbek 1983

Hellinger, Bert: *Finden, was wirkt. Therapeutische Briefe*, Kösel-Verlag, München 1993

Hellinger, Bert: *Ordnungen der Liebe. Ein Kursbuch*, Carl-Auer-Systeme Verlag, Heidelberg 1994

Jellouschek, Hans: *Die Kunst, als Paar zu leben*, Kreuz Verlag, Stuttgart 1992

Jellouschek Hans: *Semele, Zeus und Hera. Die Rolle der Geliebten in der Dreiecksbeziehung*, Kreuz Verlag, Zürich 1987

Jens, Walter: *Der Fall Judas*, Kreuz Verlag, Stuttgart 1975

Kästner, Erich: *Als ich ein kleiner Junge war*, Dressler Verlag, Hamburg 1957

Lowen, Alexander: *Narzißmus. Die Verleugnung des wahren Selbst*, Kösel-Verlag, München 1984

Pittman, Frank: *Angenommen, mein Partner geht fremd ...*, Kreuz Verlag, Stuttgart 1991

Teichert, Wolfgang: *Jeder ist Judas. Der unvermeidliche Verrat*, Kreuz Verlag, Stuttgart 1990

Weber, Gunthard (Hrsg.): *Zweierlei Glück. Die systemische Psychotherapie Bert Hellingers*, Carl-Auer-Systeme Verlag, Heidelberg 1993